BIBLIOTHÈQUE HISPANO-AMÉRICAINE

UNE VIE PLEINE DE SENS

DU MÊME AUTEUR

CHEZ LE MÊME ÉDITEUR

Scipion, 2015

Ici et maintenant, 2016

Une santé de fer, 2019

Pablo CASACUBERTA

UNE VIE PLEINE DE SENS

Traduit de l'espagnol (Uruguay)
par François Gaudry

Éditions Métailié
20, rue des Grands Augustins, 75006 Paris
www.editions-metailie.com
2024

Titre original : *Una vida llena de propósito*

ISBN : 979-10-226-1388-0
ISSN : 0291-0154

À mon institutrice bien-aimée, Andrea Arobba

1

J'ai cinquante-six ans. Il y a quarante ans que j'ai abandonné la maison paternelle et trente-huit que je me suis résigné à l'inexistence de l'âme. J'ai payé pour cela le prix que paient les athées : voir la durée prévue de mon existence réduite à un infime pourcentage. Mais en plus j'y ai gagné le mépris de mes parents, deux Juifs orthodoxes qui ont espacé leurs rencontres avec moi jusqu'à ne plus me voir. Le destin, cette entité qu'ils imaginaient peut-être avec une barbe et sur un trône, a voulu que la fuite de gaz d'un radiateur qu'ils allumaient au pied de leur lit les emporte tous deux dans une nuit fatidique dont ils ne se sont jamais réveillés. Malgré la rigueur et la dureté qu'ils m'avaient témoignées dès le moment où j'avais quitté l'enfance, j'ai pleuré leur mort comme s'ils avaient été des parents aimants et dévoués. Ce qu'ils ne furent vraiment pas. Leur perte me laissa dévasté et plus convaincu que jamais qu'il n'y avait ni plan ni dessein qui pût comporter, sans aller plus loin, la mort soudaine et gratuite de deux personnes qui ne souffraient pas du moindre ennui de santé. Je n'avais pas encore vingt ans lorsqu'on m'informa par téléphone qu'étant leur descendant le plus direct, je devais me rendre à la morgue pour les identifier. Une bonne partie de ma vie postérieure peut se concevoir comme la tentative de surmonter la douleur de ce jour. À leur enterrement j'ai retrouvé quelques cousins lointains qui ne me témoignèrent ni alors ni jamais aucune sympathie, de sorte que l'on peut dire, sans trop dramatiser, que je me suis retrouvé très tôt dans la vie complètement seul.

Comme mes parents n'avaient pas pris soin de laisser leurs affaires financières en ordre, j'ai dépensé comme j'ai pu la maigre fortune qu'ils avaient constituée avec leur piteux atelier de chemises pour me payer des études de médecine, non tant parce qu'il s'agissait d'une discipline qui me passionnait vraiment que pour prouver à quel point ils se trompaient en me considérant comme un incapable. Naturellement, comme mon rejet de l'idée de l'âme excluait toute notion de vie éternelle, je savais que dans leur parcelle de terre ils n'étaient pas en mesure d'apprécier mes progrès, mais je mis quand même toute mon énergie à étudier et aller de l'avant. Je ne peux pas dire que ce parcours ait été facile ni agréable, car pendant les années où j'avais vécu sous leur toit, mes parents avaient réussi à installer dans mon esprit une version intériorisée et tordue de leur morale, une espèce d'homoncule qui avait le visage tantôt de l'un, tantôt de l'autre, qui me parlait à l'oreille chaque fois que ma conscience ne parvenait pas à me faire perdre confiance ou à me plonger dans le découragement.

Aussi, malgré mes efforts, j'ai été un étudiant passable. Non parce que j'étais, comme disait mon père, un âne bavard, mais parce qu'il y avait une distance infranchissable entre les matières qui m'intéressaient et les autres. La clinique m'indifférait. J'ai toujours été maladroit dans les relations avec les autres, et me charger d'un patient malade et vulnérable n'allait pas corriger cette gaucherie traditionnelle. De plus, je n'avais pas le moindre intérêt pour la pathologie. Un corps sain suscitait déjà en moi assez d'incertitudes pour ne pas ajouter à mes devoirs l'obligation de comprendre aussi ses défaillances. J'ai néanmoins suivi ces matières avec le même sens résigné de la discipline qu'un individu qui collectionne des certificats pour demander un prêt, ce qui impliqua en de nombreux cas de passer des examens avec une sensation prégnante de pénitence. Quoi qu'il en soit, au bout d'années d'entêtement, d'insomnie et parfois d'obsession, j'ai fini par réussir toutes les épreuves, ou presque, avec une note acceptable.

Mais ce furent des études solitaires. Je les ai suivies entouré de condisciples sournois et cupides, dont le rêve avoué était d'obtenir rapidement leur diplôme pour ouvrir un cabinet qui leur permettrait de remorquer tous les mois dans leur banque une petite charrette d'or. Peut-être par peur de la réaction que risquait de provoquer chez ces marchands ma totale absence d'ambition financière, j'ai traversé ces années d'université sans mentionner plus de deux ou trois fois, et seulement après avoir bu un verre, dans quelle orientation précise de travail je souhaitais faire mes armes. Les rares occasions où j'osais avouer que j'aspirais à mieux connaître les mécanismes qui rendent possible la synapse, je ne recevais comme réponse de mon interlocuteur qu'un regard condescendant, un assentiment gêné et un bredouillis qui s'efforçait, dans le meilleur des cas, de compenser par une phrase d'encouragement une vocation qui ne me permettrait pas de gagner un centime.

Tout le monde se gargarise de grands mots en parlant de l'importance de la science, spécialement lorsque la conversation porte sur la Grande Entreprise Humaine, avec majuscules, ou se limite à la liste héroïque de vaccins et de succès planétaires. Mais presque personne ne parle avec la même ferveur d'individus qui consacrent dix ans de leur vie à décrire la forme particulière en laquelle s'enroule sur elle-même une protéine, ou dans quelle mesure se raccourcissent et se détériorent avec le temps les télomères, car ce sont là des considérations qui n'incitent pas à porter un toast ni à amener quelqu'un dans son lit. Et cette routine apparemment stérile, où seul l'initié peut apercevoir après bien des années quelque lueur de progrès, a lieu la plupart du temps dans un laboratoire. Il s'agit d'un labeur répétitif, sans gloire ni éclat, qui en trois décennies de pratique quotidienne ne m'a jamais fait bondir de joie, mais qui m'a parfois au moins encouragé à sourire, de ce type de sourire qui mobilise le visage et le corps en même temps. Alors on pourrait dire que ces quelques minutes brillantes, dispersées au long de centaines de journées identiques de grisaille et d'ennui, en arrivèrent à constituer d'une certaine façon le sel de ma vie.

Mais pendant mes années d'étudiant je n'avais pas encore goûté ces rares miels, je ne faisais qu'aller de la chambre de ma pension à la faculté, de là à la bibliothèque et retour à mon lit, avec très peu de variantes les week-ends et les jours fériés. Peut-être que l'exemple le plus désincarné de cette monotonie fut le suivant : un matin de mon douzième semestre, je me suis brusquement souvenu que mon anniversaire avait eu lieu la veille sans que je m'en rende compte.

Comme cette existence spartiate n'offrait que peu d'occasions de rencontrer des femmes, je me suis inscrit dans un groupe d'initiation à la culture musicale qui se réunissait tous les jeudis. Il consistait en ce qu'un maître de cérémonie nous fasse écouter une œuvre orchestrale sur une chaîne haute-fidélité sans annoncer de quoi il s'agissait, après quoi l'assistance devait en deviner le compositeur. Je n'essayais même pas, car en plus de n'avoir aucune formation musicale, je n'avais pas l'audace nécessaire pour lever la main devant ce groupe de personnes pour la plupart beaucoup plus âgées que moi. Mais le fait de prêter attention, avec une trentaine d'individus, à un même disque diffusant symphonies ou sonates avait un indéniable pouvoir hypnotique, et pendant cet état d'exaltation je me sentais un peu plus humain et meilleur que d'habitude, aussi faisais-je en sorte de ne rater pour rien au monde ces séances, et j'arrivais au bout de quelques mois, sans jamais me risquer à intervenir, à discerner si le musicien en question était baroque, classique ou contemporain, mais sans plus.

Cette activité était gérée par la Fondation Melzer, une association de cadres juifs qui cherchait à stimuler le dialogue culturel et à offrir un espace propice pour que les laïques se rencontrent dans un contexte où ne primait pas le dogme. Pendant les années où j'ai participé à ces séances, je n'ai pas rencontré un seul Juif qui crût en Dieu, ce que, dans mon for intérieur, je vivais comme une évidente mais inavouable manifestation de supériorité intellectuelle par rapport aux associations de chrétiens. J'avais beau me méfier des arguments traditionnels que ma communauté avançait pour se considérer exceptionnelle, et refuser de partager la fierté démesurée qu'on m'avait apprise à professer de par mon origine, j'étais conscient qu'aucune association de médecins catholiques n'aurait accueilli autre chose que des dévots et des grenouilles de bénitier, aussi je ne pouvais m'empêcher de sentir que la Fondation Melzer, dont le nom rendait ironiquement hommage à un rabbin, constituait une rare oasis de sécularité au milieu de la ferveur métaphysique qui dominait l'ambiance de ma faculté. À la fin de nos séances, nous poursuivions les débats dans un café italien près de la fondation, où nous discutions passionnément des intentions présumées qui inspiraient les œuvres de compositeurs morts depuis des siècles, et même si dans ces échanges animés je n'ouvrais pas la bouche, fût-ce pour appeler le serveur, je vivais ce prolongement de nos réunions dans l'état d'exaltation d'un élève novice qui assiste à un déjeuner dans la salle des professeurs : l'intuition qu'on lui a permis de jouir d'un privilège qu'il n'a pas encore gagné. L'association comptait très peu de jeunes étudiants, de sorte que j'avais souvent l'impression que ces séances hebdomadaires étaient ce qui se rapprochait le plus de rencontres avec des oncles ou des grands-parents sages et compétents, et dans leurs discussions sur les excès de Liszt ou les peines de Chopin se glissaient des anecdotes, ou des maximes, que l'on aurait aimé entendre de nos aînés au coin du feu, un soir à la plage ou en promenade à la campagne.

Mais bien que toujours captivé par les échanges et l'ambiance stimulante, j'ai commencé à remarquer que, les rares fois où manquait une participante, je sombrais dans une espèce de stupeur mélancolique, et j'écoutais alors les disques comme si le son me parvenait du pont d'un bateau lointain, dont j'étais séparé par une brume épaisse et une rumeur de vagues. En revanche, quand elle pouvait sauter son dernier cours pour arriver à temps à la séance, mon ouïe percevait nettement chaque morceau de musique comme s'il avait été composé pour moi.

C'était une jeune fille sérieuse et réservée, qui écoutait les disques en fronçant les sourcils, le regard perdu au plafond, avec l'expression inquiète de celle qui aurait découvert qu'un oiseau égaré était entré dans la salle par une fenêtre ouverte. Mais parfois, lors des brefs échanges entre deux disques, elle abandonnait son air absorbé pour éclater d'un rire chantant, très contagieux, et ces sporadiques accès de joie non seulement détendaient complètement son visage, mais aussi le mien. Bien avant de m'être rendu compte que sa présence était devenue pour moi l'attrait fondamental de ces séances, je me surpris plusieurs fois à me déplacer dans la salle, en un zigzag prétendument gratuit, de façon à me placer près d'elle. Je la regardais souvent du coin de l'œil, assise à deux chaises de distance, et je constatais alors que, de profil, elle ressemblait à une enfant. Elle avait toujours les cheveux tirés en arrière en un chignon serré, quasi dictatorial, au point qu'on ne pouvait s'empêcher d'avoir envie de la libérer de ce lien. Mais malgré la fraîcheur de son visage et son air juvénile, elle avait un aplomb et une confiance en elle-même inhabituels pour son âge. Elle levait la main au moins une fois par séance et c'était en général pour dire sans se tromper non seulement le nom du compositeur, mais souvent aussi celui de l'œuvre. Cette capacité la faisait briller parmi les plus jeunes, notamment parce qu'elle était la seule étudiante à oser prendre la parole. Je soupçonne qu'en raison de ce contraste flagrant entre son assurance et notre silence, elle devait savoir que nous l'admirions. Elle n'était pas belle à strictement parler, mais elle ne passait pas inaperçue. Du moins pour moi.

Elle s'appelait Deborah, un prénom qui lui allait très mal, car dans mon imagination cette allusion aux Écritures évoquait une matriarche sévère et distante, une sorte d'estampe millénaire qui ne la représentait pas du tout. Lorsque quelques mois plus tard je fis la connaissance de son père, un psychanalyste pédant qui se vantait d'avoir réussi une synthèse entre la pensée freudienne et le Talmud, il m'infligea, deux minutes à peine après m'avoir serré la main, un long et pompeux panégyrique sur l'origine du prénom, qu'il avait choisi en hommage à la femme qui avait exhorté les Hébreux à se dresser contre les Cananéens. *Deborah*, murmura-t-il pas moins de trois fois au cours de son explication. En citant des passages et des références historiques il paraissait s'élever, drapé dans sa propre solennité déclamatoire. Ce phraseur m'impressionna justement par cet irrépressible penchant à présenter chacune de ses décisions comme capitale et chargée de symboles. Mais avant même de le rencontrer j'avais déjà des réticences sur sa personne, car l'ombre qu'il projetait sur sa fille m'inspirait une méfiance que jusqu'à ce moment je ne pouvais justifier que par des pressentiments et des préjugés.

Par exemple, j'étais agacé que dans ses conversations avec des tiers Deborah l'appelle *Tate*. Dans ma construction imaginaire de ses motifs, il me semblait que cette perle de yiddish isolée dans une mer de langage vernaculaire était sa manière de confirmer au père que sa prétendue sagesse talmudique avait trouvé en elle un sol fertile. Mais en plus de le nommer avec cette espèce de titre nobiliaire qui paraissait excéder la simple condition de père, il était aussi manifeste qu'elle le mentionnait dans son discours plus fréquemment qu'il n'était raisonnable pour une femme de son âge. À ces petits indices, que je considérais *a priori* comme des signes de soumission, je pressentais qu'en faisant sa connaissance j'allais affronter un individu hors du commun et omniprésent, de ceux qui trouvent la manière de tordre le bras à toute leur famille par le seul effet habile d'un regard, et qui guettent toute manifestation de libre arbitre jusqu'à ce que le monde entier finisse par se plier à leur volonté. Bien sûr, j'étais capable de comprendre que mes suppositions étaient probablement sous-tendues par une dose de jalousie. Après tout, il s'agissait d'une femme qui me paraissait hors de portée et qui profitait de la moindre occasion pour faire référence à une figure masculine qu'elle idolâtrait. Il était compréhensible que j'éprouve, au moins sur un plan inconscient, l'impulsion de rivaliser avec Tate, ce qui expliquait peut-être que j'affrontais toute mention de sa célèbre sagesse avec une infranchissable barrière de méfiance. Chaque fois qu'elle faisait allusion aux aventures intellectuelles de son père, j'acquiesçais et en profitais pour la regarder impunément avec la plus grande ferveur, car pendant qu'elle parlait, prêter une attention soutenue à l'éclat de ses yeux me permettait de dissimuler sous un semblant d'intérêt académique mon total ravissement. Comme elle ignorait mes sentiments, elle n'interprétait mon visage rayonnant que comme une preuve de l'admiration que pouvait éveiller l'effort paternel d'englober la psychanalyse et le Talmud dans une unique et merveilleuse combinaison formant une totalité.

J'ai tardé longtemps à lui proposer une sortie en dehors du champ de l'association. Je suppose qu'elle avait déjà trouvé très suspect que j'accompagne chacun de ses éclats de rire et que je fronce les sourcils en la voyant affectée par la moindre contrariété. J'avais beau tenter de dissimuler l'impact de sa présence sur mon humeur, j'étais devenu peu à peu une espèce de caisse de résonance de ses états d'âme.

Cette propension se fit notoire d'une manière particulièrement pathétique un jour où, pendant un intermède, elle allégua face à un des responsables de séances que l'influence de Freud sur l'œuvre de Mahler faisait quasiment du célèbre psychanalyste le coauteur de ses compositions. Il s'agissait d'un sujet dont j'ignorais tout, à commencer par le fait que ces deux figures se fussent rencontrées. Deborah termina d'exposer ses arguments, après quoi le responsable de la séance, qui était solidement rompu à l'art de répliquer aux âneries en matière musicale, lui signala que Freud avait une très pauvre culture musicale, dont la portée dépassait à peine une insistance monomaniaque sur la valeur de *La Flûte enchantée*, de Mozart, et que s'il avait pu avoir un certain ascendant moral sur Mahler comme mentor de sa pensée, il avait assurément peu ou pas du tout influé sur tout ce qui touchait à la mélodie, à l'harmonie, au timbre et au rythme de ses créations. À la première pause de cet échange d'arguments, j'intervins sans y être invité et j'entrepris de relativiser l'idée que la musique ne fût que "cela", autrement dit je biffai d'un trait de plume la liste complète d'attributs perceptibles que nous écoutions si attentivement en groupe, comme si la musique n'était pas dans l'absolu un phénomène matériel, mais une espèce d'effluve mystique. Je m'exprimai avec un enthousiasme tellement étranger à ma conduite habituelle, et tellement dopé par le scepticisme que m'avait toujours inspiré la psychanalyse, que quiconque me connaissant bien m'eût demandé si j'avais de la fièvre. Cette inexplicable véhémence ne fit que couper court à la conversation, car dès que j'eus terminé mon plaidoyer, il y eut un petit flottement de perplexité, puis, dans la minute qui suivit la pause, le responsable s'excusa simplement par un sourire forcé et retourna à son poste près du tourne-disque. Deborah me regarda un instant sans faire le moindre commentaire. Je l'avais déçue. Car dans l'exposé de ses arguments il était peut-être vrai qu'elle avait fait preuve d'imprécision historique. Mais dans ma fanatique tentative de la soutenir coûte que coûte, j'avais élevé son raisonnement à la catégorie d'imposture philosophique. J'avais transformé un petit désaccord technique en une invocation voilée à l'essence, à la psyché, à l'archétype, à l'élan vital, c'est-à-dire à ce type de figure que ceux qui sont ivres de philosophie utilisent pour marquer au surligneur fluo le caractère irréfutable de leur conviction. Après ce silence compassé, elle ne me regarda plus de toute la séance.

Je ne pus l'inviter à prendre un café avant d'avoir soumis mes aspirations à l'incontournable approbation de M. Herzfeld, le nom que portait Tate pour le reste des mortels. Je me souviens encore parfaitement du soir où il est venu la chercher à la fondation. Il arriva dans une longue Mercedes couleur crème, qui se gara devant la porte, de telle façon que quiconque voulait sortir du bâtiment devait d'abord contourner cette grossière hyperbole de sa virilité. Sa manière de fermer la portière de la voiture et d'entrer dans le vestibule de la salle de réunion me rappela la démarche d'un contremaître qui annonce son arrivée dans un immeuble en construction. Le regard blasé et vague sur les plafonds, comme cherchant les fissures ou les défauts de maçonnerie, mais destiné à exprimer par des mimiques que son intérêt sur place ne tient pas fondamentalement aux personnes.

En le voyant s'approcher, je m'amusai à imaginer ce que ce phare de la psychanalyse penserait s'il apprenait la terreur qui depuis des semaines me tordait les entrailles en prévoyant les maladresses que j'allais sans doute commettre pendant notre rencontre. J'imaginais les acrobaties intellectuelles qu'il exécuterait pour intégrer dans sa lecture de mes inhibitions quelques-unes de ses inévitables références aux textes sacrés.

Comme il fallait si attendre, l'entrevue ne fut pas très prometteuse. Deborah, avec la présomption naïve que ces informations étaient susceptibles de créer une bonne impression, commença par lui expliquer que j'étais déjà en deuxième année d'une spécialisation en neurologie, puis, sans préambule, déclara que mon intention était de contribuer à élucider les mécanismes biochimiques de la synapse. Elle le formula ainsi, comme signalant incidemment que dehors il faisait chaud et que ma couleur préférée était le rouge. Cela ne fit qu'augmenter le volume de mon début de panique, car en général le mot *synapse* n'affleure dans les propos de personne pendant la première demi-heure d'une conversation, encore moins dès la première phrase. Néanmoins, je fus agréablement surpris qu'elle fasse état non seulement de mon orientation professionnelle, mais aussi de ce détail spécifique, auquel je n'avais fait qu'allusion lors d'une des premières séances d'audition. Mais cette surprise qui réussit à m'encourager deux ou trois secondes passée, je me tournai vers Tate et trouvai immédiatement ce même regard "compréhensif" que j'avais reçu si souvent et de tant de personnes quand je leur parlais de mes visées professionnelles, mais cette fois multiplié à l'infini et lancé depuis un très haut promontoire de sagesse et de pitié.

– Ah. Je vois. Eh bien, si vous croyez vraiment qu'un jour vous allez découvrir ce que pense ou sent un pauvre bougre rien qu'en notant les grésillements qu'échangent ses neurones, je vous conseille d'attendre assis. Cela dit, si vous aspirez à vous faire ne fût-ce qu'une lointaine idée de ce qu'un sujet garde dans sa tête, je vous suggère de vous armer de patience et de tenter simplement de converser avec lui. C'est une invention qui date de milliers d'années avant le microscope et ça fonctionne encore. – Parvenu à ce point et ne pouvant plus supporter l'éclat de son esprit, il me tapota l'épaule avec la plus grande condescendance et se tourna vers sa fille. C'était sa façon de signifier que cette partie de la conversation était close sans aucune réplique possible.

Mais ces années-là j'étais un freluquet impétueux, pas encore résigné au caractère indélébile des opinions des adultes et, après un raclement de gorge, je commençai à balbutier une défense que je n'avais pas achevé de concevoir mais que je vis jaillir de ma bouche comme une espèce d'ectoplasme maléfique, un succube émergeant de ma gorge, animé de sa propre vie et d'un très mauvais sens de l'à-propos. Lorsque j'eus terminé d'assister à ce pénible accouchement sauvage, ce que j'avais réussi à échafauder était quelque chose comme ceci :

– Eh bien, c'est justement parce que le discours que nous élaborons à la première personne sur nos processus peut se révéler aussi distant des faits réels qu'il convient que des individus comme moi, auxquels n'a pas été accordé le don de la conversation, consacrent des heures de laboratoire pour compenser leur laconisme par l'observation et des notes. Il est vrai que nous ne pouvons pas dire grand-chose sur ce que sent ou pense un sujet, spécialement quand mes professeurs surveillent les canaux ioniques d'un neurone isolé. Nous savons cependant de façon quasi certaine si ce neurone a réagi au froid ou à la chaleur, et pour le moment j'ai dû m'en contenter.

Bien que cela puisse paraître, couché par écrit, un discours compact et cohérent, en y ajoutant le ton et la prosodie qui étaient les miens à cet âge, il s'agissait plutôt d'un pataquès, d'une rafale de bredouillis et de hoquets. J'avais prononcé la phrase en trois ou quatre saccades, avec des pauses qui ne correspondaient à aucun modèle de ponctuation reconnaissable, puis je m'étais tu d'un coup, comme si au lieu d'avoir conclu mon argument, j'avais simplement manqué d'air.

Herzfeld me regarda avec un vague air d'étrangeté, comme si le passage soudain d'une mite l'avait arraché à un état de transe hypnotique, puis il dit seulement à sa fille :

– On y va ? – Rien dans son ton ne suggérait que quelqu'un venait de s'adresser à lui. Apparemment il n'estimait pas nécessaire de commenter la séquence de petits bruits qu'il m'avait entendu émettre, et une part de moi, la plus craintive, reçut ce signal d'indifférence avec un certain soulagement.

Je vis sa fille baisser la tête et s'éloigner vers la chaise où elle avait déposé son manteau. Et elle commença à ranger des papiers dans son sac avec une nervosité visible.

– Vous connaissez l'origine du prénom *Deborah* ? me demanda alors Herzfeld sans la quitter des yeux, et la seconde d'après il ne put résister à la tentation de répondre à sa question par un grand luxe de détails. – Comme je présume que vous êtes un laïque, de ceux qui se vantent de la distance qu'ils ont réussi à interposer avec leur origine, je vais vous expliquer l'histoire. Il s'agit de la première des prophétesses d'Israël à insister sur la lecture publique de la Torah. Dans le Talmud elle apparaît comme un modèle de sage qui, à un certain point, cesse de limiter sa propre sagesse pour devenir une conscience désincarnée. C'est pour cela que j'ai choisi ce prénom. Pour moi, la conscience n'est pas un processus corporel. On ne peut pas l'encapsuler dans la matière. Elle est signe et dessein. Nous l'empruntons, nous ne la produisons pas. Nous la canalisons mal ou bien, dans le meilleur des cas. La plupart du temps, nous l'imitons. Et quand nous la concevons comme une pure chose, c'est parce que simplement nous ne la comprenons pas.

Alors il me regarda enfin dans les yeux. Son expression était celle d'un peintre célèbre qu'un fabricant de pinceaux venait d'appeler "collègue". Un mélange d'arrogance et de commisération, destiné à me faire savoir que nous n'étions pas sur le même bateau. Il voulait me remettre à ma place, me dire que je n'arriverais jamais à entrevoir ce qu'il avait déjà assimilé de façon définitive et totale. Qu'une vie entière de laboratoire ne me suffirait pas pour associer mes pauvres mesures avec la sagesse d'un Maïmonide. Son attitude manifestait avec la plus grande éloquence que je n'étais qu'un rat de laboratoire, ivre d'orgueil et bêtement collé à un microscope.

Deborah eut la mauvaise idée de nous rejoindre à ce moment-là et de se placer entre lui et moi. Sans savoir ce qui venait de se passer, elle regarda son père d'un air dubitatif, puis se résolut enfin à ouvrir la bouche :

– Tate, à vrai dire David m'a invitée à prendre un café quand on sortirait. Je t'ai appelé avec le téléphone de l'accueil pour te prévenir mais tu étais déjà parti.

Le visage de Herzfeld s'empourpra subitement. Un réseau de veinules, jusque-là invisibles, apparurent au bord des narines comme si le sang y circulait pour la première fois. Quelqu'un osait aspirer à interagir avec sa fille unique avant même d'avoir obtenu l'accord de son père.

– Est-ce que vous allez prendre un café pour parler de cette fameuse synapse ? Ah, je parie que si ! Vous ne voudriez pas d'une bonne voix dissonante à votre table ? tenta-t-il de plaisanter, mais sur un ton amer et peu convaincant.

Deborah le regarda avec une douceur implorante sans rien dire.

– Très bien. Au retour je vais faire le plein de la Mercedes. Demain je veux le réservoir au maximum pour qu'on n'ait pas à s'arrêter sur la route de notre maison de campagne. On part de bonne heure. Ne rentre pas tard.

Et sans m'adresser un seul mot, il tourna les talons et s'éloigna avec le même air blasé qu'il affichait en arrivant.

2

Cette rencontre fâcheuse présagea d'une certaine façon ce qu'allait être ma vie avec Deborah. Nous nous sommes mariés après une tortueuse année de fiançailles, pendant laquelle nous subîmes de son père toutes les formes possibles de résistance à nos projets. Il n'épargna aucun moyen pour prévenir sa fille de l'inopportunité de notre union, car selon sa conception de la réalité j'étais, outre un laïque, tout juste un petit assistant d'un laboratoire dédié à la dissection de l'âme. Malgré mes tentatives, aucun argument ne fut suffisant pour lever ce malentendu. Pis encore, en plus d'une profession sacrilège, j'avais choisi une très mauvaise source de revenus, qui ne me permettrait pas d'offrir à sa fille une vie prospère, ce qui aux yeux de M. Herzfeld parachevait le portrait d'un complet paria.

Après cette première année de résistance acharnée, il accepta d'assister à notre mariage si nous lui donnions la garantie que la cérémonie observerait une longue liste de formalités qu'il nous présenta par écrit. Comme je n'avais plus de parents, seul Herzfeld, qui était veuf, constitua de manière individuelle et plénipotentiaire le seul cortège familial qui entra sous la *houppa* en prenant Deborah par la main, ce qui signifiait clairement qu'il ne s'agissait pas de l'union de deux familles mais de la simple assimilation d'un individu désemparé, c'est-à-dire moi, dans une famille qui me concédait l'infinie déférence de me lier à cent générations d'hommes probes et dévots. Le père de Deborah avait choisi le rabbin, la synagogue, les alliances, nos tenues et la date. Et lorsque nous brisâmes le verre après avoir récité nos vœux, M. Herzfeld en profita pour rappeler que ce moment précis du rituel non seulement commémorait le bris des premières Tables de la Loi, mais servait en plus à prévenir les époux que "le mariage est fragile". Il déclara cela en me regardant droit dans les yeux, comme s'il lisait à voix haute un augure révélé en fouillant dans les viscères d'un animal mort.

Après huit mois de vie conjugale, Deborah annonça à son père qu'elle était enceinte d'un garçon. Tate accueillit la nouvelle avec une joie que l'on ne peut qualifier que de fébrile, et il se mit alors à préparer le terrain pour l'arrivée de son héritier, en proie à une transe euphorique. Cette exaltation, qui en arriva à occuper chaque centimètre carré de notre relation, laissa très peu d'espace pour que personne d'autre que lui pût éprouver en sa présence la moindre braise de plaisir. Avant que je parvienne à obtenir du laboratoire un volume de revenus me permettant de régler les factures de la maison, M. Herzfeld avait déjà ouvert, au nom de notre fils, et ce avant même que celui-ci eût rempli la formalité de naître, un compte en banque destiné à s'assurer, notamment, qu'à l'âge de dix-huit ans il puisse passer un an en Israël.

De même, et ce détail allait déterminer ma vie, il acheta pour nous une modeste maison située à une quarantaine de mètres de la sienne. Il nous dit que cela permettrait à ses employées, qui n'étaient guère moins menaçantes que le patron, de s'occuper du bébé pendant les heures où ma femme terminait ses études, car sa licence en Philosophie et Lettres ne devait pas être affectée par le seul fait d'avoir choisi un bon à rien qui n'avait pas les moyens de lui payer une domesticité. Il tenait pour acquis que ma contribution à l'éducation du rejeton allait être rare ou dans le meilleur des pronostics irrégulière, de sorte que nous devions adosser notre petite existence à celle de sa maison sans protester.

La situation ne s'améliora pas quand le petit Aarón, dont le grand-père choisit naturellement le prénom, naquit avec une glomérulonéphrite, une maladie congénitale du système rénal, relativement légère dans son cas, mais qui obligeait à un contrôle régulier et, dans certains cas très peu fréquents, à la programmation d'une séance de dialyse, ce qui heureusement ne fut jamais nécessaire. C'était un bébé robuste, au regard vif et à la ferme disposition à sourire, qui apprit précocement à parler et s'amusait à lancer des projectiles à son grand-père, une propension que j'encourageais discrètement et qui m'obligea plus d'une fois à sortir de la chambre où Herzfeld avait été atteint par le tir d'un hochet, pour pouvoir fêter en riant, seul et sans retenue, l'adresse de mon fils. Malgré ces manifestations de vigueur, le grand-père décréta que la pathologie de l'enfant exigeait des règles de vie strictes et une constante surveillance clinique, de sorte qu'il imposa un protocole de visites impliquant des observations quotidiennes et un défilé permanent de médecins de confiance, ce qui non seulement installa chez moi une ambiance de couloir d'hôpital mais aussi une continuelle présence étrangère, comprenant des entretiens médicaux avec les géniteurs, moi particulièrement, car s'il était établi que cette maudite glomérulonéphrite était une pathologie congénitale, son origine ne pouvait en aucune manière venir de la robuste semence des Herzfeld. Dans tous ces examens et ces interactions, ma propre qualité de médecin n'était jamais évoquée, car, semblait-il, en abandonnant la voie de la clinique pour celle de la recherche j'avais non seulement trahi la possibilité de procurer à ma famille une vie aisée, mais aussi renoncé au droit élémentaire d'ouvrir la bouche.

Parfois, à l'arrivée d'un nouveau mandarin à barbe blanche et regard méfiant, Tate me présentait par les mots suivants :

– M. David Badenbauer est le père de l'enfant.

Après avoir laissé entendre dans sa syntaxe que je n'avais aucune profession, ces mots soigneusement choisis suggéraient que, plus que père de l'enfant, j'étais coupable de lui avoir transmis la prétendue créature qui lui dévorait le rein. Herzfeld était le genre de psychanalyste qui embrasse avec ferveur l'idée que les maladies, y compris congénitales, sont des manifestations voilées du psychisme. Cette lecture ésotérique de la pathologie exemptait de responsabilité les mineurs, argument qui faisait un absurde écho au système judiciaire, peut-être parce qu'il se fondait sur l'idée tacite que les enfants, par leur âge, étaient dépourvus de psyché. Raison pour laquelle les maladies affectant un bébé devaient être recherchées dans les pulsions inconscientes des parents, dans leurs peurs, leurs désirs, leurs perversions. Heureusement pour lui-même, cette interprétation psychanalytique de l'origine du mal s'arrêtait très opportunément avant d'impliquer les grands-parents, si bien que Herzfeld était clairement exonéré de toute ascendance psycho-magique dans la pathologie de son petit-fils. Ce qui était pour Tate une véritable aubaine, car dès qu'on entreprend de dénoncer d'en haut des faiblesses de caractère, on ne trouve jamais une abjection plus profonde et notoire que celle des autres. Cette espèce d'exception constituait aussi pour moi dans une certaine mesure une protection, car si Herzfeld avait appris la froideur et la promptitude avec lesquelles mes parents s'étaient débarrassés de moi, les maux de mon enfance auraient été dénoncés encore plus nettement comme la seule et unique origine concevable de ce dont souffrait Aarón.

Quatre ans après sa naissance, et avec l'idée que je pourrais un peu contribuer aux frais médicaux onéreux que le grand-père couvrait dans leur totalité, Tate m'invita à briguer un poste vacant dans mon laboratoire, un assistanat d'enseignement qui me rapporterait une petite poignée de billets, mais rallongeait ma journée de travail jusqu'à la bagatelle de onze heures. Cette extension permettrait aussi, me dit-il, un accès "plus fluide" des médecins à mon fils. Personne ne daigna m'expliquer en quoi ma présence à la maison faisait obstacle à la "fluidité" de leurs visites, peut-être parce que le fait que j'étais une gêne était déjà implicite.

Avant de me résigner à chacune de ces capitulations, j'ai bien sûr opposé une résistance. Mais il était toujours manifeste à un moment de la conversation que je manquais du pouvoir nécessaire pour influer de façon déterminante sur la décision finale dans quelque affaire familiale que ce soit. Le regard qui accueillait mes pauvres objections suggérait que j'avais déjà eu beaucoup de chance en obtenant la main de Deborah, pour en plus réclamer un peu d'autorité sur notre vie. Je devais me taire, avoir une attitude reconnaissante et cesser de créer des complications inutiles. Ils m'aideraient si je donnais assez de preuves de bonne volonté en gravissant quelques échelons dans ma vie professionnelle grâce aux nombreuses relations de mon beau-père et à son sens aigu et machiavélique de la stratégie.

Mais au fil de ces premières années de mariage je compris que je n'arriverais pas non plus à sortir du lot dans le monde scientifique, relations ou pas. Car ce que je vécus au début comme l'ouverture vertigineuse d'un nouveau champ de recherches devint peu à peu un chemin ardu, avec de très rares avancées concrètes. À un moment donné je me rendis compte qu'en dépit de quelques épisodes de joie isolés, seule l'étude de la façon dont la capsaïcine interagit avec certains canaux ioniques du neurone m'avait déjà pris plus de quatre ans, et qu'à ce rythme parvenir à une contribution significative dans la compréhension des aspects plus généraux de la synapse demanderait plusieurs vies. Je n'avais même pas commencé à aborder la communication interneuronale. À peine la perméabilité des neurones sensitifs au niveau de l'épithélium, et au bout des premières étapes de ce premier projet, je peignais déjà quelques cheveux blancs. D'autre part, il y avait des décennies que l'exercice de la science avait cessé d'être une entreprise dans laquelle l'estampille individuelle pouvait laisser une trace profonde, ou simplement être remarquée. Les recherches impliquaient des équipes de trente ou quarante personnes, réparties dans des universités de plusieurs pays. Je savais que dans le meilleur des cas, même si je me tuais à la tâche et supprimais jours fériés et week-ends pour me livrer à une immolation glorieuse sur l'autel de la science, il allait me falloir des décennies pour en arriver à diriger une de ces équipes, et au bout de toutes ces années je n'étais même pas sûr de pouvoir atteindre une position où mes idées seraient publiquement reconnues.

Et d'ailleurs, quelles étaient ces idées ? Il y avait, peut-être, quelque résonance poétique dans le fait que les canaux ioniques des neurones devaient laisser entrer dans l'espace de leur membrane certaines molécules spécifiques pour amplifier la reconnaissance du milieu ambiant. Ce modèle de contact synaptique recélait une indéniable beauté, car il révélait qu'il fallait absorber une petite portion de monde pour pouvoir le classifier, c'est-à-dire laisser entrer un fragment étranger d'univers dans notre espace le plus intime et d'une certaine manière le faire sien. Mais au-delà de ce fait fascinant, au sujet duquel des centaines d'auteurs s'étaient déjà étendus avec une maîtrise que je n'atteindrais jamais, il n'y avait pas grand-chose de mon travail que je puisse énoncer de façon éloquente. Il était vrai que l'étude de notre réponse métabolique à la capsaïcine, par exemple, révélait que le monde non seulement pouvait pénétrer en petites unités dans l'espace du neurone, mais aussi qu'au moyen de complexes mensonges moléculaires, il pouvait le leurrer, lui faire croire, par exemple, qu'en prenant contact subitement avec l'ingrédient actif qui existe dans tout aliment piquant l'individu expérimentait simultanément une augmentation de la température, une association aussi illusoire que l'apparente fraîcheur que produit le menthol. Car les deux substances provoquent ces interférences thermiques quand bien même elles sont soumises à la même et anodine température ambiante. La menthe n'est pas intrinsèquement fraîche, ni le piquant chaud en soi. C'est le neurone, dans sa rencontre avec des composants déterminés, qui se voit obligé d'interpréter ce message chimique, comme s'il s'agissait d'une information thermique. Et c'est la propre forme par laquelle s'ouvrent les canaux ioniques qui crée cette illusion. Les plantes qui à l'état naturel produisent ces composants ont trouvé, au long de millions d'années d'essais et d'erreurs, les moyens de susciter des combinaisons qui induisent les animaux, nous y compris, à adopter certaines conduites ou à les inhiber. Notre programme de comportement, si sophistiqué qu'il soit, peut être subverti par ces mêmes stratégies chimiques. C'est bien sûr un sujet magnifique, et en quelques années j'avais appris à considérer que ces imprécisions n'étaient qu'un corrélat biochimique du type d'illusions qui font de la perception en général une sorte de prouesse miraculeuse. C'était une version à échelle moléculaire du cadre perceptif que nous obtenons malgré l'infinité de signaux équivoques, ambigus ou simplement impossibles et qui inondent les sens des trillions de fois par seconde. Ce champ paraissait prometteur et riche en conquêtes potentielles. La capsaïcine était à peine la première étape d'un parcours qui s'annonçait long et fécond.

Mais au-delà de l'authentique fascination que ce sujet exerçait sur moi, j'étais conscient qu'intéresser un interlocuteur à ces mystères n'aurait été possible qu'à l'aide d'une grande capacité narrative, entre autres choses parce qu'il n'y avait pas une récompense définie attendant celui qui se déciderait à examiner avec attention le fonctionnement de ces minuscules chevaux de Troie moléculaires. Y compris quand je parlais avec des médecins, l'idée même qu'il existât des composants capables de franchir les portes des neurones et de déguiser les perceptions en faisant passer un stimulus pour un autre ne provoquait que rejet ou malentendus. Voulais-je donc suggérer qu'une patiente et soigneuse élaboration de variables pourrait permettre de trouver des composants qui allaient déformer toutes les perceptions neuronales ? Peut-être, répondais-je. Mais que se passerait-il si cette sorte de perversion des canaux ioniques s'étendait à toute la fonctionnalité de la synapse, pourrait-on alors tenter de moduler ou d'intervenir sur la cognition, voire sur la pensée ? Bon, c'était une perspective très lointaine, mais il ne fallait pas l'écarter. C'était là le point de la conversation où mon interlocuteur, qui, par pure statistique, tendait à être un chrétien fautif, un agnostique contrit ou un juif moins laïque que moi, invoquait le caractère irréductible du libre arbitre et regardait le fond de son verre comme pour signifier la fin de notre échange. De sorte que je savais déjà que si j'arrivais un jour à diriger une équipe de travail, obtenir des fonds pour ce type de recherches serait une entreprise aussi inutile que labourer la mer. Car l'académie, malgré l'auréole de froide rationalité que lui attribue le public, est pleine d'individus pieux et dévots, dont la plupart s'agglutinent dans les conseils d'administration, où l'on approuve les projets et où l'on signe les chèques.

Aussi étais-je déjà résigné à laisser mes fameux canaux ioniques tomber dans l'oubli, lorsque m'arriva soudain, sans explication, l'étrange invitation de M. Herzfeld à un dîner chez lui.

– Je te suggère de t'habiller ce soir comme un phare de la science, me dit-il énigmatiquement. Aujourd'hui il pourrait être utile que tu aies l'air d'en être un.

J'optai pour une veste en velours gris, sans cravate. Je supposai que l'idée était de paraître correct mais décontracté. Par ailleurs je n'avais jamais vu de près un authentique phare de la science. À peine une longue succession de galériens comme moi, qui travaillaient au sein de groupes anonymes, cachés sous une discrète blouse, de sorte que je manquais de toute autre référence que les quelques photos que j'avais vues en feuilletant des magazines. Je n'ai pas réussi à demander à Herzfeld pourquoi il se souciait ce jour-là pour la première fois de mon aspect. C'était tellement inhabituel de sentir que face à lui on pouvait simplement *exister* que je me suis limité à suivre ses indications au pied de la lettre.

Je suis allé à ce rendez-vous avec Deborah, qui était somnolente parce qu'elle avait passé une bonne partie de la nuit à réviser un essai pour son doctorat. Aarón avait déjà huit ans, et ni elle ni moi ne pouvions pendant la journée faire autre chose que travailler à tour de rôle près de lui pour combler autant que possible son insatiable appétit d'attention. Si bien qu'en cette circonstance je ne pouvais pas simplement baisser la tête et compter qu'elle puisse, comme toujours, se charger de dire ce que tout le monde eût trouvé approprié et naturel, car c'était là son talent, pas le mien. Moi, en général, il me suffisait d'écouter l'interlocuteur avec ennui et de marmonner dans mon for intérieur les réponses que j'aurais avancées dans la conversation si j'avais eu du courage et une minimale disposition au dialogue. Mon secret était de limiter mon répertoire à rester silencieux, sourire et acquiescer. Si la personne que j'avais en face se révélait insupportable, j'augmentais simplement l'intensité de mon sourire jusqu'à ce que l'interlocuteur commence à ressentir l'envie pressante de partir en courant. Ce truc fonctionnait particulièrement avec des femmes âgées, qui sont des êtres très sensibles à ces petits signaux. En revanche, les hommes sont en général trop absorbés par la contemplation de leur propre plumage pour accuser réception de tels détails.

Quoi qu'il en soit, Deborah me lâcha le bras à peine franchi le seuil de la maison de son père. Pour éviter de m'interposer dans sa relation avec lui, je ne lui avais jamais fait part de mon malaise à traverser ce salon bigarré, saturé d'objets témoignant de son présumé talent psychanalytique : classiques statuettes érotiques africaines, destinées à illustrer la capacité de Herzfeld à intégrer le primitif et le totémique dans sa conception de la vie sexuelle ; images surréalistes pleines de monstres, à mi-chemin du symbolisme onirique d'Odilon Redon et de la beauté monstrueuse de Brueghel ; gravures originales de Chagall liant des éléments archétypiques, comme la chèvre et le chandelier, à la danse de villageois opportunément ailés, capables de s'élever de leur irrémissible condition paysanne grâce au pouvoir libérateur de l'art. Il n'y avait pas un seul élément de ce décor témoignant d'une vie simple, de certaines expériences, de cadeaux reçus, ou d'objets appréciés pour leur simple valeur sentimentale. Chaque chose, tableau ou tapis semblait avoir été évalué en fonction de sa possibilité d'illustrer avec éloquence une idée. Ma perception était peut-être biaisée, mais l'ensemble ne permettait pas d'entrevoir autre chose que l'ostentation, la froideur et le manque complet d'humanité du vautour qui avait aménagé la maison.

En tout cas et bien que n'ayant pas reçu de directives précises sur le comportement à observer, j'imaginai que j'avais sûrement été convoqué ici pour jouer un rôle secondaire dans la traditionnelle opérette de Tate, et je n'avais aucune intention d'être un obstacle au déroulement du rituel que mon beau-père avait préparé. J'entrai dans le salon à pas timides mais en m'efforçant de garder la tête haute. Il y avait là une vingtaine de personnes réparties en plusieurs groupes. Il s'agissait, il n'était pas nécessaire d'être un prodige du diagnostic pour le remarquer, d'un ensemble classique de raseurs en pleine séance de mutuelles congratulations. Ils parlaient avec un degré d'enthousiasme que je ne me rappelais pas avoir vu depuis des années. Sans cesser de croasser un seul instant, ils se scrutaient, le regard fier, et approuvaient avec une ferveur qui aurait complètement déstabilisé mon truc habituel, celui de sourire en hochant continûment la tête comme un possédé, car face à ce groupe d'illuminés tout comportement psychotique serait passé inaperçu.

Je remarquai rapidement que, dans un coin du salon, Tate tenait une conversation animée avec un individu à lunettes, peut-être la seule personne ici qui ne semblait pas vouée à afficher la plénitude de son plaisir. Tate m'avait vu du coin de l'œil franchir le seuil sans réagir, mais brusquement il se tourna vers moi et m'adressa un grand sourire.

– Ah, te voilà, leader du mouvement ! – Je ne compris pas tout de suite s'il se référait à moi ni ce qu'il avait voulu dire par cet étrange sobriquet, mais je n'eus pas le temps de réfléchir, car la seconde d'après il s'était retourné vers son interlocuteur pour lui lancer sur le même ton triomphal à mon sujet : – Les scientifiques ! Ils se font toujours attendre ! J'imagine que tu as été retardé au laboratoire...

En disant cela, Herzfeld me regarda fixement dans les yeux et je me souvins alors que le rendez-vous n'était pas à neuf heures mais à huit heures et demie, un changement d'horaire qui nous avait été communiqué par un message sur notre répondeur téléphonique et que je n'avais pas pris la précaution de noter. Ce regard fixe et lourd de sens était cependant accompagné d'un sourire tendu, quasi félin.

– En effet, commençai-je sans avoir la moindre idée de la suite, je me suis attardé parce qu'il y a eu un dérèglement du microscope électronique. Je suis désolé.

Je n'aimais pas mentir de manière aussi flagrante, mais j'avais l'impression que si je ne suivais pas point par point sa pantomime j'allais m'en mordre les doigts pendant des années.

– Peu importe, mon cher. Inutile de dire que ton travail nous honore tous. De plus, bénéficier pendant une demi-heure de l'attention de M. Blum m'a permis de lui parler impunément de toi sans que tu aies à rougir. – Alors il se tourna vers le vieillard et ajouta sur un ton décidément paternel : – David est tellement modeste qu'il cherche toujours à minimiser la portée incroyable de ses réussites. Il faut lui rappeler l'importance de ses travaux, car si cela ne tenait qu'à lui il nous en épargnerait tous les détails.

J'étais sidéré. Je n'arrivais pas à croire qu'il parlait réellement de moi. Herzfeld était en train de tramer quelque chose, je pouvais en être sûr, mais j'étais incapable d'imaginer quelle sorte de manœuvre exigeait qu'il s'abaisse publiquement à dire du bien de son gendre, le nigaud qui depuis le premier jour avait été un boulet pour la famille et un caillou dans la chaussure de tous.

– Permettez-moi de vous présenter un peu plus formellement David Badenbauer, scientifique et explorateur infatigable des frontières de la neuroscience, et voici Samuel Blum, éditeur international spécialisé dans la diffusion d'idées neuves, promoteur d'ouvrages scientifiques qui occupent les positions les plus élevées dans l'estime des universitaires et les listes des livres les plus vendus… – Il fit une pause après avoir cédé à ce petit dérapage d'envie, mais tendit aussitôt le cou et se remit à déclamer depuis les hautes cimes de la culture. – Un homme qui a accompagné, avec son proverbial silence méditatif, l'ascension météorique de centaines de plumes significatives de l'industrie éditoriale. Un témoin du siècle, aussi…

– N'en jetez plus, Herzfeld, vous allez me faire passer pour un vieux gâteux qui tient un magasin d'antiquités : ce pauvre jeune homme va penser qu'il rencontre

Mathusalem, dit Blum avec une discrète jovialité à l'histrion rocambolesque qui nous présentait si pompeusement, après quoi il se tourna vers moi. – Si j'étais véritablement témoin de quelque chose, je me garderais bien de le révéler. Ne croyez pas tout ce que vous entendez sur moi, surtout ce qui pourrait paraître vrai. Ce vieil adulateur me dit que vous menez des recherches sur des champs inconnus et que vous avez des biscuits pour nourrir le débat contemporain.

Ces quelques mots prononcés, il me regarda fixement. S'ouvrit alors un interlude silencieux de deux ou trois secondes, mais qui parut durer une semaine.

– Eh bien, dis-je enfin, je veux croire que oui. Je travaille depuis de nombreuses années dans un laboratoire à tenter de dresser une carte de certaines fonctions neuronales…

Je déglutis. Face à ce vieillard impatient j'avais du mal à organiser ma pensée, mais il gardait un silence attentif.

– Les neurones, comme toutes les cellules – je commençai à gravir difficilement une pente raide argumentative –, ont une membrane qui les isole de leur environnement… Mais… cette membrane…

Blum regarda un moment par terre. J'étais en train de perdre, alors que j'avais malgré tout la perspective de gagner.

– Je vais nous épargner du temps, m'interrompit subitement Blum. – Je commencerai donc par vous confier un secret personnel. L'industrie dans laquelle je travaille est entièrement illusoire. C'est comme si je vendais des chaussures à des peuples qui traditionnellement marchent pieds nus et qui ne les achètent que pour les remplir de terre et y planter de bonnes tomates. Je fais commerce d'un matériel qu'ils ne sauront utiliser que comme décoration. Et je fais ça en toute conscience.

J'avais du mal à entrevoir où il voulait en venir par ce raisonnement. Quelque signe de ma perplexité dut transparaître sur mon visage, car le vieillard fut immédiatement tenté de clarifier son propos.

– Je vais mieux m'expliquer. On pourrait penser que les gens achètent des livres de vulgarisation parce que la science ou les idées en général les intéressent. Parce qu'ils veulent en savoir un peu plus. Par exemple sur le fonctionnement de l'univers, même très vaguement. Mais non. Rien de tel. Ce que cherchent les gens, ce sont des modèles qui coiffent leur petite personne d'une auréole transcendante. Des métaphores qui peuvent se résumer en une ligne, et auxquelles ils peuvent recourir en se rasant devant le miroir comme en prenant une bière avec des amis. Des hors-d'œuvre de sens qui n'exigent pas une digestion compliquée, et dans lesquels ils peuvent reconnaître des éléments de leur propre existence, mais qui ont aussi le tintement de concepts généraux. Des idées-phrases comme “le temps est une propriété de l'espace”, ou “la conception parfaite des êtres vivants ne peut s'appréhender qu'en faisant abstraction du concepteur”. Autrement dit, des idées qui constituent un petit défi pour leur esprit mais qui peuvent aussi occuper un endroit voyant sur la table d'un salon, à côté de livres d'art ou de pittoresques récits de voyage. Si l'on veut, des idées qui soient paradoxales mais aussi globales, claires et succinctes, sans provoquer l'agacement de l'incertitude, et qui procurent la tranquillité illusoire qu'ils ont compris, au moins partiellement, leur propre place dans l'ordre des choses. Il s'agit d'un pur placebo argumentaire pour des maladies du caractère qu'ils ne sont même pas disposés à définir. La plupart de mes publications, bien qu'elles portent effectivement sur la science et fassent référence à des recherches éminentes, ne sont que des livres de développement personnel. Ils dissipent ce que Pascal appelait “l'horreur des espaces infinis” grâce à l'artifice consistant à offrir des parcelles apparemment résolues de mystère. C'est pour ça qu'ils se vendent. Ils font partie de cette catégorie d'ouvrages que se permettent d'acheter ceux qui ne sont pas prêts à surmonter la honte infinie d'acheter un véritable livre de développement personnel. Des ouvrages tranquillisants pour des personnes qui ne veulent pas mettre un nom à leur intranquillité. Ainsi, pas d'erreur. Je fais en sorte de connaître d'avance ces faiblesses et d'agir en conséquence. Ce n'est pas plus bête que de présupposer qu'il puisse y avoir dans un pays deux cent cinquante mille individus animés d'une authentique curiosité pour la télomérase ou pour l'antimatière. Ce serait comme demander à un pommier de produire des poires de manière impardonnable. Avec cette idée infantile, seul un éditeur disposé philanthropiquement à perdre une avalanche d'argent publierait un livre de vulgarisation scientifique.

Pendant que Blum déblatérait, Herzfeld l'écoutait avec un plaisir surjoué et flagrant. Il avait ce regard avec lequel on suit les gestes d'un harpiste célèbre, les yeux chavirés, l'air rêveur et un sourire tremblant. Mais dans ce ravissement on pouvait presque percevoir le bruissement provenant de sa tête, une rumeur de vermines affamées, de rats qui creusent pour entrer dans un dépôt d'où leur parvient l'odeur affolante d'un festin de charogne. Pour qui connaissait Tate, il était évident que le discours du vieil éditeur l'excitait d'une façon qui excédait le seul intérêt pour de simples idées. Je commençai à entrevoir que la raison pour laquelle il buvait les paroles de Blum était qu'il percevait dans les machinations du vieillard le moyen idéal de se libérer de la charge mensuelle de ma famille, qu'il imputait depuis toujours à mon manque d'ambition. Ce n'était pas un secret que ma difficulté à m'élever dans ma profession lui coûtait des espèces sonnantes et trébuchantes, et que si d'une manière ou d'une autre je parvenais à gravir quelques échelons hors de mon laboratoire, peut-être que Tate pourrait récupérer la part de budget qu'il destinait à nous sauver de mon échec et ainsi, si son plan fonctionnait, investir dans sa propre ascension à l'Olympe. Quoi qu'il en fût, je décidai que ce n'était qu'en suivant son jeu au pied de la lettre que j'allais pouvoir découvrir ses motifs. Blum toussota et je détournai mon regard des yeux de mon beau-père pour revenir à celui de l'éditeur qui me dévisageait avec l'excitation attentive d'un braqueur.

– Maintenant, poursuivit Blum, imaginez vos recherches comme les prémices d'un livre de développement personnel. Un livre qui provoque des commentaires dans les salons de thé comme dans les salons de coiffure, et qui éveille, pour différentes raisons, autant l'intérêt de l'universitaire que celui du profane, mais plus encore du profane que de l'universitaire. Un livre qui puisse se résumer en une phrase, une sorte de slogan qui le définirait entièrement. Alors, soyez imaginatif : faites un effort et concevez simplement cette phrase.

Je me rappelai alors, comme s'il s'agissait d'une soudaine épiphanie, ce que j'avais dit à Deborah le jour où je l'avais prévenue, quoique de manière indirecte, que je ne deviendrais jamais riche. Me revint en mémoire l'expression de candeur et d'intérêt avec laquelle ce jour-là elle écouta ma longue explication neurologique. C'était le plaidoyer d'un garçon qui paraissait exalté par la joie de lui confier le cœur de sa vocation, mais qui en fait devait quasiment tout son enthousiasme au simple fait de pouvoir lui parler en la regardant dans les yeux. En repensant maintenant à la bienveillance avec laquelle elle m'avait écouté et au privilège de pouvoir capter ainsi son attention, je découvris que la raison pour laquelle, en me présentant à son père, elle lui avait parlé à brûle-pourpoint de mes aspirations scientifiques, tenait peut-être justement à ce moment où je l'avais conquise. C'était une idée absurde, mais ce fut ce qui me vint à l'esprit en me remémorant la scène. Il est probable que ce qui avait réellement capté son intérêt était mon expression de ravissement absolu. Mais dans mon souvenir je ne pouvais séparer maintenant ces impressions des paroles concrètes que j'avais prononcées et qui me revenaient en mémoire de façon nette, quasi cristalline. Et à présent, devant cet éditeur qui me parlait précisément de la manière de concilier l'intérêt des dames dans les salons de coiffure et celui de patients angoissés dans les salles d'attente, je me rendis compte que ce jour lointain Deborah avait peut-être elle aussi trouvé une petite capsule de développement personnel dans mes paroles.

Je pris alors ma respiration et répétai à Blum, quasi mot pour mot, la lointaine phrase qui, d'après ce que je voyais maintenant, avait contribué à m'offrir d'abord une femme, puis un enfant. De sorte que, pour la deuxième fois dans ma vie, je me mis à la réciter, menton levé avec un air de complète certitude, comme si c'était un credo.

– Les neurones qui interagissent avec notre environnement sont entourés de membranes, mais ils ont de petites portes. Pour connaître ce qui nous entoure, il faut ouvrir physiquement ces portes et laisser entrer des portions de ce monde extérieur dans le nôtre, molécule par molécule. On ne connaît véritablement que ce qui a permis matériellement d'entrer dans le royaume de notre esprit.

Blum me regarda un instant, en se débattant dans un silence inquiet. Il semblait s'être absenté de la pièce, perdu dans ses propres cogitations et farfouillant dans ses souvenirs, très loin des canaux ioniques, de la synapse ou de la capsaïcine. Son front se plissait et se détendait comme si quelque chose y ruminait. Puis il me prit le bras et se mit à me parler avec une exaltation quasi maniaque.

– “Portes ouvertes au monde”, me dit-il.

Je le regardai avec perplexité.

– Voilà le titre de votre livre. Faites-vous à l'idée le plus vite possible, car c'est le titre qu'il portera à sa publication, que cela vous plaise ou non, déclara-t-il en détachant bien chaque mot, comme s'il s'adressait à une personne qui revenait à elle après un long évanouissement. – S'il est prêt en janvier de l'an prochain et que j'ai une semaine pour pouvoir couper les mille détails inutiles que vous y mettrez sûrement, je crois que je pourrais l'éditer dans dix pays pour commencer. Il faut d'abord publier avec mesure.

Sur ces mots il se retourna et plongea les doigts dans un plat de petits-fours. Il en mangea deux d'un seul coup et me sourit la bouche pleine.

Ainsi commença ma fulgurante et éphémère carrière d'auteur.

3

Comme il fallait s'y attendre, le livre ne fut pas prêt le mois convenu, ni le suivant. En comptant tous les brouillons, je passai trois années plongé dans cette tâche, sous la surveillance constante de Herzfeld, lequel était devenu tacitement une espèce d'agent plénipotentiaire de mes affaires éditoriales et comme tel s'était arrogé le droit de superviser le processus de remise de manuscrits. Sous le prétexte que ce projet exigeait "toute l'aide possible", mon beau-père institua deux réunions de mise au point par semaine, auxquelles je devais assister impérativement et au cours desquelles il profitait de chacun de mes petits retards pour l'attribuer à ce qu'il qualifiait de mon "proverbial manque de gratitude".

Pendant ces trois années je ne reçus que deux appels de Blum. Le premier, à la fin de ce mois de janvier. Il ne parut pas très étonné que je n'aie pas terminé le livre dans les délais convenus. Pendant les deux minutes que dura la conversation, il me dit sur le ton de la confidence qu'il savait très bien qu'en général les auteurs, particulièrement les scientifiques, sont des empotés qui vivent dans la lune et ignorent les centaines d'engrenages qu'il devait synchroniser pour publier un livre dans plusieurs pays. Après cette déploration, il prononça deux ou trois phrases décousues sur les dates idéales pour lancer une publication massive, puis s'excusa parce qu'il avait un appel sur une autre ligne.

Je n'entendis plus le son de sa voix pendant deux ans, bien que Herzfeld me transmît tous les mois les questions et les délais impératifs que l'éditeur lui communiquait par téléphone. Selon ses dires, Blum qualifiait souvent mon retard d'"inadmissible". J'accueillais cela avec scepticisme, sachant que l'adjectif *inadmissible* occupait une place privilégiée dans le discours quotidien de mon beau-père et qu'il le trouvait également approprié pour qualifier la pauvre syntaxe d'un paragraphe ou la cuisson d'un poulet rôti. Aussi faisais-je peu de cas de son ton alarmiste.

Au bout d'un an et demi, je commençai à affiner périodiquement ce que Tate appelait mes "brouillons approximatifs". C'étaient des versions d'environ cinq cents pages comprenant des chapitres inachevés et quelques passages isolés, sans queue ni tête. Tate avait pris l'habitude de me demander ces liasses de pages pour pouvoir évaluer tranquillement mes progrès dans son cabinet et élaborer à partir de cette lecture ce qu'il appelait des "notes éditoriales". Bien sûr ce n'était guère plus qu'une longue liste de caprices et d'exigences que j'ai vite appris à écouter avec la plus grande attention, sans cesser d'acquiescer en le regardant avec ma traditionnelle fixité maniaque. Le point faible de Herzfeld était son insatiable avidité de reconnaissance, ce qui rendait très facile de lui faire sentir que son opinion était déterminante dans le processus, même si dans quatre-vingt-dix pour cent des cas il ne s'agissait que de simples broutilles malveillantes. Je parvenais à reprendre souvent sa propre argumentation en changeant les mots jusqu'à lui donner l'illusion que ses remarques avaient réussi à faire naître une lumière dans la sombre caverne de ma tête, afin qu'il se calme et finisse par quitter la pièce d'un pas victorieux.

Mon nouvel horaire d'enseignement, auquel je m'étais engagé après des mois d'insistance de mon beau-père, finit par transformer ma journée de travail, aussi saturée d'échanges insignifiants avec des fonctionnaires, des étudiants et des professeurs que dépourvue de véritable substrat scientifique. Mais je découvris bientôt qu'il y avait une brève partie de l'après-midi, juste après le déjeuner, où la bibliothèque de la faculté était quasi déserte, et durant ce petit laps de temps, j'occupais secrètement l'endroit. J'y empilais l'un après l'autre les schémas de ce que je croyais connaître jusque-là sur la synapse. Au fil des mois cette pile se révéla comme des archives nombreuses, si bien qu'au lieu de m'efforcer de rédiger de nouveaux éléments je devais me consacrer à élaguer l'arborescent et chaotique lierre de paragraphes, épurer le texte de tout jargon académique ou de divagations inutiles et éviter que ces pousses ne parasitent mes trois ou quatre arguments convaincants.

Au bout d'un premier semestre d'incertitude sur la manière de raconter au lecteur mon expérience de laboratoire, je finis par accepter l'idée d'organiser le récit en contrepoint avec mon histoire personnelle, une espèce de chronique de ma vie de scientifique qui devait évoquer des épisodes quasi intimes, car il m'était exigé que le livre comportât ce que Blum appelait un *corrélat existentiel*, c'est-à-dire le récit précis sur la façon dont la synapse avait fait irruption dans mon existence au point d'en arriver à expliquer complètement ma vie. Le vieil éditeur soutenait que la narration à la première personne était une condition essentielle pour que le profane conçoive que les canaux ioniques pouvaient aussi expliquer dans une certaine mesure la sienne, c'est pourquoi dans les notes qu'il m'envoyait par l'entremise de Herzfeld tous les trimestres, Blum insistait toujours sur la nécessité de nouer des "liens d'empathie" avec le lecteur. Quant à moi, le concept d'empathie me paraissait glissant et un peu rebattu, probablement parce qu'il me rappelait Bergson et sa célèbre invitation métaphysique à "être l'autre", c'est-à-dire à assumer *a priori* que cet autre est connaissable de manière intuitive. Cette idée me semblait aussi vague en termes pratiques que de nous exhorter à être aimables ou bons, autrement dit de se laisser guider par des catégories qui ne sont utiles qu'à condition qu'on s'abstienne de les définir précisément. En tout cas, Blum affirmait que le lecteur devait s'embarquer avec nous dans une sorte d'odyssée personnelle incertaine pour être finalement capable de fêter le retour à une Ithaque rêvée. Et donc il recommandait que tout le livre soit émaillé d'un abondant *pathos* autobiographique, jalonné d'obstacles infranchissables et d'inattendues découvertes transformatrices. L'auteur devait se présenter d'abord comme un individu perdu dans l'incertitude avant d'annoncer qu'à un moment donné il avait enfin trouvé le bon chemin, et selon sa théorie ce n'était qu'à cet instant triomphal que le lecteur pouvait se convaincre que lui-même était peut-être arrivé à expérimenter, avec l'auteur, une sorte d'épiphanie. Sous les élucubrations de Blum sur ce processus cathartique il n'y avait que sagesse de bistrot, lieux communs et baratin psychanalytique, mais je savais trop bien que je ne devais pas m'opposer à ses directives, notamment parce que ces abondantes considérations m'arrivaient tous les mois sous la forme de l'obsessive calligraphie de Herzfeld. Face à mon beau-père je ne tenais pas à m'aventurer dans de nouveaux guêpiers épistémologiques, car il avait déjà donné suffisamment d'échantillons de sa propension à brasser des idées qu'il trouvait simplement séduisantes en dépit de toute évidence.

C'est ainsi qu'après quelques mois d'une résistance obstinée à parler de moi-même, j'ai enfin accepté que la chronique de l'éveil de mon intérêt pour la synapse comporte, sur l'insistance de Herzfeld, le récit détaillé de l'identification du corps de mes parents à la morgue, car cette scène associait de manière indélébile mon désir qu'ils ne soient pas morts avec l'urgence de comprendre quelle sorte de combustion, de feu intérieur, maintenait notre cerveau vivant. Je dois dire que, bien sûr, cela n'avait pas été du tout mon expérience. En réalité, devant mes parents morts je n'avais éprouvé qu'un intense crépitement intérieur sans rime ni raison, comme celui d'une feuille morte qui brûle et dont le bruit envahit nos sens jusqu'à devenir assourdissant. Dans ce terrible contexte je n'aurais pas consacré une seule seconde à comprendre la providentielle étincelle vitale ni rien d'approchant. Mais même si j'étais à tout moment conscient que le récit de ces prétendus processus intérieurs n'avait rien de vrai, je devais reconnaître qu'une fois écrit cela fonctionnait à merveille. L'image d'un jeune homme désemparé qui, devant les cadavres de ses parents, se propose de comprendre et d'invoquer les mécanismes qui régissent la vie, en s'embarquant pour cela dans une recherche scientifique qui lui prendra toute son existence, donnait à l'histoire de mon amour pour les canaux ioniques une tournure réellement formidable, rappelant un peu les recherches frénétiques d'un Victor Frankenstein dévasté par ses douloureuses pertes familiales. Et même si dans la vie réelle mon intérêt pour la neurophysiologie ne s'était éveillé qu'à une époque très postérieure, je n'eus pas beaucoup de mal à me convaincre que, au moins sur quelque plan inconscient de ma trame intérieure, ma quête avait peut-être pris naissance ainsi. Les voies de l'esprit sont impénétrables, me dis-je. Quoi qu'il en fût, et en dehors de la grande chaîne d'imprécisions dans lesquelles je me permis de m'engager, je dus reconnaître que parler enfin de cet épisode atroce, que j'avais à peine réussi à évoquer une ou deux fois depuis ma jeunesse, eut sur moi un effet curatif inespéré, malgré les nombreuses libertés que je pris en le relatant. Car le seul fait de devoir consacrer, par obligation professionnelle et selon des délais à respecter, tant d'heures à me demander dans quelle position étaient mes parents ce jour-là, quelle expression avaient leurs visages, comment ils étaient allongés sur leurs civières, quels objets il y avait dans la maison quand les policiers m'ont invité à parcourir les pièces pour repérer l'éventuelle disparition de quelques objets, tout cela avait constitué un exercice de consolation imprévu et tardif. La possibilité de m'étendre par écrit et de manière exhaustive sur ce que j'avais ressenti me permit d'accuser réception de ces faits qui avaient bouleversé mon existence comme si je les vivais pour la première fois. Il s'agissait d'une tâche qui eût été impossible sans faire appel à une certaine fibre poétique que je n'avais jusque-là pas montré posséder, mais qui au fil des mois et des versions successives commença à se faire jour après jour plus touffue. À mesure que mon prurit initial sur la stricte véracité des événements relatés se fit de plus en plus ténu, je sentis émerger en moi un désir impérieux d'associer faits et idées de façon passionnée et esthétique, qui finit par s'installer dans l'écriture comme si c'était le trait essentiel de mon caractère. Dans ce processus, il m'arriva d'être d'accord avec la vieille accusation de mon père, celle de n'être qu'un âne bavard, ou du moins à entrevoir dans son reproche de petites traces de vérité, car il m'était beaucoup plus facile de rédiger des phrases ronflantes que de leur donner un sens authentique. Mais je compris rapidement que si on se refusait de recourir à ces quelques tours de passe-passe, la vulgarisation scientifique était une espèce de pénitence aride et impossible. Si je voulais conclure un jour le travail titanesque d'expliquer la trame matérielle d'un esprit je devais, en plus d'être informatif et clair, "bien écrire", un prédicat un peu indéfinissable qui, je l'appris bientôt, ne s'accordait pas toujours avec l'énoncé de la vérité scientifique.

Le fait que Tate se soit engagé de façon aussi déconcertante à mon lancement comme auteur rendait impossible de choisir une autre voie que celle de respecter en temps et en heure ses demandes et ses délais. C'était en réalité un faux conflit, car j'aimais secrètement que quelqu'un me contraigne sous la menace à consacrer tous les jours des heures supplémentaires à l'exploration détaillée et maniaque de ma propre personne. Parfois je faisais semblant d'opposer une résistance à ses exigences, ou bien je me disais trop fatigué pour poursuivre. Cette espèce de mise en scène était ma façon d'obtenir que ce soit Herzfeld, et non pas moi, qui m'oblige à me soustraire à mes obligations de père et de mari pour me dédier pleinement à l'écriture. J'aimais Aarón, qui était encore à cette époque un enfant charmant, et bien que ma relation avec Deborah ne fût pas précisément voluptueuse, il y avait entre nous une grande tendresse. Mais la vie quotidienne paraissait, parfois des semaines durant, une longue succession d'obligations, du respect desquelles on n'émergeait jamais indemne, et j'étais rarement dans un état d'esprit assez dégagé pour m'inciter à soulever un enfant ou à étreindre une femme. La plupart des soirées, ma plus grande aspiration était de m'asseoir dans un fauteuil, le regard dans le vague, et je découvris bientôt qu'écrire c'était peut-être cela : habiter ce regard absent et le parcourir. Observer nos propres choses avec la curiosité que l'on a pour celles qui nous sont étrangères. Occuper un territoire qui ne se trouve nulle part et dont on est le seul témoin de la nombreuse population imaginaire. Ces soirs-là où je paraissais trop exténué pour ouvrir mes cahiers, mon espoir inavouable était que Tate se plaigne à sa fille de ma faible appétence pour le travail, me permettant ainsi de soupirer, de baisser la tête et de simuler que je flanchais devant ses exigences, de telle sorte que je puisse m'installer sans culpabilité dans le salon pour pouvoir satisfaire ce désir quasi mortifère que l'on me laisse en paix. Seulement ce n'est qu'ainsi, aiguillonné par l'urgence de délais imposés, que je pouvais m'accrocher à mon crayon comme à un mât et m'engager dans la nuit. Éclairé par un énorme lampadaire, je m'asseyais, cahier ouvert sur les jambes, et je me plongeais dans la liasse en expansion de notes et de papiers imprimés. Dans ce tourbillon d'articles scientifiques, de notes de laboratoire et de photographies retirées d'albums que je n'avais pas ouverts en quinze ou vingt ans, je constatai que mon vieil être intérieur, le David Badenbauer qui parfois disparaissait des mois et des années de mon discours, cet individu qui était en même temps un et multiple, l'adolescent rêveur, le laborantin obsessionnel et l'enseignant perplexe, toutes ces variantes temporelles de moi-même émergeaient chaque soir sous le faisceau lumineux de la lampe comme si le film complet de ma vie défilait sur ces pages.

Tout au long de l'interminable construction que j'entrepris en tissant faits réels et fictifs, combinant authentiques conclusions de laboratoire avec extrapolations sauvages, je découvris qu'il était plus facile de trouver ma personne dans tous ces papiers et ces cahiers que dans la contemplation de mon visage dans le miroir. Car dans la succession de scènes que j'écrivais se racontaient mon histoire, mon activité quotidienne et la partie la plus concrète et palpable de mon existence, mais aussi se laissait entrevoir l'îlot perdu dans la brume qu'était le champ de mes désirs, ce rocher intérieur qui se dressait sur une noire mer d'inconscience d'où me parvenaient de sporadiques signaux lumineux, des étincelles me rappelant que j'avais faim, mal à la tête, ou que j'étais sur le point de tomber, mais aussi qui remuaient en moi des pulsions plus mystérieuses et inaccessibles, comme le désir d'entrer nu dans la mer, l'envie de tordre un clou sans la moindre raison pratique, on encore la velléité, chaque fois que quelqu'un nous arrête dans la rue pour nous poser des questions, de faire une réponse interminable, tellement détaillée qu'elle permette en même temps d'aider et d'énerver l'interlocuteur, inspirée par une sorte de penchant irrésistible à vouloir embêter autrui. En écrivant je reprenais contact avec ce David, celui qui préférait prendre un café seul plutôt qu'accompagné, qui avait plaisir à feindre un éternuement dans un ascenseur bondé, qui se mettait inexplicablement à rire s'il perdait son portefeuille, ou qui trouvait amusant de dérégler le matin la mise au point du microscope d'un jeune stagiaire qui n'arrivait qu'à midi. Ce David pluriel, dont les motivations m'étaient aussi familières qu'inconnues, et qui dans la vie quotidienne ne trouvait un canal d'expression que dans ces minuscules fantaisies inutiles. C'était une espèce de petit corps recroquevillé qui logeait quelque part en moi, et qui fut peu à peu investi comme le sujet chargé de mon livre, car malgré le titre ronflant créé par Blum, *Portes ouvertes au monde*, qui me paraissait un débordement impardonnable d'affectation et de mélodrame, je devais reconnaître que cette commande, à laquelle je me consacrais tous les jours en soufflant comme s'il s'agissait d'un acte de soumission, était la tâche la plus semblable à celle d'ouvrir des portes que j'avais entreprise dans la vie.

Le manuscrit final, une fois mis en page, comptait un peu plus de quatre cents pages. Intercalés entre des descriptions moléculaires de canaux et de réponses métaboliques, finirent par prendre place dans l'ouvrage, outre la mort de mes parents, mon tortueux passage par cette faculté où j'avais suivi des années de cours entouré de cupides aspirants cliniciens, l'impact de ma rencontre avec Deborah sur mon épanouissement personnel, les nombreuses découvertes auxquelles me confronta la naissance de mon fils Aarón, et le privilège d'être témoin des premières années de son développement. Ainsi que le doute méthodique, l'incertitude devant la possibilité émergente de dire quelque chose de nouveau, la solitude du laborantin qui obéit aux ordres tout en voyant se déployer en lui des hypothèses personnelles qu'il hésite à partager par crainte du ridicule ou de l'ostracisme académique. Je ne me privai de rien. À tout cela j'ajoutai force couleur et tonalité dramatique. Je parsemais le texte de tous les ingrédients permettant au lecteur d'échafauder dans sa tête une chronique riche en défis, chutes et épisodes inspirants de résistance à l'adversité, mais aussi quelques scènes de tendre humanité, dosées de façon à la fois sincère et rusée, capables de toucher les fibres les plus sensibles du lecteur tout en lui vendant un énorme trompe-l'œil, tout en conservant cependant assez de liens réels avec mon travail de laboratoire pour donner l'illusion d'un récit incontestable et authentique. Inutile de dire que j'avais omis quelques détails essentiels, dont l'absence était tout sauf innocente. Par exemple, j'éludais opportunément le fait que je ne dirigeais aucune équipe de recherche, et je faisais passer mes difficultés à publier les quelques articles que j'avais réussi à placer dans des revues internationales pour la manifestation des préjugés caractéristiques des examinateurs face aux nouveaux paradigmes scientifiques. Bien sûr, ce n'était pas dit de façon belliqueuse ou sur le ton de la dénonciation. Il s'agissait à peine d'un léger halo de revendication, un vague éclat justicier glissé dans un paragraphe où était mentionné qu'un travail auquel j'avais participé avait été cité par plusieurs auteurs, ou qu'une équipe étrangère avait reproduit avec succès une expérience. Parfois ce côté visionnaire était associé à une phrase que Deborah avait dû prononcer pendant des vacances à la campagne, une idée qui mettait soudain en lumière un aspect obscur de mes recherches, et je m'empressais de donner à mon épouse le crédit de cet éclairage qui lui revenait de droit, tout en prenant soin d'apparaître dans l'anecdote comme une personne réfléchie, qui sait écouter et ne craint pas d'explorer des idées nées dans l'esprit d'un profane. Dans un chapitre j'en arrivais à comparer le bris du verre pendant notre cérémonie de mariage à l'interruption des connexions synaptiques qui se produit pour restaurer périodiquement les réseaux neuronaux. Je me souviens justement de la soirée où Deborah, qui passait souvent des mois sans jeter un coup d'œil au manuscrit, lut ce paragraphe-là, s'arrêta une minute au point à la ligne, respira profondément et relut la phrase. Puis elle me dévisagea fixement.

– C'est vrai que tu as pensé à ça quand on a cassé le verre ? me demanda-t-elle avec un regard neutre, mais dans lequel on pouvait deviner une graine de méfiance en inexorable processus de germination.

– Plus ou moins, répondis-je sans lever les yeux, en faisant tout mon possible pour conserver un ton anodin. – Tu sais, ce jour-là j'ai pensé à beaucoup de choses.

Elle me concéda une brève pause, mais elle n'était pas disposée à me laisser fuir avec ma petite épopée de la pensée cachée sur moi comme le butin d'un vol.

– J'avais gardé l'impression, parce que tu me l'as fait savoir pendant la nuit de noces, qu'en cassant le verre tu te sentais mortifié par les paroles de félicitations de mon père. Je me souviens même que je me suis sentie coupable pour lui en apprenant combien tu avais souffert à cet instant-là de ce que tu avais appelé "son harcèlement". Et voilà maintenant que tu ne te sentais pas aussi mal, car apparemment tu avais l'esprit assez disponible pour réfléchir en même temps à des arguments neurologiques de haut vol.

J'en restai coi. Son commentaire m'avait pris au dépourvu et je n'avais pas trouvé un espace de manœuvre suffisant pour convenir face à elle qu'il s'agissait d'un paragraphe purement décoratif, dans lequel je me servais d'un détail de notre vie privée pour donner une dimension affective à un problème technique. Je fus incapable de baisser la garde et de m'excuser de cette petite licence. Au lieu de lui concéder cet aveu nécessaire, je suis resté silencieux, en la regardant dans les yeux sans parvenir à fermer la bouche, puis j'ai baissé la tête. Ce jour-là, quelque chose s'est brisé entre nous. Je sentis que la sincérité fruste et la candeur qui l'avaient attirée chez moi avaient tout à coup disparu à ses yeux, comme s'il n'en restait qu'une coquille complètement vide. Peu après nous avons commencé à nous chamailler pour des futilités et j'ai vite remarqué, à partir de petites mais nombreuses marques de mépris, que le respect entre nous s'amenuisait. Des détails mineurs, comme l'endroit où j'avais laissé une cuiller ou une chemise sales, devinrent peu à peu de véritables motifs de dispute. Ces échanges incisifs étaient ponctués d'allusions à ma situation d'auteur, car dans les récriminations de Deborah se glissaient parfois des reproches sur le temps que je consacrais à écrire, des plaintes sur mon attitude soumise devant les exigences stylistiques de Blum et de plus en plus d'allusions au narcissisme manifeste de certains passages de mon livre, dans lesquels j'apparaissais comme rien de moins qu'un héros de la science.

Je fis mon possible pour amender le texte et en atténuer les pires accès de vanité, non seulement pour apaiser Deborah, mais parce que dans une certaine mesure j'avais confiance en son regard pertinent de lectrice. Très prompte à diagnostiquer les faiblesses de caractère des simples mortels, elle restait aveugle à l'égocentrisme maniaque de son père et incapable d'en trouver trace dans sa conduite, car apparemment tant elle que toute sa famille avaient été exemptées de défauts à la naissance par la grâce de quelque intervention divine. Quand elle racontait ses années d'enfance, Tate apparaissait toujours comme un mentor exemplaire, exigeant mais indulgent, qui affrontait chaque défi avec des paroles d'encouragement justes et qui parvenait en même temps à lui donner de l'élan et à hausser la barre de ses attentes. Au point que j'en arrivais souvent à me demander si Herzfeld n'était pas en vérité, sur un plan inaccessible pour moi, le modèle à suivre que Deborah décrivait en termes si élogieux. J'avais peut-être interprété son zèle extrême à contrôler la vie de sa fille comme les symptômes d'un caractère obsessionnel et asphyxiant, mais quiconque n'occupant pas ma position exacte dans cette famille l'aurait vu simplement comme un homme mûr et veuf s'efforçant d'exercer une influence déterminante sur l'avenir de sa fille. Je ne devais pas non plus écarter que nos désaccords puissent tenir à ma proverbiale difficulté à me lier aux autres. En tout cas, je ne pus éviter que la discorde entre Herzfeld et moi s'infiltrât peu à peu dans notre couple, particulièrement depuis que nous avions pris l'habitude de déclencher une avalanche de récriminations pour un oui ou pour un non.

Afin d'amortir cette tension croissante, je crus que parsemer le livre de quelques allusions talmudiques de Tate pourrait être considéré comme un geste conciliant. Après tout, le Talmud était suffisamment vaste pour qu'une phrase s'encastre dans ce que j'écrivais, et cette petite touche de sagesse millénaire pouvait donner à certains passages un vernis de contrition qui les ferait paraître plus enracinés dans mon histoire familiale et les rendre, du moins pour ceux qui ne connaissaient pas mon rejet viscéral de toute prédication religieuse, plus intimes et personnels. Mais ces petites concessions, auxquelles je n'avais consenti que pour m'attirer les bonnes grâces de mon épouse et de mon beau-père, ne firent que parachever à leurs yeux la figure d'un être vraiment pusillanime, capable de tout pour rendre sa vie familiale à peine un peu plus respirable.

Malgré le poids que faisait peser sur l'écriture cet enfer domestique croissant, *Portes ouvertes au monde* furent enfin publiées en fanfare dans douze pays et quatre langues. Au bout d'un processus de traduction de deux ans et des mois de faux-fuyants et d'atermoiements, Blum m'appela personnellement pour la deuxième fois depuis le début de notre relation et m'informa que ses prévisions de vente étaient très basses, s'agissant d'un sujet d'un abord difficile, mais que peut-être pour cette raison même, bien que les tirages soient relativement modérés par rapport aux volumes habituels, il allait opter pour un lancement du livre dans un plus grand nombre de pays, car son hypothèse était qu'il existait sûrement un petit noyau dur de lecteurs potentiels dans chaque marché. Il était impératif d'évaluer d'abord la taille de cette niche pour ensuite comprendre comment atteindre, avec une deuxième édition, des lecteurs plus indifférents à la vulgarisation scientifique. Comme je ne comprenais pas les aspects mercantiles de ce calcul et qu'en plus c'était pour moi une réelle nouveauté d'entendre sa voix sans l'intermédiaire de Tate, je me suis simplement réjoui de ces annonces comme s'il s'agissait d'un coup de génie et j'ai vécu le fait que le livre soit imprimé dans plusieurs pays comme un afflux immérité de bonne fortune.

Contre toute attente, le livre fut assez bien accueilli par la critique spécialisée. Blum avait un service de promotion bien huilé, ce qui explique probablement que le lancement de l'ouvrage figura en bonne place dans la presse scientifique, mais aussi dans ces magazines qui se veulent *d'actualité*, c'est-à-dire ces feuilles de chou de salle d'attente dont la seule fonction est d'inciter les gens à bavarder et à passer le temps. Le refrain de Blum était, selon ses propres mots, que “tout s'additionne”. Si son équipe obtenait qu'une note soit publiée dans la gazette de l'Association Nationale des Embobineurs, c'était pour lui un motif de satisfaction aussi légitime que de recevoir les éloges de l'académie des Sciences. Blum, dont Herzfeld recevait et interprétait pour moi les paroles comme si c'était une manne tombée du ciel, disait que seuls les livres qui parviennent à s'échapper du rayon de la vulgarisation scientifique peuvent conquérir une place dans l'imagination du public. La plupart de ses affirmations adoptaient ce ton inspiré et visionnaire si caractéristique des professionnels du succès, ces managers qui croient qu'avoir gagné de l'argent leur donne une perspective privilégiée pour comprendre chaque dimension de l'existence. Dans son discours condescendant il s'affirmait tacitement comme le seul adulte au milieu d'une bouillonnante et exténuante république d'enfants. Bien que la fragilité de tout ce boniment messianique fût évidente, j'évitais de m'y opposer. Il n'y avait pas grand sens à formuler des réserves à un individu qui avait avancé de l'argent pour publier une longue histoire, détaillée et presque vraie dans le meilleur des cas, pour laquelle j'avais découpé et recollé les pièces très hétérogènes de mon petit album d'idées. Je devais lui être reconnaissant.

Quant au montant de ce fameux à-valoir, la négociation fut menée par Herzfeld, qui avait souvent déclaré qu'il me considérait comme un incapable en matière financière. Il avait rencontré les avocats de Blum, sans que je sois présent, ce qui acheva de me confirmer que son diagnostic sur ma personne était partagé non seulement par l'éditeur mais aussi par ma femme qui n'émit aucune objection à un arrangement et une décision dont j'étais exclu. Après un repas interminable dans un restaurant cher et prétentieux, où il avait coutume d'emmener des invités imprudents chaque fois qu'il voulait se montrer comme une personne sophistiquée, mon beau-père conclut la négociation et revint à la maison, menton levé en agitant une bouteille de petit verdot qu'il tendit à Deborah, pas à moi.

– Aujourd'hui on va trinquer pour cette sortie temporaire de ton ornière financière, dit-il à sa fille sur un ton impersonnel, comme s'il parlait d'un phénomène météorologique. – Ton mari va gagner une place dans l'estime publique et nous devons nous dépêcher de lui apprendre à apprécier un vin de qualité.

Cela dit, il lui fit le clin d'œil le plus surjoué de toute l'histoire de la comédie picaresque, comme pour suggérer qu'il ne faisait que plaisanter, alors qu'en réalité il avait distillé son venin. Deborah me regarda et sourit étrangement. Je ne sus pas si c'était un sourire gêné de me voir pour la énième fois objet d'une vexation, ou si le froncement des commissures dévoilait un sentiment plus terrible : son acceptation de partager de plus en plus avec son père l'idée que j'étais un parfait abruti qu'ils tentaient, unis dans leur infinie générosité, d'introduire dans un monde de raffinement et de quête profonde sur le sens de la vie. Sa mimique ne dura qu'une seconde, mais elle exprima la dose nécessaire de condescendance pour me faire comprendre que les jours de mon bonheur conjugal étaient comptés.

Cela dit, le montant de l'à-valoir, du moins pour le niveau auquel était habitué un pouilleux comme moi, fut aussi inespéré qu'important. J'appris de façon indirecte que Tate empocha de cette somme initiale un pourcentage qu'il estima justifié au prétexte d'"assistance éditoriale" ; j'aurais bien aimé en connaître le chiffre exact, mais je n'eus jamais l'audace de lui poser la question. De toute façon, la part qui me revint était assez substantielle pour ne pas donner lieu à protestations.

J'en arrivai presque à sentir que désormais j'étais plus libre. Dans un élan aristocratique, qui ne dura guère que deux jours, je caressai le fantasme de m'offrir une année sabbatique consacrée uniquement à penser. Une idée bizarre que j'écartai rapidement, car au-delà de la possibilité de sortir plus ou moins indemne d'une conversation académique, surtout à cause de ma proverbiale capacité à maintenir par des fioritures verbales l'échange dans le champ strict de ce que je savais, on ne pouvait pas dire que penser était mon fort. J'étais capable de reconnaître, me remémorer et associer correctement des idées d'autrui, et même concevoir à partir d'elles quelque expérience ingénieuse ou composer un joli patchwork d'arguments susceptibles de provoquer chez mon interlocuteur une étincelle d'inspiration, mais je ne considérais pas avoir eu dans toute ma vie une seule idée authentiquement originale. Il est vrai que les travaux de recherche sont des efforts collectifs sans grand relief, mais même lorsqu'il m'arriva d'avoir une quelconque responsabilité au sein de ces troupeaux, je n'en fus jamais un élément distingué, dont le travail était mentionné comme une référence remarquable, fût-ce dans le plus médiocre des congrès. Quoi qu'il en soit, j'avais reçu le magnifique chèque des royalties. Aussi optai-je pour déposer l'argent sur le compte joint que nous avions avec Deborah et le dépenser peu à peu, comme on le ferait avec le butin d'un seul et unique braquage fructueux.

La satisfaction de publier ce livre et de jouir pendant le proverbial quart d'heure de l'attention de la presse se dissipa rapidement. Mes collègues du laboratoire qui, bien avant que je prenne des airs d'auteur, me méprisaient pour mon incapacité à participer à leur routine de coups de coude et croche-pieds, commencèrent à parler dans mon dos et à m'éviter dans les couloirs, à la cafétéria et dans la bibliothèque de l'institut. Comme je n'avais jamais été populaire, ces changements d'attitude ne se manifestèrent que lorsque les responsabilités furent assignées dans les nouveaux projets du laboratoire, sans qu'à cette occasion aucune tâche importante ne me soit attribuée dans le calendrier de l'année. De fait, le seul titre qui suivait mon nom sur le tableau des projets était "membre de l'équipe", un titre plus diffus que celui du garçon de vingt ans qui stérilisait les instruments et qui, bien qu'il occupât un poste inférieur dans l'échelle des revenus, pouvait au moins se vanter d'être un "assistant de laboratoire". Le message était clair: les maréchaux avaient mis en évidence ma condition de paria, établi une fragile trêve dans leurs escarmouches et uni leurs efforts pour déloger dès que possible le déserteur du champ de bataille.

Je vécus les trois années suivantes avec la sensation permanente que ma tentative de me faire passer pour un individu qui avait quelque chose d'intéressant à dire avait enfin été démasquée. Dans les interstices laissés par cette sensation de chute libre, j'essayai d'être plus ou moins un bon père et un mari acceptable. Mais personne chez moi ne semblait croire que j'étais indispensable dans sa vie. Même Aarón, qui me voyait auparavant comme un complice souriant dans un monde où tous affrontaient leurs problèmes avec un total dramatisme, commença aux abords de l'adolescence à s'éloigner de moi et à répondre à mes questions avec un ennui croissant.

Pour récupérer un peu de la splendeur passée, je tentai d'ébaucher une liste de sujets possibles et de me mettre de nouveau à écrire, en notant les motifs pour lesquels chaque idée directrice pourrait constituer, selon les critères de Blum, l'esquisse d'un livre de développement personnel déguisé. Mais dans tous les cas j'aboutissais à un projet beaucoup plus faible et vague que *Portes ouvertes au monde*. Après des heures et des heures à creuser infructueusement chaque sujet comme un porc cherchant des truffes, j'ai fini par conclure que même si je trouvais le courage nécessaire pour me remettre à écrire et que j'arrivais à produire un volume acceptable de pages, si fascinant que fût le sujet il serait sans doute étranger à celui auquel j'avais consacré des centaines d'heures de laboratoire et donc que je n'aurais pas cette fois d'expériences personnelles pour l'illustrer ni rien d'original à dire sur l'affaire et que je n'éveillerais aucun intérêt. J'avais épuisé dans mon premier livre mon capital d'expériences et délayé une poignée d'anecdotes jusqu'à la limite de leur potentiel lyrique, si bien qu'après leur publication j'étais complètement à sec. Et plus je me triturais les méninges, plus il devenait clair que j'avais parié tous mes jetons sur un seul numéro, lequel pour couronner le tout ne m'avait rapporté qu'une maigre récompense. J'étais maintenant dépourvu des ressources mentales nécessaires pour tenter ma chance sur un nouveau pari, et plus encore si je devais cette fois miser sur l'expérience d'un autre. Je commençai non seulement à me rendre compte que mon bref passage dans le monde des auteurs avait pris fin, mais aussi que tous mes proches l'avaient compris avant moi et que, sans le dire, ils prévoyaient que ma vie quotidienne allait replonger dans ma vieille routine de regard dans le vague et de malaise relationnel avec les autres, un exercice d'angoisse lent et réitéré qui se répéterait heure après heure, jour après jour jusqu'à disparaître.

Le fait qu'après quelques années, Blum m'appelle un jour sans prévenir pour m'inviter à venir, seul, le voir dans son bureau en Allemagne, ne contribua pas à équilibrer cette paix instable. Je fus intrigué qu'il ne fasse aucune allusion à Herzfeld, comme si pour la première fois il me considérait comme un esclave affranchi, qui après bien des efforts et des privations avait acheté le droit de quitter enfin l'hacienda de ses maîtres.

– J'ai compris il y a un certain temps quel était exactement votre problème, me dit-il de but en blanc comme si nous avions parlé de cela pendant des années, et je crois que j'ai enfin trouvé la solution. Je vais vous envoyer un billet d'avion. Ma secrétaire prendra contact avec vous pour fixer les détails.

Après quoi il m'abreuva d'une liste de suggestions logistiques que j'eus le plus grand mal à retenir et raccrocha abruptement. Pendant que l'écho de sa voix se perdait dans les recoins de mon oreille, je restai dix minutes avec le téléphone à la main, à le regarder avec une persistante impression d'étrangeté, comme si je tenais entre les doigts l'échine d'un petit animal embaumé.

4

Pendant les deux semaines précédant mon départ, il régna dans la maison un climat de complète hostilité à mon égard. Herzfeld prit le fait que Blum m'ait contacté sans le prévenir comme un affront personnel.

– S'il veut te parler sans me demander de servir de médiateur, c'est clairement pour te proposer quelque chose que je n'approuverais pas. Il veut profiter de ton manque d'expérience contractuelle pour te plumer. Et au lieu d'exiger ma présence à cette réunion, tu as simplement accepté de t'y rendre comme un chien empressé qui apporte à son maître un bâton à l'endroit exact où il le demande. Ne te plains pas si dans son bureau il t'embobine avec sa prétendue connaissance de l'industrie éditoriale. Tu n'auras à t'en prendre qu'à toi d'obéir ainsi à son appel sans intermédiaire.

Il était vrai que Blum ne m'avait pas révélé l'objet de la réunion, indéniable aussi que j'avais accepté sans trop réfléchir de participer à ce rendez-vous à l'aveugle sans lui demander de précisions. Mais cette façon naturelle qu'avait Herzfeld de tenir pour acquis mon incapacité à gérer mes propres affaires était alarmante. Et dans ce cas il s'agissait d'une crise de rage parfaitement gratuite, non plus provoquée par la cupidité qui le caractérisait, mais par une jalousie sans objet, car Blum ne m'avait pas fourni le moindre indice de vouloir me proposer quelque affaire que ce soit. Concernant mon livre, nous n'avions rien de plus à discuter, car j'avais reçu et dépensé mon à-valoir depuis des années. Il ne me paraissait pas non plus probable qu'il me propose de le rééditer pour d'autres marchés, car malgré une poignée de critiques favorables dans deux ou trois pays, le livre n'avait nulle part frôlé une popularité minimale, et il ne s'agissait pas non plus d'un projet susceptible de lui valoir personnellement, ainsi qu'à sa maison d'édition, un plus grand prestige. Qu'avait-il donc à me dire de plus ? Quelques jours après la sortie de *Portes ouvertes au monde*, Blum avait cessé de me demander sur quoi porterait mon prochain projet. Il m'avait simplement oublié.

Quoi qu'il en soit, pendant cette soirée de suppositions et de reproches familiaux, tandis que Tate m'accusait de trahir son dévouement attentif à ma carrière, Deborah au lieu de me défendre se limita à garder le silence, courbée dans un coin de la cuisine. Les rares fois où elle leva la tête ne fut pas pour adresser un regard réprobateur à son père, mais à moi. Son expression sévère et quelques hochements de tête paraissaient renforcer l'idée que j'étais un ingrat. Elle ne le formulait pas avec des mots, mais chaque fois que dans la conversation il était question de la destination de mon vol, elle soufflait et haussait les sourcils comme pour dire "Il ne manquait plus que ça !".

Car il y avait un détail qui rendait doublement irritant mon départ imminent : je devais, pour une raison encore inconnue, rencontrer Blum rien de moins qu'en Allemagne. Ce détail, cette inconvenance à me donner rendez-vous dans un autre pays, ou peut-être le fait d'être considéré comme un invité assez important pour qu'on lui offre un billet d'avion, paraissait mettre le père et la fille hors d'eux. Deborah prononçait le mot *Allemagne* sur un léger ton interrogatif, comme si le choix même du pays où je devrais retrouver Blum était destiné à infliger à ma famille une vexation tacite, les obligeant à rester tranquilles à attendre dans leur petite vie provinciale pendant que le traître nimbé d'une brume épaisse gagnait la lointaine Germanie, le creuset où avait été forgé l'Anneau des Nibelungen, mais aussi le temple universel des antisémites. Au début, je ne pensais pas que l'affaire prendrait la moindre tournure dramatique, mais au fil des jours je commençai à intérioriser l'acuité de tous ces soupçons et j'en arrivai à me demander si, en effet, abandonner ma famille une semaine pour aller rien de moins qu'à Berlin ne constituait pas un signe de narcissisme, voire un impardonnable acte de désertion.

Bien des années auparavant, Deborah avait entamé le processus amer que j'avais vu de loin affecter d'autres mères d'adolescents. Je veux dire ce type de métamorphose que j'appellerais *madamisation*, par lequel peu à peu les femmes commencent à moins se soucier de leur apparence physique et de leur pouvoir de séduction au bénéfice de l'affirmation de leur statut de "madame". C'est une sorte de rite de passage tardif et public, un corrélat de cette transition initiatique traversée par les enfants à l'entrée dans l'adolescence, mais qui dans le cas des mères, au lieu de marquer l'accès à la vie adulte, officialise aux yeux du monde la lente mais inexorable cessation de leurs relations amoureuses.

Le fait est que ce processus avait déjà atteint son apogée au moment où je reçus mon invitation à partir en voyage. Et ce fut justement ce désir d'occuper une place définitive dans l'institution familiale qui incita Deborah à recruter Aarón dans la campagne contre mon départ, car tout mouvement idéologique qui se respecte requiert la mobilisation d'une jeunesse engagée et intégrée à la troupe. Moi, je choisissais de fuir au lieu de respecter mes obligations. Mon départ du foyer me désignait comme un individu qui n'était pas suffisamment disposé à accepter le statut de "monsieur". Et cet abandon devait être pointé du doigt et réprimé sans réserves.

Lors d'un déjeuner tendu qui suivit ces premières récriminations, nous avions, comme de bien entendu,

Tate en invité d'honneur. Pour être à la hauteur du suspense ambiant, ce satrape profita d'un long intervalle de mutisme pour poser sa main sur l'épaule d'Aarón et lui demander sur le ton le plus affligé possible chez un adulte :

– Mon petit, j'imagine que tu es chagriné de savoir que ton père ne sera pas présent à l'inauguration de ton exposition d'aquarelles.

Ah ! je voyais déjà où voulait en venir le maître des chausse-trappes par cette manœuvre. Une jeune enseignante qui donnait des cours d'arts plastiques à Aarón dans son lycée l'avait convaincu qu'il possédait un certain talent pour les arts, ce qui était loin d'être évident. De toute façon, l'idée dominante dans la maison Herzfeld était qu'Aarón devait être encouragé à atteindre les sommets avec le même enthousiasme dans toutes ses entreprises. Aussi donna-t-il son appui tacite au projet, même s'il était implicite que cette exposition collective montée dans le hall d'entrée du lycée, réunissant trois adolescents également trompés sur leur prétendu talent, constituait un événement mineur qui dans le meilleur des cas pouvait être considéré comme un marchepied pour aborder à l'avenir d'autres travaux plus dignes du prestigieux bouillon de culture dans lequel Aarón était né. Quoi qu'il en soit, la possibilité d'organiser cette exposition avait été formalisée par écrit quelques mois plus tôt, sans qu'aucune des parties impliquées n'y voie quelque chose de vital. Le croisement de couloirs où devaient être présentés les dessins était un endroit lugubre situé près de la salle des professeurs, où des panneaux illustrant des processus chimiques ou biologiques réalisés par des élèves restaient parfois oubliés pendant des mois, et qui était désert la majeure partie de l'année, avec des morceaux de ruban adhésif ou de papiers divers grossièrement collés sur un tableau en liège. Vu cet état de négligence, on pouvait supposer que la directrice de l'établissement avait accueilli favorablement la proposition d'occuper cet espace et accepté de prendre en charge une inauguration très modeste, à laquelle seraient invités les parents de ces jeunes gens prometteurs et quelques professeurs. Après tant d'encouragements sur ses dons artistiques, Aarón avait peint trois petites aquarelles en un après-midi, exécutées à la hâte pour retourner à son activité préférée du moment, qui était de rester vautré dans sa chambre, les yeux rivés au plafond avec une expression d'absence proche du coma. Pendant quelques semaines personne n'accorda d'importance à cette fameuse exposition, notamment Herzfeld pour qui la perspective de voir son petit-fils embrasser un jour une carrière artistique était aussi séduisante que de souffrir pour le restant de ses jours d'une colique néphrétique. Mais cette relative indifférence ne dura que jusqu'à la découverte que ma fuite en Allemagne coïncidait avec la date de l'exposition. Ce hasard fit les délices de mon beau-père, car il me faisait apparaître aux yeux de tous comme un père qui abandonne son enfant. Si bien que cette cérémonie d'ouverture se hissa au rang de rite solennel que seul un sans-cœur pouvait négliger.

À l'énoncé de ce problème, Aarón regarda simplement Herzfeld avec cette expression impassible que seuls les adolescents peuvent se permettre et lui dit avec le plus grand naturel :

– Ça m'est égal, grand-père. La prof est jeune, elle débute à peine et elle croit qu'elle peut comme ça nous changer la vie. Mais la vérité c'est que cette exposition, je m'en fiche. Les dessins ne sont même pas bons. Je les ai faits à la va-vite en pensant à autre chose.

Alors Deborah se leva de table quasi violemment et se mit à empiler les assiettes sales pour les emporter dans l'évier, en les faisant cliqueter en chemin comme dans la cale d'un bateau en pleine tempête. Tandis qu'elle exécutait cette manœuvre avec le plus de violence possible, je remarquai qu'elle avait les yeux brillant de larmes.

Après avoir presque laissé tomber la pile dans l'évier de la cuisine, elle dit sans me regarder :

– J'espère que tu es satisfait de la confiance en lui-même que tu insuffles à cet enfant. Tu l'as entendu. Il affirme que ses peintures ne sont pas bonnes. Autrement dit, il déprécie lui-même des aquarelles dont tout le monde le félicite. Comment pourrait-il croire qu'elles sont bonnes si son père préfère assister, le jour de son exposition, à une réunion à l'autre bout du monde, où il se rend sans même savoir de quoi diable il s'agit, au lieu d'accompagner son fils à une manifestation où on le complimente et le valorise ?

– Maman, je t'assure que ça m'est vraiment égal... tenta d'intervenir de nouveau Aarón, mais sa mère l'interrompit aussi sec.

– C'est la première fois depuis que tu as publié ton livre, ce pastiche truffé d'inexactitudes, dans lequel tu n'as pas eu honte de parler de nous, que quelqu'un dans cette maison obtient un résultat qui mérite des applaudissements... Ta façon de nier ce fait, qui apparemment blesse ton aspiration à être le seul à qui le monde doit rendre hommage, signifie simplement que tu veux fuir le plus loin possible, comme si ton fils n'existait pas – déclara un être inconnu et horrible qui, surgi du néant, se matérialisa devant mes yeux et n'avait plus rien à voir avec cette charmante jeune fille que j'avais rencontrée aux séances de la Fondation Melzer. Là où avant je trouvais un regard plein d'illusion et de complicité, se dressait maintenant une espèce de bête féroce blessée, qui d'un air menaçant me faisait savoir que quiconque oserait s'opposer à elle verrait couler le sang.

Je me retins de répliquer et fis un bref effort pour déceler une trace de vérité dans cette accusation, car ses paroles étaient, outre blessantes, cliniquement profondes.

Il était vrai que Deborah était en train depuis des années de “terminer sa thèse”, bien que cette laborieuse entreprise ne produisît qu’un demi-paragraphe par semaine, qu’elle passait ensuite des jours à mutiler avec une gomme et un marqueur, à la recherche de la formulation parfaite d’idées qui étaient en général, malgré l’énorme effort, très vagues. Elle faisait certes preuve de patience et d’habileté pour construire des phrases, mais elle était aussi très encline à ce genre de syntaxe dont pâtit la théorie littéraire, probablement le jargon le plus impénétrable et pompeux concocté par les cercles universitaires du monde entier, aussi était-il difficile, après l’avoir vue transpirer et pester pendant des heures à sa table de travail, de lui demander avec quelque enthousiasme de jeter un coup d’œil à son manuscrit. Cette jungle de notes en bas de page, de références flatteuses à des auteurs inconnus et de concepts mystérieux était impossible à apprécier pour quiconque n’avait pas développé avant, pour des motifs professionnels, un goût particulier pour le contradictoire, l’abstrus et l’ineffable.

Il était également vrai que, au-delà de cette infranchissable barrière esthétique, Deborah n’avait jamais trouvé en moi une source d’encouragement pour son écriture, peut-être parce que j’avais toujours vu que la lenteur effarante de son travail et le concentré routinier d’obsession et de haine avec lequel elle s’attaquait à chaque paragraphe mettaient en évidence, bien malgré elle, le rejet inavoué qu’elle ressentait non seulement pour sa maudite thèse mais aussi pour son orientation universitaire en général, des études qu’elle n’avait entreprises qu’en guise de compensation pour n’avoir pas suivi les pas de son père sur la voie royale de la psychanalyse. Selon Tate, qui le déplorait chaque fois qu’il en avait l’occasion, elle aurait pu régner comme héritière idéale sur son vaste empire de patients et d’adeptes. Si Deborah avait écouté ses recommandations, elle aurait pu occuper en toute légitimité une place privilégiée comme dauphine et elle aurait sûrement fini par accepter, mais en se liant à son bon à rien de mari et au contact de l'attitude rigoureusement sceptique avec laquelle ce réfractaire affrontait les postulats de base de la psychanalyse, elle avait assimilé des vestiges de ce que Tate appelait son "discours positiviste de bistrot", de sorte que son avenir radieux derrière le divan avait été brisé net. Herzfeld m'accusait de tout cela et de bien plus encore. Mais le style aride et insupportable de l'écriture de Deborah ne pouvait m'être imputé en aucune façon. Personne ne pouvait me rendre responsable de ce désert, et d'ailleurs nul besoin d'être un génie pour trouver un écho de Tate dans chaque phrase de sa fille.

Du langage psychanalytique non seulement le vocabulaire ampoulé et autoréférencé me rebutait, mais aussi la faiblesse des arguments sur lesquels il prétendait se fonder. Fallait-il, par exemple, tenir pour évident que les enfants venaient au monde dotés d'une tendance innée à éprouver un désir érotique pour leur mère, et que la frustration de ce prétendu désir insurmontable provoquait en eux des séquelles affectives jusque dans leur vie adulte ? Quel était alors l'avantage existentiel de loger par défaut un tel sentiment ? Ce qui m'inquiétait surtout c'était que ces notions données pour évidentes n'étaient fondées sur aucune base expérimentale de laboratoire, et qu'en revanche toutes misaient sur la valeur de témoignages anecdotiques recueillis lors de dialogues entre le patient et un professionnel, lequel bien avant de rencontrer celui-là était déjà convaincu de la soi-disant pertinence d'un tel cadre idéologique. N'y avait-il pas des explications plus fructueuses pour comprendre le désir traditionnel des enfants de monopoliser l'attention de leur mère ? Et si on considérait simplement que le développement de l'enfant quant à son habileté à survivre dans le monde adulte tenait aux heures d'attention, d'apprentissage et de soins qu'on lui consacre ? Cette explication plus sommaire – et dépourvue de connotation érotique – ne conviendrait-elle pas mieux au critère épistémologique consistant à opter entre deux hypothèses pour la plus concise, surtout si elle n'exige pas de faire appel à un mystérieux monde contre-intuitif de désirs hors de propos sur le plan reproductif? Quelle sorte d'horizon darwinien d'adaptation pouvait s'améliorer en dotant les enfants mâles d'un désir inné irréalisable, qui à la longue les emplira de frustrations ? Ne s'agissait-il pas d'une énorme dépense d'énergie, d'autant qu'en plus de se voir soumis à ce désir inavouable il fallait investir d'innombrables recours neuronaux pour le rendre invisible à la conscience ? Quel type d'animal, dans un environnement sauvage, pouvait se permettre un tel gaspillage d'énergie ?

Cette objection que je ressentais devant le présumé "complexe d'Œdipe" devenait plus aiguë et irritante dans le cas du célèbre "désir de pénis", une notion encore plus farfelue, qui se fondait sur l'idée que la femme, dont la physiologie comporte un utérus capable de loger un bébé de plus de trois kilos et deux seins proéminents, et donc joue un rôle déterminant et patent dans la reproduction de l'espèce, devrait par définition sentir que ces attributs perdent de leur importance symbolique chaque fois qu'un pénis entre en scène, comme si la dimension totémique du membre masculin devait absolument aller de soi.

Toutes ces constructions théoriques me paraissaient tenir d'un système de présupposés autant élaboré que gratuit, aussi avais-je appris à affronter ce tissu d'inconsistances avec un scepticisme égal à celui que m'inspirait la lecture de cosmogonies païennes décrites par les ethnographes. Je les voyais comme le sommaire des mœurs et des histoires d'une culture qui présentait souvent la cohésion et le système de hiérarchies propres à une ethnie, celle de la tribu aguerrie des psychanalystes, dont les savoirs proclamés me laissaient aussi froid que la théorie des humeurs, la prétendue existence du phlogistique, ou le pouvoir curatif des saignées. Je regardais ces manifestations d'obstination académique avec la vague nostalgie que l'on ressent en tenant à la main une vieille figurine de porcelaine dénichée dans un marché aux puces, comme on contemple un objet lointain qui fut un jour doté d'un énorme prestige mais qui jamais ne jouira de nouveau de sa splendeur passée.

Il était probable que d'avoir été privé du soutien de mes parents pendant la période la plus effervescente de ma vie, je ne pouvais pas être la personne la mieux placée pour encourager quelqu'un. Il était vrai que lorsque Deborah, Aarón ou toute autre personne me parlait de ses projets, j'avais l'habitude d'approuver en silence ou de poser deux ou trois questions de pure forme sur la manière de les réaliser, sans jamais manifester d'enthousiasme. À vrai dire, je préférais leur faire subir la grisaille de mon caractère plutôt que de leur infliger ces réactions exagérées des pères et des maris modernes qui, à chaque succès familial, sont tentés de convoquer en urgence une conférence de presse. Cependant, je n'avais pas imaginé que Deborah se sentît aussi seule, et je ne le découvrais que maintenant, où ce désarroi paraissait irréversible. En dépit de cette découverte, je voulus me tirer d'affaire en argumentant, décision que j'allais devoir regretter longuement.

– Aarón ne correspond plus à ce qu'on appelle un "enfant", il a dix-sept ans, un âge où beaucoup de ses congénères ont déjà braqué une ou deux pharmacies, commençai-je pour donner la mesure de son libre arbitre en recourant au pire exemple, mais j'eus beau vouloir modifier le cap de mon propos en constatant l'intolérable scandale que je lisais sur les visages de Deborah et de son père, il me fut impossible de trouver sur-le-champ une meilleure voie pour déloger de ma gorge la fureur contenue, de sorte que je prolongeai mon épisode de sincérité compulsive jusqu'à la fin. – D'autre part, il reconnaît lui-même que les aquarelles en question ne sont pas la huitième merveille du monde, non parce qu'il manque d'estime de soi, mais parce que c'est un garçon honnête, et cette qualité devrait être mieux appréciée. Il possède déjà une certaine culture, il a assisté à de nombreuses expositions et lu des livres d'art, il sait donc que ses aquarelles, exécutées à la va-vite comme il l'a dit, ne sont pas de la même eau que celles de Matisse, et d'après moi c'est très bien qu'il le sache, parce que sa seule possibilité de parvenir à réaliser des œuvres d'une véritable valeur est d'assumer avec la plus grande clarté que ce n'est pas encore le cas de celles-ci.

Au dernier mot de mon infortunée tirade, Deborah cassa une assiette contre le bord de l'évier. Comme ça, tout simplement. Cette réaction disproportionnée me prit au dépourvu. Aarón ouvrit des yeux ronds comme si un éclair s'était abattu dans la salle à manger. Il y avait une asymétrie flagrante entre ma déclaration – inopportune et crispée, certes, mais néanmoins circonscrite dans les limites de l'urbanité la plus élémentaire – et la violence effarante de sa réponse, qui ne pouvait s'expliquer que par une longue succession de gouttes au fil des années qui avaient fini par déborder des innombrables vases intérieurs, remplis par des heures, des jours, des mois de conversations secrètes entre elle et son père, véritables symposiums conspiratifs, dont le contenu toxique me serait à jamais interdit et qui avaient apparemment rongé jusqu'à la dernière poutre de mon mariage.

– Je crois, bien que personne ne te forcera à le faire, commença alors Tate sur ce ton prétendument serein que je l'imaginais employer en associant pour ses patients les pulsions œdipiennes et la sagesse millénaire, que tu devrais t'excuser. Notre paix est à la mesure de notre capacité à pardonner et à demander pardon.

Il me regarda d'un air serein et contemplatif, comme si demander que je me rétracte devant mon fils était une manifestation de pitié qu'il serait vraiment insensé de gâcher. Je cherchai alors les yeux de Deborah qui tenait encore l'assiette cassée à la main, mais je ne trouvai qu'une expression tendue signifiant qu'elle était disposée à surseoir à ma peine de mort méritée : sans paroles, elle me faisait savoir qu'elle concèderait à m'épargner la pierre du sacrifice à la condition que j'accepte avec gratitude d'être relevé pour toujours du pouvoir d'exprimer des opinions. Je devais seulement demander pardon à mon fils, sur-le-champ et devant tout le monde, de m'être livré de manière irréfléchie à l'exercice de la paternité. Rien que ça. Si je présentais sans protester au conseil des anciens le témoignage de ma contrition, on me permettrait peut-être d'aller me coucher en silence sans être exposé à de nouvelles sanctions.

J'avalai un grumeau de salive épais comme de l'argile qui s'était plaqué au bord de la trachée comme s'il s'apprêtait à sauter dans l'abîme. Je pris une très brève inspiration avant de faire à mes juges la déclaration qui allait sceller mon sort.

– Je viens d'épauler mon fils, pas de le contredire. Lui apporter un soutien consiste précisément en cela. Faire confiance à son bon sens, pas à celui de ceux qui l'entourent. C'est un garçon qui réfléchit, à mon avis avec raison, qui a encore beaucoup à apprendre et qui pense que présenter trois dessins dans le hall d'un lycée ne va pas marquer pour toujours son destin. Il sait qu'un voyage m'attend et il ne veut pas que je parte en proie aux regrets et aux doutes, parce que c'est quelqu'un de bon et de généreux. Je crois qu'on devrait le récompenser pour son détachement et sa modestie. Je me réjouirai qu'il expose ses dessins dans l'exacte mesure où cela compte pour lui. Si cette exposition parvient à stimuler son intérêt, il y en aura sûrement d'autres plus tard auxquelles je pourrai l'accompagner avec enthousiasme. Pour celle-ci, je n'y serai pas, mais il sait parfaitement que j'ai une bonne raison, dis-je en deux ou trois rafales de phrases, avec le style maladroit et décousu qui me caractérisait, et qui seulement dans leur formulation écrite pouvaient prendre un minimum de cohérence. Je m'efforçai de concentrer mon regard sur Aarón, mais je devinais que les yeux de Tate et de sa fille me parcouraient comme on observe le poisson qu'on va éviscérer et découper en filets. À cet instant la seule chose qui m'importait était qu'Aarón garde après mon exécution publique une trace de l'image qu'il avait de moi avant, où j'apparaissais encore, sous mon meilleur jour, à mon avantage.

L'orage ne se fit pas attendre.

– "Une bonne raison"? Mais c'est quoi ce bobard? La raison de ce voyage ne t'a même pas été spécifiée! Tu pars comme un animal soumis dès qu'on t'offre un billet d'avion! C'est une espèce de rendez-vous à l'aveugle… on dirait… – Deborah dut s'interrompre pour ne pas me jeter l'assiette cassée à la figure, elle paraissait totalement outrée par l'ampleur de ma trahison. – Ah! et ce sourire avec lequel tu as expliqué ta préférence pour ce que Blum va t'offrir et dont tu ne sais rien… c'est de la perversion… il n'y a pas d'autre mot… une absolue perversion où tu tombes à la première occasion pour te désintéresser de cette famille…

Je remarquai qu'elle n'avait pas dit "ta famille", ce qui aurait été plus efficient dans le contexte de ses reproches, et j'en déduisis qu'en disant "cette famille" elle ne parlait pas de celle que nous avions formée elle et moi, mais de celle qui m'avait si généreusement accueilli en son sein, la famille qu'elle et son père constituaient. David Badenbauer, ce pauvre garçon orphelin et paumé, n'avait été adopté par eux qu'à l'aune de la dévotion qu'il professerait à leurs valeurs, et maintenant qu'il était manifeste qu'il n'allait pas contribuer à ce que la lignée des Herzfeld catapulte sa sphère d'influence jusqu'au ciel, la raison pour laquelle ils m'avaient concédé de jouir de leur nom, de leur toit et de leur nourriture venait de s'évanouir d'un coup. Personne autour de cette table ne me regardait avec une expression que l'on pourrait qualifier d'amour. Même Aarón, qui avait suivi les tournoiements de ma chute d'un air de plus en plus alarmé, ne paraissait pas capable d'affronter les autres pour me sauver. Il se limitait à faire alterner son regard sur les trois visages qui l'entouraient, sans oser émettre le moindre mot. Mon sort était scellé.

Je suis parti un mardi, à un moment où il n'y avait personne à la maison. Deborah avait opportunément programmé une réunion avec un de ses professeurs à l'heure exacte de mon départ pour l'aéroport. Aarón était resté dormir chez un ami. Tate aurait peut-être été ravi d'être là, ne fût-ce que pour me voir partir seul comme un chien, mais le mardi, le mercredi et le vendredi il avait un horaire bien rempli de séances, et c'était bien sûr pour lui autant d'occasions de briller impossibles à différer.

Ignorant ce qui m'attendait en Allemagne, j'emportais dans ma valise un costume, trois chemises et deux cravates. J'imaginais que ce séjour pouvait comporter des rencontres formelles. Avant de fermer à clé la valise, je me demandai d'où diantre avais-je sorti cette idée, et je compris rapidement qu'en effet, ainsi que ma femme l'avait dit, le fait que Blum m'eût payé un billet d'avion pour l'Allemagne m'était peut-être un peu monté à la tête. Je n'avais pas porté un costume depuis ce dîner fatidique avec les phares de la science, et j'estimais naturel, je ne sais trop pourquoi, que dans toute conversation future paraissant importante, je devrais en porter un, peut-être par crainte inconsciente qu'on ne remarque ma condition de pouilleux. En un certain sens j'étais encore, d'après ce que je voyais maintenant, ce garçon qui tentait de démontrer à ses parents qu'il pouvait être un homme de valeur, grâce à la tentative réitérée et vaine de paraître tel.

Mais porter une valise à moitié vide, quelles que soient mes raisons les plus intimes, me procura une sensation de légèreté qui me permit de prendre un taxi sans remords. J'apprendrais assez tôt quelles sortes d'épreuves m'attendaient en arrivant à destination. Et puis, si mon départ se révélait un effort inutile, j'allais pouvoir de toute façon profiter à ma guise d'une semaine tous frais payés et me promener un peu dans Berlin, ce qui était une occasion unique pour réfléchir à mes perspectives d'avenir à l'écart du tumulte quotidien.

Dans l'avion j'ai demandé à trois hôtesses de l'air différentes un verre de vin et, au troisième, j'ai incliné mon siège et j'ai dormi comme si c'était la première fois depuis la naissance d'Aarón. J'ai fermé les yeux avec un authentique plaisir, bercé par l'idée relaxante que, pendant les quatorze heures suivantes, ma survie était absolument hors de mon contrôle. Ma vie était entre les mains de deux inconnus assis dans un cockpit à quarante rangées devant moi et quoi que je fasse cela n'aurait pas la moindre incidence sur leur comportement. Cette pensée qui pouvait effrayer la plupart des gens m'inspirait une grande sérénité. Avant de céder au sommeil, la dernière phrase qui me vint à l'esprit, je ne sais pas exactement pourquoi, fut une citation de Spinoza: "Les hommes luttent pour leur esclavage comme s'il s'agissait de leur liberté." Puis, dans le bourdonnement des moteurs, je me suis simplement endormi.

5

Je patientai quarante minutes dans la salle d'attente, bientôt inquiet de constater que je ne me trouvais pas dans une maison d'édition mais dans un cabinet d'avocats. Une réceptionniste d'aspect vaguement turc m'avait accueilli sans un mot et avait déposé sur une table devant moi une pile de magazines en allemand. C'était une pièce rectangulaire impersonnelle, aux cloisons en verre dépoli orné de petits motifs circulaires, donnant la sensation que quelqu'un surveillait par un judas caché dans ces figures.

Résigné à une longue attente, je me mis à feuilleter les magazines. Après avoir parcouru des dizaines de pages qui décrivaient la vie de personnalités aussi célèbres pour les Allemands qu'inconnues pour moi, la réceptionniste vint m'annoncer que je pouvais enfin entrer dans la salle de réunion. Je fus surpris d'y découvrir, assis derrière une longue table, quatre individus austères en costume qui me regardaient avec fixité. En haut bout de table, un Blum jovial et tonitruant m'accueillit dans ma langue :

– Ne faites pas attention à ces vautours. Ils ne comprennent pas un mot de ce qu'on dit, mais ils ont demandé à être présents pour l'explication de votre contrat. Venez, asseyez-vous à ma gauche et ne vous laissez pas intimider par la tête qu'ils font.

Je tendis la main à Blum, avec un embarras impossible à dissimuler. Ce matin-là, dans un excès d'autoanalyse socratique, j'avais décidé de venir à ce rendez-vous vêtu d'un tee-shirt et d'une veste en laine que j'avais achetés près de l'hôtel, car j'avais conclu, après des raisonnements qui à ce moment-là me parurent aussi dépassés que ridicules, qu'une réunion entre un auteur et son éditeur ne devait pas avoir un caractère guindé. Maintenant, bien sûr, je constatais que j'étais la seule personne dans la pièce à ne pas porter un strict costume trois pièces. Même Blum, dans une splendide veste noire satinée, avait l'allure d'un ordonnateur des pompes funèbres. Moi, en revanche, j'avais l'air d'un étudiant qui assiste sans grande préparation à un entretien pour une demande de bourse, devant un comité de sélection qui n'a pas la moindre intention de la lui accorder. J'ai maudit une fois de plus mes atermoiements habituels qui précédaient chaque conversation sérieuse dans ma vie. Quoi qu'il en fût, le sort en était jeté.

– Je ne vous ai pas dit ce que je faisais exactement dans votre pays le jour où j'ai fait votre connaissance chez votre beau-père, commença Blum avec son traditionnel procédé consistant à entamer une conversation de façon biaisée et énigmatique.

– Non, c'est vrai, répondis-je. J'ai pensé simplement que vous voyagiez régulièrement dans les pays où vos livres sont publiés.

– Pas dans le vôtre. C'est un très petit marché, qui intéresse peu l'industrie éditoriale, dit-il avec condescendance, sans se priver de terminer sa phrase par un malicieux tapotement sur mon avant-bras.

Puis il adressa un sourire forcé aux avocats, comme s'il estimait, après l'échange de quelques généralités, pertinent de me présenter à eux de manière formelle. Mais deux ou trois secondes après l'observation muette de ces visages patibulaires, il décida clairement d'ignorer le protocole et détourna sans transition son regard pour reprendre la conversation comme si nous étions seuls.

– Iris Kaplan. Je suppose que vous savez de qui il s'agit. C'était pour elle que j'étais venu. Un fait peu connu de sa vie récente est sa décision il y a quelques années de s'installer, pour se mettre à l'abri du harcèlement permanent de la presse, justement dans votre pays, dans une discrète maison de la côte, à une petite centaine de kilomètres de l'endroit où a eu lieu la soirée de votre beau-père. Nous avons tous compris à ce moment-là que cette aspiration à l'intimité constituait pour elle un changement drastique, malgré les grandes difficultés logistiques qu'il impliquait. Depuis des années elle était décidée à poursuivre son travail dans cette sorte d'exil. Elle vivait recluse, comme elle avait partout vécu avant, mais ces derniers temps elle était devenue quasiment une ermite contemplative. Elle insistait, comme les mystiques, sur le besoin d'un constant *meshirash nefesh*, l'état de dévouement à l'idéal. Sa fille lui servait d'assistante, faisait les courses et réglait les factures, car Iris avait décidé de se mettre en retrait du monde. Pour les contrats, elle disposait d'une petite armée d'avocats, dont les quatre oiseaux de mauvais augure que vous voyez ici ne sont que l'état-major.

Pendant que Blum détaillait toutes ces vicissitudes quotidiennes, qu'il trouvait apparemment fascinantes, je ne savais toujours pas qui diable était Iris Kaplan. Ce nom ne me disait rien du tout, et le fait que l'éditeur tienne pour assuré que je le connaissais me déconcertait. Mais comme j'avais déjà été suffisamment imprudent dans le choix de ma tenue, je décidai de maintenir mon ignorance dans l'ensemble de mes péchés inavoués.

– Et le contrôle qu'elle a exercé sur son héritage a été réellement intraitable, poursuivit Blum. – Le fait même qu'Iris Kaplan soit morte il y a six mois sans que la nouvelle paraisse dans la presse d'aucun pays est la meilleure démonstration du pouvoir dont dispose l'appareil juridique qui l'entourait. Bien sûr, il y a eu des rumeurs ici et là, mais rien de concret. Je suppose que vous ne saviez même pas qu'elle vivait dans votre pays, ni qu'elle était morte, n'est-ce pas ?

– Non, répondis-je en haussant les épaules de la façon la plus neutre possible. Il était vrai que j'ignorais non seulement ces nouvelles cruciales, mais aussi absolument tout de cette personne.

– Je sais ce que vous pensez… "Mais que fait donc Blum devant ces types taciturnes qui nous regardent en silence, à me livrer des informations sur le plus grand auteur de livres de développement personnel, comme si d'une façon ou d'une autre il était impliqué dans cette histoire ?" – Cette présomption, messianique comme toujours, ne pouvait être plus éloignée de ma véritable pensée, qui en réalité tournait autour d'une question plus proche et plus concise, ainsi que beaucoup plus conforme à ma nature : "Pourquoi diable *moi* je suis ici ?"

– Eh bien, comme vous pourrez l'imaginer, il est difficile de dire qu'une personnalité de l'envergure de Kaplan ait eu à strictement parler des éditeurs, mais plutôt des actionnaires. Accéder à la publication d'un de ses manuscrits tenait de l'inauguration d'un puits de pétrole. On ne discutait jamais des bénéfices qu'il était susceptible de produire, mais simplement de la manière de les engranger, de les investir, dans quels délais ces bénéfices allaient faciliter le forage d'un autre puits. La vie ne m'a jamais mis dans la situation d'être l'agent exclusif de ses manuscrits les plus réussis, et je ne suis pas sûr d'avoir voulu l'être, car la stratégie de vente de ses livres est tellement vaste et diverse qu'elle oblige le titulaire des droits à gérer de très nombreux marchés complexes. Gondoles de grandes surfaces, cercles de souscripteurs, collections associées à des magazines ou à des émissions de télévision… tout cela m'aurait demandé d'opérer avec un énorme savoir-faire dans des niches cachées, dont le fonctionnement est souvent imprévisible. Sauf que cette fois, s'agissant du titre d'un livre improbable qu'il faut composer à partir de pages isolées, de notes éparses et de diagrammes, j'ai fini par l'emporter lors d'enchères privées sous pli fermé. Et maintenant j'affronte le défi de donner un souffle de vie à cette espèce d'augure qui, depuis qu'il m'a été accordé et selon l'heure de la journée, me fait ployer l'échine sous son poids ou me promet une fortune considérable. Vous me suivez ?

J'acquiesçai par pure politesse, car son discours me paraissait de plus en plus brumeux. C'était le type de laïus truffé de ragots et d'allusions au succès et à la célébrité que mon esprit s'efforçait toujours d'éluder. En le regardant gesticuler avec fougue, je commençai à pressentir que tôt ou tard une horrible proposition allait affleurer dans son discours, car Blum ne faisant jamais rien gratuitement, il avait sûrement prévu d'amortir d'une manière ou d'une autre le coût de mon billet d'avion. Si, pendant les années qu'avaient duré l'écriture puis la promotion de mon livre, il n'avait pas jugé utile de m'offrir un seul voyage, je pouvais tenir pour certain que l'éditeur avait cette fois un as dans sa manche.

Peu enclin à la patience, Blum n'attendit pas que je réponde si je suivais ou non son raisonnement. Il avait une sorte de voiture d'occasion à vendre et il n'allait pas s'attarder à décrire le luxe des sièges et la douceur de sa direction hydraulique juste parce que le naïf qu'il avait en face de lui paraissait perplexe.

– Quand Iris est morte, la première chose qu'a faite sa fille a été de réunir les avocats et d'organiser une vente aux enchères de son livre inachevé. Les sept offrants invités, dont je faisais partie, ont dû signer un contrat de confidentialité empêchant de divulguer les informations révélées, parmi lesquelles, notamment, le décès de Kaplan. Comme vous pouvez l'imaginer, vous allez devoir en signer un semblable à la fin de cette réunion, c'est pour cela que sont présents ces croque-morts qui nous surveillent. Quoi qu'il en soit, le livre a déjà été annoncé à la presse en plusieurs occasions, de même que sa possible thématique discutée de manière peu ou prou détaillée en notes et échanges épistolaires. Il s'agit d'un des titres de Kaplan les plus significatifs, qui résume d'une certaine façon toute sa trajectoire et qui a provoqué une énorme attente dans sa légion d'adeptes.

– Je pensais que vous vous consacriez à la vulgarisation d'idées. Quand mon beau-père m'a cité la liste de vos auteurs, c'étaient tous des scientifiques, dis-je sans reproche mais de plus en plus inquiet.

– Nous ne sommes pas au XIXe siècle, David. Nous ne sommes pas non plus des fabricants de chaussures qui perpétuent *ad vitam æternam* et de façon monomaniaque un commerce hérité de leurs parents, quels qu'en soient les succès et les échecs. Dans cette ligne de production, ceux qui ne se diversifient pas deviennent de la pâte à papier, si vous me pardonnez la cruelle littéralité de l'image. C'est pourquoi je suis propriétaire ou actionnaire de nombreuses maisons d'édition, et mon nom ne figure même pas publiquement dans beaucoup d'entre elles. Au fil des années j'ai dû ouvrir mon jeu. Sinon, comment croyez-vous que je serais capable de me relever de paris malheureux comme celui que j'ai dû affronter avec votre fameux traité sur les canaux ioniques ? dit-il avec le plus grand naturel, comme si mon statut de raté était établi une fois pour toutes. De plus, y a-t-il une raison valable pour laquelle les livres de développement personnel ne pourraient pas se concevoir comme des livres d'idées ? La moitié des décisions politiques qui se prennent aujourd'hui sont fondées sur des livres qu'on peut trouver dans la maison de la presse d'un aéroport. Pensez-vous que la société entière discute de vos broutilles dans la cour de la Sorbonne ? Aujourd'hui les gens consomment des idées avec le même esprit qu'ils achètent de l'électroménager ou des produits d'entretien ! Nous mettons à profit ce qui nous sert rapidement et sans réfléchir longuement, car tout individu pratique sait que ce modèle de consommation, au-delà de la légèreté et du caractère éphémère qu'il peut montrer au premier coup d'œil, est mieux que rien. Pouvez-vous imaginer ce qui se passe avec les peuples qui ne consomment même pas du développement personnel ?

Comme la fougue habituelle de Blum lui avait fait hausser un peu la voix, un des avocats lui demanda, dans un allemand tellement élémentaire que je pus le comprendre, s'il y avait un souci. Blum lui répondit dans un allemand qui dans le langage des signes pourrait se traduire simplement par : "Laissez-moi faire."

– Vous souvenez-vous que je vous ai dit au téléphone que j'avais compris quel était votre problème ? me dit-il après une pause, comme si l'impertinence de ma question l'avait décidé à ne plus tourner en rond et à entrer dans le vif du sujet.

– Oui, bien sûr. Je dois vous dire que ce fut pour moi une surprise de découvrir ainsi que je souffrais d'un problème central, tellement évident que vous pouviez le diagnostiquer à distance, de sorte que depuis votre appel j'attends avec anxiété que vous me révéliez lequel et comment le résoudre, répondis-je avec l'intention de plaisanter, mais le ton de ma voix dévia vers une amertume sarcastique et gênante.

– Je connais les auteurs. Je suis avec eux comme une maîtresse de maternelle qui apprend au fil des années à classer ses élèves, si uniques qu'ils paraissent, en cinq ou six catégories élémentaires. L'empereur, le clown, la princesse enlevée, l'âme incomprise, le fou, le délinquant, le peureux qui se plie à la volonté des brutes. Chaque enfant est à sa manière un cas spécifique, mais pas les rôles ni les comportements. À mesure que passent les années, on les voit se reproduire, comme si le milieu scolaire exigeait la présence de chacun de ces personnages pour établir un équilibre. Avec les auteurs, c'est pareil. Ils adoptent des modèles prévisibles, quasi archétypiques, des manières particulières d'assumer leur condition d'écrivain, et retombent inexorablement dans sept ou huit catégories, tellement définies qu'on finit par reconnaître en un clin d'œil l'appartenance à chaque groupe. Le visionnaire maniaque, la sainte nitouche, le formaliste académique, la matrone agressive, le poète maudit, le paumé, le type qui a écrit un livre par accident. Vous êtes clairement inscrit dans cette dernière caste. Il m'a suffi d'observer une demi-heure votre comportement dans une fête pour comprendre que jamais de la vie vous n'avez parlé devant plus de vingt personnes, que vous transpirez par grand froid si on vous pose une question à brûle-pourpoint. Que vous avez peur d'un individu aussi creux et irascible que votre beau-père, vous tremblez comme une feuille à l'idée d'expliquer votre propre travail et vous acceptez sans moufter que votre femme vous laisse seul au moment même où vous entrez ensemble dans une fête, comme si elle affichait ouvertement que rester à côté de David Badenbauer risquait de réduire sa perspective d'avoir une conversation intéressante. Au fil des années, j'ai appris à juger le caractère à partir de quelques indices. Et votre cas présentait un véritable coffre rempli de preuves à votre désavantage. Il était clair pour moi que vous ne parviendriez jamais à écrire deux livres, et même à en achever un seul. C'est pourquoi ce soir-là je ne vous ai proposé ni contrat ni à-valoir, tout juste la promesse verbale de publier le livre si vous réussissiez à le terminer à temps et en bonne et due forme, ce que j'estimais hautement improbable. Mais parfois un vieil éditeur comme moi doit reconnaître qu'il peut se tromper. C'est ce qui s'est passé. Car une fois le processus lancé, j'ai été surpris de découvrir que, malgré toutes vos petites tares, vous écriviez mieux que ce que je pressentais. Vous avez une syntaxe limpide qui témoigne d'un exigeant travail de correction. Vous racontez avec clarté et vous êtes capable d'ajouter une touche personnelle à des sujets qui à première vue pourraient être considérés comme indigestes. En d'autres mots : si vous aviez véritablement quelque chose à dire, peut-être que vous deviendriez un de mes auteurs les plus populaires. Malheureusement, votre obéissance soumise à une hiérarchie académique, qui dans la vie quotidienne ne représente pour vous aucun défi, a annihilé depuis des années votre possibilité de développer une production scientifique originale, de sorte qu'à ce moment de votre carrière il n'existe aucune perspective réelle que votre œuvre aborde une idée que vous puissiez revendiquer comme originale. En ce qui concerne votre production universitaire, on pourrait dire que votre écriture est une rivière au lit profond mais à sec. J'espère que vous ne trouvez pas le diagnostic trop brutal.

Je dus m'appuyer sur la table et respirer profondément. C'était comme si cette créature, ce golem effrayant, qui incarnait à la fois Buttadeus, le Juif errant que les antisémites prenaient pour modèle, et Iago, l'officier qui essayait de détruire Othello, avait décidé de mettre à feu et à sang mes murailles, de me désarmer en me piégeant et de s'emparer de mes dernières défenses d'amour-propre. En quatre coups d'épée, Blum avait décrit l'une après l'autre les petitesses de ma vie, sur le ton avec lequel on note le prix d'un tapis dans un bazar. Il ne m'avait même pas concédé une pause entre ses assauts, car il était évident que ce carnage n'était qu'un préambule, une avancée destinée à préparer le terrain pour l'offensive finale qui comptait réellement pour lui et qu'il ne la lancerait que lorsqu'il serait sûr que la carcasse exsangue à laquelle il m'avait réduit n'avait plus d'échappatoire.

– Continuez, lui dis-je de la façon la plus brève possible, sans chercher son regard.

– Je vous supplie de ne pas prendre ma franchise pour un affront. Si je vous ai fait venir ici, c'est parce que j'ai de l'estime pour vous, me dit-il sur un ton qui se voulait affectueux, mais en clouant de façon plus perçante ses yeux dans les miens. – Et j'apprécie votre style. Comme je vous l'ai dit, vous avez une prose persuasive, pleine d'images et de tournures qui continuent à trotter dans la tête du lecteur des heures après avoir refermé vos pages.

Je restai silencieux. Je voulais que cesse au plus vite cette alternance de verdicts et d'éloges sur mon cheminement dans la vie. Je commençais à avoir mal à la tête. À cet instant j'aurais dû me lever de ma chaise, souhaiter bonne soirée à tout le monde et m'éclipser sans un dernier regard sur cet aquarium suffocant. Mais une ancestrale pulsion de soumission m'obligeait à complaire à mon ravisseur, comme cela arrive, après des semaines d'une pénible coexistence, aux victimes d'un enlèvement.

– Une clause du testament d'Iris Kaplan, écrit en sachant que sa maladie dégénérative était entrée en phase terminale, stipule les conditions dans lesquelles pourraient être édités ses textes inachevés. Elle donne à sa fille mandat pour financer et superviser la collecte des textes, la lecture des notes et la recherche de références sur ses intentions présumées dans des schémas, des lettres et des journaux intimes. La personne chargée de ce travail devra s'installer dans le pays où sont déposées les archives Kaplan, assister à deux réunions hebdomadaires, renoncer à revendiquer aucune paternité pour sa tâche tout en s'y adonnant complètement. Une exigence spéciale, vu la propension d'Iris à verser dans le mysticisme, est que le candidat anonyme à la composition de son livre doit posséder une connaissance approfondie du Talmud, démontrer au moins une certaine aisance dans l'approche de la Kabbale et être disposé à s'immerger au fil des mois dans les mystères métaphysiques de l'aventure humaine. Commencez-vous à discerner le modèle qui affleure de tous ces fragments apparemment décousus ? Ce candidat, David, c'est clairement vous. Il est évident que vous réunissez toutes les conditions. Je n'ai personne d'autre dans votre pays qui puisse remplir cette liste d'exigences, et je ne suis pas en position de recruter un écrivain étranger et de me lancer dans une expédition d'un an aux dépens des bénéfices potentiels d'un livre qui n'existe pas encore. Herzfeld m'a parlé une fois dans une lettre, sans rien savoir de tout cela, de votre proverbiale habileté à condenser des notes et à relier des faits à première vue indépendants les uns des autres, et je suis persuadé que c'est là l'occasion idéale pour mettre en valeur votre talent.

Je ne répondis pas un mot. Je pensai à Aarón. À ce qu'il allait penser de moi en apprenant que j'avais accepté de partir en voyage le jour de son exposition juste pour assister à un entretien d'embauche destiné à me charger d'un travail de secrétariat, ou plutôt d'une besogne digne d'un équarisseur ou d'un charcutier, consistant à dépecer des liasses de notes, sans la supervision de Tate, mais en incarnant ce faisant le pire de sa personne. Selon ce qui m'était suggéré, je devais m'inspirer de sa sagesse talmudique pour contribuer à la fabrication d'un bouquin de développement personnel brodé de liserés mystiques, qui hisserait le lecteur à une présumée dimension transcendante de l'existence, c'est-à-dire à ce maudit verger où les oracles que j'avais méprisés toute ma vie cultivent leur jardin fleuri d'illusions et de créatures fantastiques. Je détestais chaque aspect de ce projet. Mais au-delà de ce mépris lancinant, de tous mes sentiments le plus saillant et douloureux était la honte que j'allais éprouver devant Aarón, quand mon pauvre fils apprendrait que son père avait été considéré comme un candidat idéal, voire le seul possible, pour cette besogne.

Pendant que je ressentais cette angoisse, il se produisit un autre échange de bla-bla, mais cette fois je ne l'écoutai pas. Je levai les yeux et rencontrai de nouveau le regard bovin des avocats. Aucun n'esquissait un sourire. Ils étaient là pour certifier mon abandon de toute résistance et ne voulaient pas différer l'arrivée de ce moment tant attendu par d'inutiles formes de politesse. Je commençai à avoir le vertige.

– … et c'est pourquoi le contrat qui est proposé offre la bagatelle d'un pour cent des royalties à celui qui s'engage à réaliser ce travail. Savez-vous la fortune que cela représente ? Le un pour cent sur les ventes d'un livre d'Iris Kaplan permet de fonder un petit empire ! Vous pourriez faire tout ce qui vous chante ! Arriver un matin au laboratoire habillé en walkyrie, chanter la chevauchée de Wagner devant le parterre des soi-disant érudits et renoncer à une vie d'humiliation en faisant des pirouettes et en riant à gorge déployée. Bien sûr, vous pourriez dire maintenant, parce qu'un scientifique est par définition un sceptique, qu'on vous propose le un pour cent d'un produit inexistant. Et vous auriez un peu raison. Mais n'oubliez pas que bien qu'il s'agisse d'un texte dépendant en dernière instance de votre talent d'écrivain, il a déjà un titre éclatant qui a été cité dans la presse mondiale et annoncé comme "à paraître", depuis des mois. Autrement dit, ce livre existe du seul fait que son titre touche déjà une masse considérable de public captif, comme on en a rarement vu dans notre industrie…

De nouveau je n'écoutais plus, l'éditeur hissait une fois de plus son monologue vers des hauteurs stratosphériques. Je remarquai cependant que dans les interstices de ce délire pointait peu à peu un détail inquiétant. Je commençais à percevoir que dans ce lyrisme débridé affleurait une insistance tenant d'une prière désespérée, qui ne cadrait pas du tout avec le personnage que Blum affichait devant le monde. Sa voix s'aventurait progressivement dans les tons aigus, atteignant à la fin des phrases un criaillement qui suggérait une arrivée d'air déficiente dans les cordes vocales. Je soupçonnai que ce torrent verbal jaillissait de sa bouche non seulement pour dire mais aussi pour cacher. C'était comme si son désir de combler chaque interstice de silence avec des salves de paroles était plus urgent que de respirer, peut-être par crainte que je ne profite des pauses pour réfléchir et en arriver alors à refuser en bloc sa proposition.

– Je ne comprends pas pourquoi vous m'avez fait venir, commençai-je sans avoir anticipé la moindre ébauche de ce que j'allais dire. – Si vous saviez qu'il s'agissait d'une entreprise aussi éloignée de ma carrière, vous auriez pu simplement me demander mon avis par téléphone. Je vous aurais bien sûr répondu que ce projet ne m'intéressait pas. J'ai déjà commis beaucoup d'erreurs en transposant le récit de mes recherches sur les canaux ioniques dans un feuilleton plein d'imprécisions, juste pour l'adapter à vos attentes commerciales. Ce maudit livre m'a épuisé, car en plus de miner de cent manières différentes la paix de ma famille, il ne m'a servi strictement à rien pour avancer sur le plan professionnel. Même l'à-valoir que j'ai touché, accueilli comme un grand privilège, ne s'est avéré être qu'une maigre compensation comparé à la soumission que j'ai dû endurer pendant le processus d'écriture, quand vous vous entendiez avec Herzfeld sur les progrès exigés chaque semaine, ce qui m'obligeait à me tuer à la tâche pour vous satisfaire, comme si ne pas y parvenir allait déchaîner la colère de Dieu. Et ce s'agissant d'un manuscrit duquel vous déclarez maintenant n'avoir rien attendu. Je préfère ne pas imaginer ce que serait le niveau de pression si…

Blum fronça les sourcils et m'interrompit brusquement.

– Je ne sais pas à quoi vous faites allusion en mentionnant cette présumée entente avec Herzfeld. Je n'ai pas échangé un seul mot avec lui. Je vous ai dit que j'avais toujours pris votre beau-père pour un nul. Les deux ou trois fois où je l'ai croisé dans ma vie, il a mis en scène une obséquiosité qui ferait passer les révérences d'une geisha pour une grimace hostile. J'ai assisté à cette soirée chez lui parce qu'un ami commun, un des avocats d'Iris Kaplan, avait insisté sur le fait qu'il pourrait y avoir parmi les invités une ou deux personnalités intéressantes. Promesse qui, dans votre cas, s'est révélée exacte. Mais tant dans cette circonstance que dans les précédentes où j'ai dû le supporter, Herzfeld m'est apparu comme un individu banal et imbuvable. Un pauvre type qui voulait à tout prix diriger pour mon enseigne principale une collection d'écrits sur la psychanalyse, un sujet qui aujourd'hui dans le monde éditorial est aussi populaire que la philatélie ou la numismatique. À toutes ces propositions j'ai bien sûr répondu par une cascade de refus à décourager un saumon. Mais son aveuglement sur ses propres limites aurait fait les délices d'un neurologue. Il palabre, il s'obstine comme un vendeur d'encyclopédies à domicile. Jamais je ne me serais permis de discuter avec lui ne fût-ce que de la couverture d'un livre, pour moi ce type est un poids mort et un raseur. Il est vrai qu'il m'envoyait régulièrement et à titre personnel les versions successives de ce que vous étiez en train d'écrire, mais c'était au prétexte que vous étiez trop occupé par le laboratoire pour vous charger du courrier, ni plus ni moins. Il ne me serait pas passé par la tête d'émettre en retour le moindre avis sur votre travail, car il n'en aurait sûrement pas tenu compte, ou dans le meilleur des cas il l'aurait falsifié pour l'adapter à sa conception prétentieuse de la réalité. Pour *Portes ouvertes au monde*, il a insisté pour participer à la négociation de l'à-valoir en prétendant avoir l'expérience de la gestion des droits d'auteur grâce aux articles qu'il publie dans ses revues bidon. Mais lors de la réunion pour discuter le contrat, lui, qui est autant spécialiste des droits d'auteur que de physique nucléaire, n'a ouvert la bouche que pour dire bonjour, bonsoir. Je ne sais pas quels grands airs il a pris pour vous décrire le rôle qu'il a joué dans la décision de la somme finalement adoptée, mais je peux vous assurer qu'il n'a fait que banalement accepter mes conditions.

Quoi qu'il vous ait dit sur votre manuscrit, c'était à titre personnel. Pendant trois ans, je ne lui ai adressé par courrier que quelques notes, et pour des motifs purement pratiques, mais toutes vous étaient adressées. Il vous les a communiquées ?

Je dus de nouveau prendre ma respiration avant de pouvoir encaisser ces nouvelles. Je venais d'apprendre que ces interminables notes à répétition, rédigées de la main de Tate, étaient aussi de son cru. Et que chaque fois qu'il avait insisté pour que j'introduise Deborah, Aarón ou le fameux Talmud dans la trame du manuscrit, cela n'avait été motivé que par son appétit personnel de voir ces scènes et ces images immortalisées dans un livre favorisant par mon truchement ses aspirations intimes. J'en avais la gorge nouée et je me mis aussitôt à haïr encore plus mon beau-père, d'une haine physique, viscérale, qui menaçait de se changer en nausée convulsive. Mais je me souvins aussi que la rédaction de certains de ces passages, accomplie avec la sensation permanente d'être en faute, avait souvent eu sur moi un effet thérapeutique, et je mesurai alors de façon un peu plus favorable le chemin tortueux que ce maudit geôlier avait trouvé pour m'obliger à pénétrer dans le territoire de mes affects, ce que je n'aurais peut-être pas réussi à faire seul. Au-delà de la nature de ses intentions, Tate m'avait procuré, du moins collatéralement, quelque bienfait, même si j'avais dû en payer un prix énorme qui avait fini par écraser ma vie de couple et ma carrière. Les nuits que j'avais consacrées à explorer par écrit la mort de mes parents, mes noces ou ma solitude d'enseignant, m'apparaissaient maintenant comme des actes immoraux d'expiation de péchés, exécutés devant une foule morbide intégralement contenue dans la tête de mon beau-père, qui m'invitait quotidiennement à exhiber mes douleurs comme on exige d'une odalisque d'ôter peu à peu ses voiles jusqu'à offrir enfin au public le grain de sa peau. Et voilà qu'au moment où je découvrais la dimension de cet abus, Blum me proposait de me soumettre à un autre, plus grave, qui blessait de manière encore plus flagrante l'idée précaire de qui j'étais et de ce qu'était ma vie. Je devais partir d'ici au plus vite, regagner mon foyer dès que possible et demander pardon à mon fils pour mon impardonnable absence. Je voulais retrouver le temps perdu. Embrasser Aarón et reprendre ma place dans sa vie. Je devais écarter coûte que coûte mon épouse de l'orbite de son père. Lutter pour faire germer au sein de ma famille une vie libérée des desseins de cet homme. Chercher pour nous une autre maison dans un autre quartier, hors de son influence, et m'efforcer de restaurer mon lien de mari et de père. Voilà ce que je devais faire. Mais d'abord sortir d'ici.

– Excusez-moi. Il ne me reste plus qu'à vous souhaiter une bonne soirée. Merci de m'avoir invité à venir, mais je ne peux que décliner votre proposition. Je crois que je n'ai rien de plus à faire dans cette pièce, dis-je sans hésiter ni bredouiller, comme si j'avais finalement trouvé, dans un coin de ma gorge, ma véritable voix. Puis je me levai promptement au grand étonnement des quatre avocats. Blum se contenta de me regarder avec tristesse.

– Avant de partir, signez ici, dit-il sans transition, d'un ton neutre, dépourvu de toute alarme.

Il me donna deux copies d'un long contrat d'une cinquantaine de pages rédigées dans un anglais saturé de jargon juridique. Je le feuilletai un instant en m'efforçant d'adopter la même attitude dépassionnée avec laquelle il avait témoigné de sa déception. Le document ne citait le nom d'Iris Kaplan que sur la première page, dans les suivantes elle était désignée comme *the subject*, figurant deux ou trois fois par page, dans des paragraphes de plus en plus complexes où l'on faisait référence à sa personne publique, à son œuvre et à ses biens. Après m'être un peu attardé sur les premières pages, je survolai le reste du texte en faisant défiler les pages à mesure que mon index les libérait depuis l'angle inférieur du document imprimé. Je n'allais pas le lire jusqu'à la fin, je n'avais pas besoin d'apprendre chaque petite vicissitude de la vie de *the subject* pour concéder l'heureuse signature me permettant de me libérer de Blum et de ses oiseaux de mauvais augure. L'un d'eux, sans que je l'aie demandé, me tendit un stylo à encre dont, nerveux et empressé, il retira un capuchon argenté.

Je n'eus pas une seconde d'hésitation. Je signai les deux copies de mon nom complet sur les pointillés de la dernière page et paraphai les autres de mes initiales. Ce qui me demanda d'en gribouiller la centaine que comptaient les deux documents. Pendant cette opération, je ne levai les yeux ni n'échangeai aucun mot avec les avocats. Ils me regardaient, Blum compris, comme un adolescent qui tient absolument à s'engager dans la marine animé par l'idée absurde de connaître le monde. C'est-à-dire comme s'ils savaient très bien que ce chemin d'une prétendue indépendance dans lequel je croyais m'engager n'était en réalité que la renonciation à une merveilleuse opportunité, que j'abandonnais pour une vie de misère et de soumission.

Lorsque j'eus terminé de signer, le plus corpulent des quatre avocats se racla la gorge, s'adressa à moi en anglais avec une prononciation très crue :

– *You are not allowed to mention any of this to anybody. Many lives depend on your keeping these details undisclosed. And this contract legally bonds you to be discreet to the extent of not speaking a single word of it, not only to the press but also to your family and friends. To no one at all.*

Les avocats profitèrent de cet impromptu, proféré dans une langue enfin compréhensible pour eux, pour acquiescer de manière grave et surjouée. On aurait dit des inquisiteurs approuvant la condamnation d'un malheureux au garrot. Blum me regardait, affligé. Il se leva et me tendit la main. C'était sa façon de signifier clairement qu'en tout cas c'était lui, et non pas moi, qui avait le pouvoir de mettre fin à notre rencontre. Je me levai à mon tour et lui serrai la main en le regardant dans les yeux. Je ne lui en voulais pas, ce n'était pas un malfrat. Juste un animal qui, comme moi, exécutait vaille que vaille les pénibles manœuvres permettant de prolonger son existence. Je me disais qu'il y avait des décennies, des siècles, des millénaires que son espèce convoquait des individus comme moi à des réunions comme celle-ci, de la même façon que d'autres bêtes prospèrent dans la fange, se traînent dans leur terrier, ou guettent leur proie dans les broussailles, sans que ces comportements relèvent du bien ou du mal. Blum, à part son statut de chef d'entreprise, n'était en fin de compte que ça : le membre d'une vieille lignée s'efforçant de survivre. Sa symbiose avec des avocats, des vendeurs et une constellation d'auteurs qu'il trouvait insupportables n'était pas une relation fondée sur la bassesse, mais la manifestation du désir de continuer à respirer. En cela il ne se différenciait en rien d'un tigre ou d'une grenouille. Ou de moi. Je fis alors un léger hochement de tête, comme pour lui exprimer en silence cette subite bouffée de pitié. Il sembla le comprendre, car avant que je quitte la pièce, il se départit de sa neutralité et dit :

– C'est bien dommage. Comme je vous l'ai dit, vous écrivez mieux que la plupart de mes auteurs. Et savez-vous qui pensait aussi que vous écriviez bien ? Je vais vous le dire une fois pour toutes : Iris Kaplan. C'est la vérité, même si vous ne le croyez pas. Accordez-moi juste quelques secondes et je vous raconte. Sachez que j'ai l'habitude d'envoyer tous les ans à mes auteurs de renom une petite sélection de livres. L'année de sa publication je lui ai adressé, perdu dans un de ces paquets de trente volumes, *Portes ouvertes au monde*. Iris ne m'avait jamais fait le moindre commentaire sur ces envois. Ce fut la seule et unique fois où elle a daigné se fendre de quelques mots en guise d'accusé de réception. Et savez-vous ce qu'elle a écrit ? "Cet auteur, Badenbauer, a une prose hypnotique. Il pourrait gagner une fortune si un jour il décidait d'écrire sur un sujet important." Voilà. Je n'ai pas voulu vous le dire avant. Je ne l'ai pas fait pour ne pas vous encourager à réclamer plus de un pour cent sur les ventes, mais la stricte vérité est que Kaplan vous a cité nommément dans ses instructions posthumes. "Si Badenbauer vit ici, il pourrait alors travailler à partir de mes notes et sous le contrôle régulier de ma fille, sans la déranger dans ses activités quotidiennes ni la contraindre à échanger des centaines de lettres." Et elle ajoute : "Il se peut que mon nouveau livre connaisse le succès des précédents, mais je ne veux pas que sa composition constitue une gêne pour personne." Voilà ce qu'elle a écrit, mot pour mot. Vous, David, faites partie du testament d'Iris Kaplan. Ce fait ne sera jamais révélé. Aucun historien n'en fera état dans les futures biographies, ni n'établira un lien entre le style du livre et le vôtre. Le travail d'un écrivain fantôme est par définition anonyme. Mais vous devez accepter que cette mention des qualités de votre prose de la part d'une auteure de renom international, et cela rien de moins que dans son testament, constitue un honneur insigne. Des milliers d'écrivains y verraient un cadeau du ciel. Aussi, je vous supplie de revenir sur votre décision.

– Je vous remercie de votre offre, lui dis-je, lassé par sa lourde insistance. – Mais ce projet n'est pas pour moi. Je suis peut-être un raté absolu comme chercheur, et à un degré moindre comme vulgarisateur scientifique. Mais jamais de ma vie je n'ai voulu faire de l'écriture un métier, et encore moins le faire pour un autre, si célèbre qu'il soit. Avec votre permission, je vais sortir par cette porte et retourner à mes travaux universitaires, cette routine qui vous paraît d'un ennui complet. Dans le laboratoire, ne serait-ce que quelques secondes par jour, je suis heureux.

Je n'ai pas consacré un seul instant à me demander si cette affirmation finale était vraie, si ces prétendues secondes de bonheur, après la débâcle professionnelle qui avait suivi la publication de mon livre, se produisaient encore dans ma pratique quotidienne. En tout cas, s'il me restait à l'avenir une minute de bonheur et si la vie me permettait de la revendiquer comme mienne, il était sûr et certain que je n'allais pas la trouver dans cette officine devant un spéculateur insatiable et sous le regard de ses quatre acolytes. J'admis subitement que j'aurais préféré mille fois avoir passé cette journée à me préparer pour assister à l'exposition d'Aarón. Choisir l'après-midi une jolie veste et me rendre à l'inauguration avec une Deborah maternelle et fière de son fils. J'imaginai les aquarelles d'Aarón gagnant peu à peu une place méritée dans mon estime, je sentirais ma poitrine se dilater en percevant sans préjugés l'harmonie croissante de ses traits et la justesse de ses couleurs.

Alors je tournai les talons et fis trois grands pas vers la porte, résolu à abandonner ces ombres dans leur petite salle de torture.

– Attendez, me dit Blum à l'instant où j'allais franchir le seuil. – Je n'ai pas pu vous dire le titre. Et c'est important, parce que ce que j'ai gagné dans ces enchères, outre le contrat d'accès aux archives et l'autorisation expresse d'éditer le livre, c'est aussi l'usage exclusif de son merveilleux titre. Iris nommait chaque brouillon au fil d'un processus de réflexion qui durait des mois, parfois des années. Le contenu de ses livres et leur entrée dans la liste des meilleures ventes étaient la conséquence d'une espèce d'incantation qu'elle formulait à la fin de la recherche. Le titre paraît trivial à première vue, presque banal, du réchauffé qu'on a l'impression d'avoir entendu mille fois, mais qui pénètre peu à peu dans la conscience comme ces larves qu'un insecte dépose dans notre oreille et qui trouvent en grandissant leur chemin jusqu'au cerveau où elles finissent par se rendre maîtres de notre conduite. Avant que vous partiez, il est important que vous connaissiez ce titre. Ce serait dommage qu'après avoir signé le contrat vous vous priviez de traverser ce processus de colonisation de votre esprit. Quand je vais vous le révéler, il vous semblera d'abord familier, mais il finira par s'installer en vous comme s'il y trouvait sa raison d'être et son ultime destin.

– Puisque c'est important pour vous, fis-je avec une exaspération impossible à masquer, allez-y, dites-le-moi, introduisez dans mes oreilles cette foutue larve, au point où j'en suis, une de plus ou de moins…

Blum soupira comme s'il s'armait de patience, il ignora l'agressivité de ma réponse et leva une main à hauteur d'yeux, forma une pince avec le pouce et l'index simulant le geste de saisir une idée subtile qui flottait entre nous et qu'il devait me mettre sous les yeux.

– *Une vie pleine de sens !* lâcha-t-il enfin, triomphal.

Je ne sais quelle réaction il attendait de moi à l'annonce de ce lieu commun éculé. Mais il eut beau l'avoir déclamé d'une voix de stentor avec laquelle on lit un édit royal, cela ne m'impressionna pas le moins du monde. C'était comme s'il avait lu le slogan d'une marque de céréales d'un rayon de supermarché. Cette poignée de mots n'avait rien de mémorable.

– Et Iris Kaplan a mis aussi des mois à concevoir ce titre ? Ne le prenez pas mal si je vous dis que je le trouve rebattu et vulgaire, répondis-je sans me priver de profiter de ce que je voyais comme une bonne occasion de lui renvoyer ainsi au moins une partie des jugements terribles qu'il avait émis sur moi. – Il a l'air tout droit sorti d'une brochure catholique qui invite les parents égarés à amener plus assidûment leurs enfants au catéchisme.

– Je sais. C'est le truc. Laissez faire le temps.

6

Je passai les quatre jours restants de mon séjour à déambuler dans Berlin absorbé dans mes réflexions. Vu le climat de tension dans lequel j'avais quitté la réunion, je ne voulus pas appeler pour demander qu'on avance la date de mon vol. L'hôtel était réglé par l'éditeur jusqu'à la fin de la semaine et je me suis dit que ces quelques jours me serviraient à y voir plus clair.

Je voulais retourner chez moi libéré de l'angoisse qui me serrait la poitrine. J'avais ressenti un besoin urgent de contact dès que j'étais entré dans ma chambre, les paroles stridentes de Blum me perçaient encore les oreilles, mais en essayant d'appeler à la maison pour souhaiter bonne chance à Aarón pour son exposition, j'entendis le téléphone sonner une dizaine de fois sans que personne ne décroche. Il n'y eut que le sifflement d'un vieux répondeur dont personne ne se servait et qui ne se déclencha qu'à la neuvième ou dixième sonnerie. Et entendre ma propre voix à l'autre bout de la ligne me fit de nouveau sentir combien j'étais seul. J'aurais voulu que n'importe qui, même Tate, décroche pour pouvoir dire que je pensais beaucoup à Aarón. Dire que j'avais enfin appris le motif de mon voyage et reconnaître que leurs soupçons étaient justifiés, car effectivement l'appel de Blum, ainsi qu'ils l'avaient imaginé, s'était révélé être une proposition inutile, et pis encore fondée sur mon maudit parcours, c'est-à-dire sur le ton de mon livre et particulièrement sur l'idée de me servir, avec l'espoir que ma carrière soit plus intense et plus humaine, de mes êtres chers comme d'artifice romanesque en mêlant leur vie à mes arguments scientifiques. C'était cette incursion dans l'intime qui avait apparemment convaincu la dénommée Iris Kaplan de réclamer, rien de moins que sur son lit de mort, l'assistance de ma plume. Toutes ces funérailles, noces, vacances, déplacées dans un livre sur les canaux ioniques, le tragique mélo construit autour de la fin de mes parents, ces hyperboles tellement exigées par Tate que j'avais accepté docilement d'introduire dans un ouvrage scientifique, volaient maintenant au-dessus de moi comme des charognards guettant ma chute finale pour fondre sur mes restes et me déchiqueter à coups de bec. Je voulais reconnaître ces fautes devant mon épouse et mon fils et en appeler à leur compréhension. Mais il n'y eut personne pour accueillir tous ces aveux et ces épanchements.

Les jours qui suivirent furent marqués par la même sensation de me déplacer à tâtons dans le monde. Je sortais de bonne heure et me promenais sans but jusqu'à midi. Je mangeais et revenais à l'hôtel pour essayer encore de téléphoner. J'imaginais qu'à cette heure à la maison ils se levaient pour entamer la journée et qu'alors quelqu'un pourrait prendre mon appel. Mais à chaque fois la sonnerie se répétait jusqu'à ce que j'entende ma propre voix me demander si je voulais laisser un message. Je ne disais rien car je savais que chez nous personne ne prêtait la moindre attention à ce fichu répondeur, et je ne voulais pas me livrer à l'humiliation de me répondre juste pour vérifier, à mon retour, que personne n'avait eu la présence d'esprit de presser le bouton et d'écouter ma voix.

Au cours d'une de ces déambulations hasardeuses, le dernier jour, je m'arrêtai dans un marché aux puces et je découvris sur des tables de bibelots oubliés un vieil électrocardiographe portable affiché à un prix exorbitant. Un peu plus loin, dans l'allée des livres, je trouvai une vieille édition de *Kunstformen der Natur* (Formes artistiques de la nature), de Haeckel, que j'achetai sans hésiter, en pensant que ce serait un magnifique cadeau pour Aarón. J'imaginai qu'en regardant ensemble ces superbes illustrations taxinomiques nous pourrions parler de la morphologie des êtres vivants, du processus de spéciation et des expressions fleuries de dimorphisme que produit la sélection sexuelle. Ou au moins passer un moment assis ensemble en silence, absorbés par la beauté des images à imaginer des vies d'animaux. Et je sentis que je venais d'acquérir une sorte de véhicule sentimental qui me permettrait d'accéder enfin aux aspirations du monde intérieur de mon fils.

Dans le stand voisin il y avait des piles de livres défraîchis qui se vendaient au kilo, et je découvris avec stupéfaction que le volume qui couronnait l'une de ces piles était une édition allemande d'un livre d'Iris Kaplan : sur la couverture une étoile de couleur turquoise très vive portait la mention *Best-seller.* Le titre, imprimé dans un caractère très inférieur à celui de l'auteur, était *Zukunft,* suivi d'un long sous-titre, *Welche Früchte sich aus den Samen entwickeln, läast sich nicht immer vorhersagen*. Je déchiffrais à peine la structure des phrases en allemand, mais entre le peu que je saisissais et ce que le vendeur m'expliqua en anglais, je finis par comprendre que cela signifiait : "Avenir. Les fruits qui naîtront des graines sont difficiles à prédire". Encore un titre anodin, qui pouvait servir aussi bien pour un manuel d'agriculture que pour un traité de pédagogie. J'eus un instant envie de l'acheter, juste pour la coïncidence de l'avoir trouvé en haut d'une pile de vieux bouquins, mais je pensai aussitôt que les marks qu'il coûtait me permettraient de me payer un modeste déjeuner à un stand de saucisses. Me défaire de cette somme, si je la comparais avec celle que j'avais déboursée pour le cadeau d'Aarón, pouvait paraître une dépense banale. Maintenant que la futilité de mon voyage s'était révélée dans toute sa splendeur, je ne voulais pas offrir un nouveau motif d'être accusé de gaspillage. Je décidai donc de me limiter dorénavant à des déjeuners frugaux et d'adopter une conduite spartiate. C'était aussi une manière de m'infliger une sorte de pénitence, ou du moins de me soumettre à une mortification qui m'inciterait à être plus modeste à l'avenir.

Un beau soleil de printemps se glissait entre les feuilles des arbres, invitant à considérer la vie dans une perspective nouvelle et lumineuse. Assis sur la place, avec une splendide saucisse allemande à la main, je voulus me convaincre que mon mariage, malgré son récent refroidissement, conservait encore un substrat d'amour. Et aussi que la relation avec mon fils pouvait, si j'y mettais du mien, m'offrir encore de nombreuses joies. J'envisageai de nouveau l'idée de louer à mon retour une maison dans un quartier moins résidentiel. Un quartier où la vie quotidienne serait plus bruyante, avec des voitures, des employés partant au travail, des marchés de fruits et légumes, des enfants jouant dans la rue, des filles qui rient sur le trottoir, des chantiers, des écoles publiques. Un environnement hors de la protection étouffante de la vie bourgeoise, qui permettrait à mon fils de se faire un tableau plus complet de la marche du monde, au lieu de cette prison de domestiques, de verrous et de ouate où Tate l'avait enfermé. Je me promis de fonder un foyer ouvert, comme celui que j'aurais aimé avoir dans mon enfance si mes parents n'avaient pas eu cette étroitesse d'esprit.

Je pensai qu'il n'était peut-être pas trop tard pour cela. Je pouvais essayer d'échapper à l'enseignement et obtenir un poste dans un institut moins important, ou dans quelque niche insoupçonnée de l'industrie pharmaceutique. Ça m'était égal. Après tout, survivre est un impératif incontournable et même noble, quand on a une famille. Et si j'arrivais à décrocher un emploi subalterne dans une équipe d'essais pharmacologiques offrant un salaire équivalent à celui de mon poste au laboratoire – ce qui n'était pas très difficile à trouver dans l'industrie privée –, je pourrais payer les factures et échapper du coup au cycle quotidien d'humiliation qui caractérisait le milieu universitaire. Il y avait longtemps que j'avais perdu l'illusion de parvenir à une découverte originale. Si en trente années à travailler d'arrache-pied je n'avais pas trouvé un nouvel angle pour comprendre les canaux ioniques, ce n'était pas maintenant, déjà grisonnant, gros et vaincu, qu'une théorie extraordinaire allait soudain me sauter aux yeux. En tout cas, envisager de changer de vie me paraissait une attitude plus mature que de m'obstiner dans une voie qui m'était chaque jour plus étrangère.

Je regagnai l'hôtel en marchant animé par ces pensées, le regard à la fois avide et alerte, car je voulais que ce bouillonnement humain qu'était Berlin m'entre dans les yeux de la même manière que notre nouveau quartier comblerait un jour les sens d'Aarón. Si mon voyage avait un sens, c'était d'éclairer enfin nettement ce qu'était ma place dans le monde. Maintenant j'en étais sûr et certain : mon foyer et ma raison d'être étaient auprès des miens. Je devais seulement surveiller mes faiblesses, garder les yeux ouverts et montrer une infinie disposition à travailler.

En arrivant à l'hôtel, je préparai ma valise. Je me sentais joyeux, et comme j'étais seul dans la chambre, je me mis à fredonner une chanson que chantait parfois ma mère. "La Bohème", une ballade d'un disque de Charles Aznavour, qu'elle écoutait et dont je n'ai jamais su complètement les paroles, mais dont un vers était "*Et toi qui posais nue*", qui paraissait pour le moins inquiétant vu que cette femme qui chantonnait devant moi en balayant ou préparant un rôti était une Juive orthodoxe que l'idée même de poser nue devait, si elle craignait véritablement les desseins divins, sérieusement scandaliser.

Je me demandais quels autres aspects de la vie intérieure de ma mère me seraient pour toujours interdits, quels mystères, quelles chambres secrètes où nul n'était jamais entré, pas même mon père. Tout en y pensant, j'ouvris *Kunstformen der Natur*, et restai un instant absorbé dans une lithographie, en me demandant si cette magnifique image d'escargots et de mollusques bivalves reflétait véritablement la beauté du monde naturel, ou seulement l'inlassable enthousiasme du pauvre Haeckel, acharné à trouver dans la taxinomie des preuves d'ordre et de symétrie.

Sans laisser cette idée entamer ma bonne humeur, je déposai soigneusement mes affaires près de la porte, puis je me lavai et me rasai. Je voulais me montrer, autant que possible, comme un individu soucieux de son aspect.

Cinq heures avant mon vol, je m'empressai de prendre un bus pour l'aéroport. Je prendrais, me dis-je, un café en arrivant dans la salle d'embarquement. La seule présence de mon avion me faisait sentir plus proche de chez moi. Je ne cessais de me frotter les mains en éprouvant un grisant tremblement d'anticipation qui m'accompagna jusqu'au décollage.

Je savais que m'attendait une confrontation difficile avec ma famille. Mais la fierté d'avoir pu envisager ce que je devais désormais faire de mon existence me parcourait le corps comme un feu intérieur qui atteignait chaque recoin de mon organisme.

Après avoir dormi pendant presque tout le trajet, je découvris à l'atterrissage un aéroport couvert de nuages orageux. Une pluie très dense fouettait les hublots de l'avion tout le long de la piste, mais cela m'était indifférent. La sensation d'immunité au désenchantement qui ne m'avait pas quitté pendant le vol restait inchangée dans le taxi qui m'emmenait chez moi. J'espérais seulement qu'Aarón serait présent. Le serrer dans mes bras et m'asseoir près lui, peut-être le soir même, pouvoir regarder ensemble les magnifiques illustrations de Haeckel. Rien ne pressait. Il y aurait un temps pour tout.

En arrivant à destination, et tandis que je sortais la valise du taxi, je fus inquiet de découvrir que les volets des fenêtres étaient fermés, alors qu'il n'était que trois heures de l'après-midi. Ma valise à la main je m'engageai dans l'allée de gravier jusqu'à la porte. J'introduisis la clé dans la serrure, mais elle ne s'enfonça qu'à moitié, comme si un morceau de métal la bloquait. Puis, en regardant plus attentivement, je découvris que le tambour du verrou, auparavant en bronze, était maintenant chromé, et que la rainure habituelle paraissait plus fine. Avant que je puisse réfléchir, je me mis à respirer de façon de plus en plus agitée et rauque, à mesure que je remarquais de nouveaux indices.

La boîte aux lettres de la porte avait été obturée par du ruban adhésif d'emballage. Au-dessous, une carte de visite frappée du vague emblème d'un oiseau penché sur un nid, et de gros caractères argentés, “Goldfarb, Solutions Immobilières”. Et dessous, écrit à la main : “Si vous êtes intéressé par cette propriété, n'hésitez pas à nous appeler au 407 883”, un numéro mystérieux auquel semblait manquer un chiffre.

Je me mis alors à frapper frénétiquement à la porte, comme si le fait de ne pouvoir l'ouvrir était en soi une impérieuse urgence. Mais j'eus beau frapper de plus en plus fort, il n'y eut aucune réponse. Au bout d'une vingtaine de coups, une voisine odieuse, à quatre maisons de là, vint à la fenêtre de sa mansarde et tira aussitôt un rideau pour disparaître de ma vue, probablement pour éviter d'être impliquée dans le scandale que je faisais.

D'un geste énervé j'arrachai la carte, la glissai dans ma veste, empoignai ma valise et me dirigeai d'un pas résolu vers la maison de Herzfeld pour obtenir une explication. Le bel enthousiasme vital qui avait été un baume pendant le voyage s'était soudain évaporé pour céder la place à l'étrange sensation de n'avoir plus de cœur mais une cavité où tourbillonnaient des terreurs qui n'avaient pas encore de nom.

Pendant que je parcourais les quarante mètres qui me séparaient de la maison de mon beau-père se déclencha une tachycardie aiguë qui, ajoutée à la maladresse avec laquelle je traînais ma valise et mes efforts pour éviter que les soubresauts finissent par faire tomber le livre d'Aarón, parachevait le tableau d'une espèce de vieillard qui marche en trébuchant dans un état de panique, exactement l'image opposée à celle que j'aurais voulu offrir.

Aussi fis-je un effort acharné pour conserver un minimum de calme en frappant à la porte de Tate. À peine deux coups secs afin d'éviter une réaction fâcheuse. Au bout d'une longue minute, Herzfeld entrouvrit la porte. Le fait qu'il ne m'invite pas à entrer et reste appuyé sur le seuil m'emplit d'une peur inconnue.

– Bonjour, dis-je en haletant. – Je viens d'arriver de l'aéroport et il n'y a personne à la maison. Ma clé n'ouvre plus.

Herzfeld me regarda en silence, d'un air neutre dépourvu de toute trace d'affection ou de pitié, comme on observe une vitrine.

– Bonjour, David. Ta clé ne fonctionne pas parce que nous avons changé la serrure.

Ce pluriel, *nous avons changé*, me perfora le tympan comme un dard. Il n'y avait pas le moindre doute, j'avais bien entendu.

– Après ton départ, Deborah a décidé d'étudier les moyens nécessaires pour résoudre votre crise conjugale par des voies légales… commença-t-il d'un air impassible à la Salomon, mais je l'interrompis, presque sur le point de l'empoigner par les revers de sa veste.

– Comment ça, par "des voies légales" ? De quoi parlez-vous ? Où sont Deborah et Aarón ? m'écriai-je en tendant le cou pour regarder par-dessus son épaule.

– Du calme, David. Deborah et Aarón sont à l'intérieur.

– Pourquoi ils ne sont pas ici avec moi ? Je veux les voir tout de suite !

Je n'avais jamais élevé la voix contre Herzfeld. Mais il ne broncha pas. Sans remuer un muscle, il laissa simplement mon cri s'éteindre et répondit avec une sérénité quasi psychotique :

– Deborah préfère qu'à partir de maintenant vos relations passent par l'intermédiaire d'un avocat. – Son ton était celui d'une institutrice patiente et dévouée qui se voit obligée d'expliquer à un cancre comment fonctionne la table de multiplication.

Ces paroles me parurent étrangères, inhumaines, presque comme un grognement d'animal à l'affût. Subitement je perdis voix, présence, consistance. Je voulus organiser ma pensée, mais il n'y avait dans ma tête aucune image ou souvenir qui pût servir d'ancre. On me volait ma vie. C'était un kidnapping de tout ce qui comptait pour moi, et face à mon désespoir ne se présentaient que des phrases impersonnelles, comme émises par une institution qui, au mépris de ma condition de père et de mari, m'adressait un communiqué faisant à peine allusion à mon existence. J'avais du mal à respirer.

– Je veux que Deborah vienne me dire en face ce qu'elle a à me dire, répliquai-je en ouvrant des yeux de fou.

– Comme je te l'ai expliqué, elle préfère ne pas venir. Elle te fera parvenir dès que possible l'heure du rendez-vous avec l'avocat. C'est mieux comme ça. Je te suggère de ne pas tendre par des protestations inutiles un lien déjà précaire, surtout les jours précédant une procédure juridique, dit-il de nouveau sur le ton avec lequel on décrit un projet de loi.

– Alors je veux voir Aarón ! Je suis son père. J'ai le droit de le voir. – Ma voix tremblait, mes jambes, la moelle de mes os.

– Comme l'expertise des avocats porte aussi sur la garde de l'enfant, je te suggère aussi de ne pas gâcher le peu de balles qui restent encore dans ton fusil en te plaçant dans une position qui pourrait être considérée comme intransigeante. Dans ces cas-là une attitude hostile est déterminante pour la décision finale. Je te conseille donc la prudence.

Je le regardai comme une apparition méphistophélique. Je tentai de me consoler en me rappelant ce qu'avait dit Blum : que Herzfeld était un raseur prétentieux, et tout ceci, sous l'apparence d'un fait accompli, n'était qu'une mise en scène de son présumé pouvoir. Aucun tribunal n'interdirait la garde partagée de son fils à un homme qui avait respecté toute sa vie ses devoirs parentaux. J'essayai de me rasséréner. Je devais jouer mes cartes avec habileté et garder l'espoir que le brouillard actuel se dissiperait rapidement.

– Je veux les clés de ma maison, dis-je enfin en m'efforçant d'imiter, sans grande efficacité, le ton neutre de mon beau-père.

– Ne le prends pas mal si je te corrige : il s'agit de ma maison, pas de la tienne. Elle a toujours été la mienne. Même si je l'ai volontiers cédée en usufruit pendant des années, répondit-il sans hausser le ton. Mais quand tu es parti, Deborah a réintégré le domicile paternel, une décision à laquelle elle réfléchissait depuis longtemps. Quant à Aarón, il s'est installé ici dans mon ancien cabinet, une pièce beaucoup plus grande que celle qu'il avait avant. Il est content et à l'aise. Il a déjà invité quelques copains.

– Je n'ai pas… Toutes mes affaires sont encore dans la maison, dis-je de manière erratique, sans plus chercher à dissimuler le ton de la défaite.

– Étaient. Deborah a pris soin de toutes les ranger dans des caisses. Dans cette enveloppe tu trouveras la clé d'un box et son adresse, dit-il en sortant de la poche intérieure de sa veste une enveloppe qu'il avait évidemment préparée à l'avance. Il me la tendit presque avec dégoût, comme s'il s'inquiétait que, fût-ce pour un bref instant, nos mains touchent le même déchet.

J'ouvris l'enveloppe. Elle contenait une feuille de papier sur laquelle Deborah avait écrit à la main : "Garde-meuble Adler, Roosevelt 4521, Box 24." Rien d'autre. Aucune explication, aucune formule d'adieu, pas un mot de plus. Avec le papier, une petite clé, dont l'orifice était traversé par un ruban bleu. Je restai un instant perplexe, à examiner l'enveloppe et son contenu, sans parvenir à lever les yeux.

– Au revoir, me dit Herzfeld. – C'est mieux comme ça. Les changements sont difficiles à assimiler. Mais dès que germent de nouvelles graines... – Et il laissa sa phrase en suspens.

Je sentis un grondement grossir en moi. Je tournai la tête de côté, comme si je voulais ausculter ce bruit intérieur. "Dès que germent de nouvelles graines..." La phrase résonnait dans ma tête, s'ajoutant à la rumeur montante de la pluie qui me parvenait du trottoir et que j'allais devoir affronter quand Tate m'aurait fermé la porte au nez. Les graines, les graines... Cela me rappelait quelque chose. Je reconnus aussitôt un ton identique au sous-titre cacophonique du livre d'Iris Kaplan, *Avenir*. C'était le dernier mot de consolation que j'aurais voulu recevoir de qui que ce soit.

– Vous ne vous êtes jamais résigné à ce que je sois le mari de votre fille, lui dis-je de façon intempestive, comme si ce reproche abstrait et usé pouvait améliorer ma situation.

Il me regarda un instant avec une brève étincelle de curiosité. On aurait dit par pur intérêt clinique.

– Jamais, répondit-il.

Je baissai alors les yeux, car je ne m'attendais pas, fût-ce venant de lui, à une réaction de sincérité aussi crue. C'était comme si, libéré de toute obligation diplomatique, il pouvait enfin déclarer sans détour que sa haine, cette sorte de rivière souterraine qui doit toujours couler dans l'ombre, avait pu en mon absence émerger à la surface de la terre avec la force d'un torrent irrésistible. Il paraissait presque content de me le dire.

– Pourquoi ? répliquai-je à brûle-pourpoint sans même avoir réfléchi. C'était ma gorge seule, de sa propre initiative, qui venait de l'inviter à profiter d'une nouvelle occasion de m'humilier.

– Parce que tu n'as pas de caractère, me dit-il avec le même regard imperturbable. Parce que tu offres peu et que tu demandes beaucoup. J'avais l'impression que ma fille n'allait jamais grandir à tes côtés, ce que sa vie conjugale n'a fait que confirmer. J'ai fait des efforts, après avoir appris les problèmes de santé qui affectaient Aarón, pour faire de toi quelqu'un de bien, mais tu n'as pas su faire profiter Deborah de ces velléités. Nous n'avons reçu de ta part aucune reconnaissance, peu de travail et beaucoup de plaintes. Les ingrats finissent par ôter aux gens dévoués l'envie de se montrer généreux. Deborah s'est lassée elle aussi. Le jour même où tu es parti elle a entrepris les démarches en vue de la séparation afin d'épargner à Aarón rancunes et souffrances. Ils auront maintenant le temps de remettre de l'ordre dans leur vie.

Je restai un instant en silence. La pluie avait redoublé et il devenait évident que je n'étais pas vêtu pour affronter une averse torrentielle. Je poussai ma valise sous l'auvent de la porte pour qu'elle ne se mouille pas. Je tenais encore à la main le sac contenant l'exemplaire de *Kunstformen der Natur*. Il ne serait jamais venu à l'esprit de Haeckel de représenter cette scène comme une manifestation de l'inébranlable beauté de la vie. Cette épouvantable circonstance qu'il m'était donné de vivre ne pouvait être dessinée qu'avec ces nuages plombés, ces flaques d'eau boueuse et la misère humaine.

– Je peux t'appeler un taxi, dit finalement Tate, avec l'air de faire preuve d'une extraordinaire générosité.

Je ne répondis pas. Je le regardai un instant, juste pour saisir une dernière fois l'espèce de chacal qu'il était. Je vis ses sourcils haussés en une mimique de prétendue innocence, comme suggérant "ce n'est pas mon problème". La bouche humide d'un plaisir indéniable, le regard enflammé.

– J'appelle un taxi, il ne tardera pas, me dit-il. Puis il ferma la porte sans un mot. Et ne la rouvrit pas.

J'attendis un quart d'heure ce taxi, échoué à une dizaine de mètres de l'angle de la maison où s'abritaient Deborah et Aarón, tandis que l'eau entrait dans le col de mon manteau, trempait ma chemise et que j'avais froid jusqu'aux os. Lorsque enfin le taxi arriva, le chauffeur était tellement vieux qu'il ne pouvait même pas soulever la valise. Je montai dans la voiture comme une ombre qui obscurcissait tout sur son passage. Je ne savais pas encore quelle destination lui indiquer. Toutes les adresses possibles me paraissaient étrangères et absurdes, aussi n'eus-je pas d'autre idée que de me faire déposer dans un hôtel du centre, près du laboratoire, où je n'étais jamais entré. Lorsque le chauffeur démarra, je regardai un moment les gouttes de pluie glisser sur la vitre, comme si dans cette observation minutieuse je voyais ma vie s'en aller. Chaque goutte était à la fois unique et générique. Aucune n'était mémorable, malgré une forme précise que nulle autre n'avait jamais prise depuis la nuit des temps.

Je ne fus arraché à cette contemplation qu'en découvrant subitement que le sac était lui aussi mouillé. Voulant m'assurer que le livre était sec, je le sortis et vérifiai chaque page. En m'arrêtant sur l'une d'elles qui montrait la beauté exubérante de la famille des cœlentérés, je sentis les larmes perler à mes yeux. Affronter cette frondaison de coraux, tous apparentés sans le savoir, me donna le sentiment d'être aussi seul qu'un spécimen fossile, de ceux qu'on trouve isolés sur un morceau de granit du précambrien et nulle part ailleurs, et qui dans la pierre témoignent de leur énigme, sans histoire, sans famille expliquant leur existence. Je fermai le livre et le rangeai. Pendant que le chauffeur me surveillait dans le rétroviseur, je me mis à pleurer jusqu'à l'arrivée à l'hôtel comme jamais dans ma vie, même le jour de l'enterrement de mes parents. Parvenu à destination, il me fallut une longue minute pour me décider à quitter le véhicule, je ne pouvais pas me permettre de sortir dans un tel état de confusion. Le chauffeur garda le silence jusqu'à ce que je me ressaisisse et alors seulement il m'indiqua le prix de la course.

Sur le trottoir, ma valise dans une main et le sac dans l'autre, je regardai l'entrée de l'hôtel comme si c'était la douane d'un pays étranger, d'où les voyageurs parfois ne reviennent pas. "Ça commence là", pensai-je. Puis je me rendis à la réception où je ne trouvai personne.

7

Les premières semaines furent les pires. Après avoir passé quatre jours allongé sur le lit, à ébaucher sans discontinuer des dizaines de plans inutiles et sans issue pour récupérer ma vie et ma famille, je me rendis compte brusquement que l'argent que j'avais au retour de Berlin était sur le point de s'épuiser. Il ne me restait qu'une petite liasse de billets lorsque je me décidai enfin à aller à la banque, où j'eus la surprise d'apprendre que Deborah avait complètement vidé notre compte joint.

Je sollicitai alors un rendez-vous urgent au laboratoire et, deux jours après, quand le directeur accepta de me recevoir, je dus affronter dans son bureau de nouveaux défis insoupçonnés pour lesquels je n'étais pas du tout préparé.

L'entretien fut d'emblée abrupt, car le directeur commença par me demander les motifs concrets pour lesquels j'étais revenu au laboratoire six jours après la fin de l'autorisation d'absence qu'on m'avait accordée, apparemment en bonne forme et assez désinvolte pour réclamer une réunion urgente. Je ne pus faire moins que de baisser les yeux et de lui donner raison.

– Je suis vraiment désolé. Je traverse en ce moment une situation familiale très pénible et je n'ai pas pu reprendre mon travail à la date convenue, dis-je un peu vaguement.

– Des problèmes de santé ? fit-il avec méfiance.

– Non. Un différend conjugal. Mon épouse a entamé unilatéralement une procédure de divorce que je n'avais pas prévue et il m'a fallu un certain temps pour surmonter la gravité de cette nouvelle.

Le directeur me regarda un instant en silence, sans se départir un tant soit peu de la dureté de son expression et de son air réprobateur.

– Figurez-vous que si je fermais les yeux chaque fois qu'un membre du laboratoire oublie la date de son autorisation d'absence, ici plus personne ne travaillerait, pas même les rats, dit-il avec un sourire forcé. Vous auriez pu au moins prévenir. Un simple coup de fil et c'était réglé. Mais vous ne vous êtes même pas donné cette peine. Alors, si compréhensif que je veuille l'être au vu des circonstances, je n'ai pas d'autre choix que de demander au service comptable de décompter six jours de votre salaire.

Cette décision me fragilisait beaucoup à un moment où j'avais besoin de chaque centime, mais je ne voulus pas consacrer le reste de l'entretien à discuter de la justice de ce retrait, avant tout parce que cet homme avait raison, mais aussi parce que j'étais pressé de résoudre des questions plus urgentes et que je n'avais pas intérêt à me montrer ingrat.

– Je vous comprends parfaitement, dis-je en prenant un air affligé. – Et j'accepte cette pénalité si vous la considérez juste. Mais j'ai une demande spéciale à vous soumettre, à laquelle j'espère que vous pourrez répondre favorablement.

– Je vous écoute, répondit-il avec un rictus méfiant et curieux, en s'adossant à sa chaise, l'air de plus en plus distant.

– J'aurais besoin d'une avance sur mon prochain salaire. Je sais que c'est une demande peu conventionnelle, mais il se trouve que je suis quasiment à la rue, et j'ai vraiment besoin que vous m'accordiez cette dérogation.

Je me frottai les mains, devenues très moites, et les posai sur mes cuisses pour dissimuler l'intensité de mon désespoir.

– Écoutez, Badenbauer. Ici ce n'est pas une usine et je ne suis pas un patron. C'est un laboratoire universitaire. Qui a des objectifs à atteindre et un conseil de direction exigeant, qui évalue l'effet de chaque décision administrative sur ces objectifs. Ces dernières années j'ai dû à plusieurs reprises étudier votre dossier et consulter les divers responsables de projets pour savoir ce que diable vous faites exactement ici. C'est un mystère. Vous avez écrit un livre, dont on a beaucoup parlé dans ce laboratoire parce qu'il a irrité pas mal de collègues, entre autres raisons à cause de l'emploi d'une syntaxe ambiguë, qui vous a permis de vous attribuer la paternité d'idées venant d'autrui ainsi que de connaissances génériques. Et après l'avoir publié, peut-être pour échapper à ces réactions d'agacement, vous vous êtes complètement désintéressé de la marche de l'institution. Le fait est que vous n'avez intégré aucune équipe de recherche dans un autre rôle que celui de laborantin, un poste qui ne correspond plus à votre âge, conçu pour des étudiants ou des stagiaires. Pour une raison inexplicable, vous vous y êtes cramponné comme à un radeau. Une espèce de suicide académique, incompréhensible et impropre à votre parcours, qui non seulement nous intrigue mais aussi nous dérange beaucoup. Il est évident qu'avec un salaire de laborantin et les quelques heures d'enseignement qu'on vous a assignées vous n'êtes pas capable de subvenir à vos besoins. Je dois avouer que je n'ai jamais bien compris votre lien de dépendance avec votre belle-famille et je n'ai pas l'intention de chercher à en savoir plus, mais manifestement vous traversez une mauvaise passe dans votre vie professionnelle, qui ressemble de plus en plus à un simple gagne-pain. Comme vous le savez, ici ce n'est pas une fabrique de chaussures, où un ouvrier peut rester pendant des années à exécuter de façon efficace une même tâche mécanique. Notre institution participe du cycle économique en produisant des idées neuves. Et vous avez simplement cessé de participer à cette mission en vous fiant à l'idée que vous n'aviez besoin que du maigre salaire que vous obtenez comme assistant. De sorte que si je vous accordais l'avance que vous demandez, il est sûr et certain que dans un mois ou deux vous vous trouveriez de nouveau dans une situation de déficit, je ne vous rendrais donc pas service en vous permettant de différer un examen plus frontal de vos difficultés. Je dois être sincère. Je me sens dans l'obligation de souligner que vous n'êtes pas un personnage populaire dans ce laboratoire. De vieux chercheurs vous ont vu arriver tôt le matin, quand vous pensez que personne ne vous verra, et profiter des locaux apparemment déserts pour dérégler le microscope des stagiaires, comme si cette facétie était admissible de la part d'un homme de votre âge. Quand les collègues vous posent des questions, vous faites des réponses cryptiques et vous vous éclipsez dans le couloir. Et bien sûr, comme je vous l'ai déjà signalé, il y a aussi la blessure amère que votre brève célébrité éditoriale imméritée a infligée à l'estime de vos compagnons de travail. Vous n'avez pas eu la délicatesse élémentaire de citer dans le corps du texte un seul des auteurs auxquels vous faites référence dans votre livre, c'est à peine si vous les mentionnez dans les notes bibliographiques. Vous n'avez pas non plus invité qui que ce soit à dialoguer sur vos présumées trouvailles, ni à approfondir par l'expérimentation ce que vous avez présenté comme une conception visionnaire, selon laquelle la synthèse de substances spécifiques est susceptible de déformer et manipuler la fonction de chaque type de canal ionique. Un bouquet de propositions qui pourrait sembler très joli, certes, du moins s'il y a un jour une preuve démontrant la validité de cette tapageuse révolution de la médecine. Sachez qu'on m'a fait parvenir un exemplaire de votre livre, souligné et annoté, où est décriée en marge la nébuleuse origine de vos extrapolations. Il y a bien deux ou trois étudiants déboussolés qui affirment que votre texte est méritoire, mais il existe un consensus dans le corps enseignant pour dire qu'il manque à votre ouvrage de solides arguments et un corpus d'idées originales. À de nombreuses reprises on m'a demandé de vous faire part, avec l'autorité qui est la mienne, de l'antipathie qui règne au sujet de votre travail et de votre personne en général. Si j'ai accepté d'avoir cet entretien avec vous, c'est par pure considération humanitaire pour vos problèmes évidents d'interaction avec la réalité. Mais quand enfin vous appelez pour avoir un rendez-vous, je découvre qu'il n'a pas pour objet d'explorer la manière de vous joindre sérieusement à un projet du laboratoire, mais pour solliciter une avance sur salaire. Vous comprendrez alors que je ne vous l'accorde pas. Car il s'agit, permettez-moi de vous le dire avec honnêteté, d'une demande honteuse dans l'état actuel de votre situation universitaire.

La sensation qui naissait en moi à l'énoncé de cette décision n'était pas la réaction indignée de celui qui se sait victime d'une injustice. Au contraire, à mesure que le directeur m'assénait chacun de ces coups directs à la mâchoire, je ne faisais que sombrer dans une résignation passive. J'étais assez âgé pour savoir que ses accusations n'étaient pas du tout vraies, mais pas non plus complètement fausses. De même que les paroles de Herzfeld sur le pas de la porte avaient été brutales et inspirées par des sentiments horribles, mais pas dépourvues de substrat historique, de même qu'aux récriminations du directeur se mêlaient le vitriol gratuit et insidieux de certains enseignants et les griefs en partie justifiés selon lesquels depuis des années j'errais dans ce laboratoire comme une âme en peine, sans échanger données et idées avec qui que ce soit. Personne ne connaissait la justesse de ce diagnostic mieux que moi. J'étais devenu une espèce de spectre, le souvenir affligeant de l'époque où j'existais de manière plus affirmée. À présent je consacrais à peine quelques minutes de parlotte à une poignée d'étudiants néophytes, des gamins qui n'avaient pas encore compris le précaire équilibre de vanité qui s'établit dans un laboratoire.

– Je peux vous accorder un congé sans solde de deux semaines si vous avez des problèmes urgents à résoudre, et vous régler la fin du mois en cours comme si vous aviez effectué un temps complet. Je vois que votre vie est bouleversée et je n'ai pas l'intention d'en rajouter. Si vous êtes d'accord, je considérerai que c'est une période spéciale, destinée à élaborer une recherche sérieuse à présenter au conseil de direction. Ne l'interprétez pas comme un geste hostile de ma part. Mais vous ne pouvez pas, à votre âge, prétendre que votre travail de laborantin soit vu par cette institution comme un emploi raisonnable pour une personne titulaire d'un doctorat. Ressaisissez-vous, Badenbauer. Réfléchissez à un projet, même modeste. Ici on fait de la recherche. Nous n'offrons pas de bourses à des hommes mûrs. Prenez votre temps et réfléchissez avec rigueur à ce que vous pourriez offrir au laboratoire. Vous avez deux, trois semaines pour cela, mais pas un jour de plus. Je ne peux rien faire d'autre pour vous.

Je sortis du bureau avec l'impression que mon licenciement était imminent. Mais il était clair que ma situation professionnelle, décrite en termes si lapidaires, était insoutenable. J'acceptai le congé sans solde parce que je n'étais pas en état de travailler, et j'avais de plus le sentiment qu'à la fin de cette période de répit j'allais être promptement limogé. Une partie de moi avait commencé à calculer avec cupidité les possibles indemnités qui accompagneraient mon inévitable licenciement, car j'avais besoin d'un coup de pouce pour sortir quelques mois de l'ornière, même si cela impliquait d'abandonner définitivement le laboratoire et de me consacrer à la recherche d'un autre travail avec un minimum de tranquillité.

La semaine qui suivit cet entretien, je restai enfermé à l'hôtel, mais je n'avançai pas d'un iota dans mes plans. Au bout de deux jours j'appelai Herzfeld chez lui. Cette fois il décrocha lui-même après la première sonnerie.

– C'est David. J'appelle pour savoir s'il y a une date pour la rencontre avec les avocats.

En prononçant ce dernier mot il me vint à l'esprit que je n'avais pas encore prévu d'en contacter un. L'aurais-je fait, je n'avais pas les moyens de le payer. Mais je ne pouvais m'arrêter sur ce point. Il fallait que je consacre toute mon attention à Tate, car le redoutable héraut de la cour n'avait pas émis de nouveaux communiqués depuis le jour où il m'avait fermé la porte au nez, et comme j'avais maintenant l'occasion de l'écouter, je devais prendre note de ses édits à mesure qu'il les énoncerait depuis son créneau en haut du château, sous peine de négliger un détail dont pourrait dépendre la possibilité d'être décapité en place publique. Il lui fallut presque vingt secondes pour répondre à ma question, pourtant des plus concrètes. Je me demandai quelles manigances cachait ce long silence.

– C'est encore prématuré, dit-il enfin, comme s'il s'agissait d'un processus dont les délais étaient fixés par la nature selon son propre rythme, au lieu de tenir à la décision de personnes en chair et en os, mues par des intentions précises et imbues de divers degrés de folie. – La confrontation va sûrement avoir lieu dans deux ou trois semaines quand Deborah aura avancé, avec son avocat, dans la construction du dossier.

La phrase me tordit les entrailles. Je ne pus m'empêcher d'imaginer l'ampleur de ce travail auquel il faisait allusion de façon si énigmatique. Je voyais la "construction du dossier" comme un chantier pharaonique, où des milliers d'esclaves poussaient des blocs de pierre posés sur des rondins, le long de rampes pentues, dans l'attente d'être libérés par un Moïse. La "construction du dossier" se présentait comme un fléau imposé aux hommes sans que cela change leur propension à soumettre ou à être soumis.

– Où faut-il t'envoyer la convocation ? dit-il après un long et lourd silence.

– Hôtel Libanais, chambre 202.

J'eus envie de demander à Tate de passer le téléphone à Aarón, mais je me ravisai. Je savais que je n'avais pas intérêt à insister de nouveau sur mes droits, car pour Herzfeld je n'étais pas le père d'Aarón, mais une espèce de donateur anonyme de matériel génétique.

J'entendis le froissement du papier sur lequel il notait l'adresse que je lui avais donnée. Après quoi il raccrocha abruptement. Je sursautai, imaginant qu'il se serait fendu de quelque formule de politesse. Mais je me dis qu'on ne pouvait jamais être réellement préparé à son niveau de grossièreté.

Tout cela allait prendre du temps. Je décidai alors de cesser d'utiliser cycliquement les trois vêtements de rechange que j'avais encore dans la valise depuis Berlin. Je devais d'abord accepter ma situation de leader destitué et envoyé en exil, m'armer de courage et m'aventurer jusqu'au dépôt dont on m'avait donné la clé. J'avais beaucoup de mal à m'y résoudre, car chaque fois que j'imaginais l'hypothétique scène, j'étais envahi par un sentiment d'opprobre et de honte indicible qui m'obligeait à renoncer. Mais au bout de quelques jours à laver mes sous-vêtements dans le lavabo de la chambre et à les faire sécher sur le radiateur, je conclus que cette routine absurde était intolérable. De plus, je me disais que dans ces caisses et ces valises il y aurait peut-être une enveloppe, un papier, ou quelques indices involontaires me permettant de deviner l'état d'esprit de Deborah, de découvrir les détails qui avaient provoqué la rupture, ou la part que Tate y avait prise. En tout cas je ne pouvais pas continuer comme ça.

C'est ainsi qu'un mardi matin je me suis forcé à prélever quelques billets de ma maigre réserve pour prendre un taxi à destination de la rue Roosevelt, car je n'avais pas la moindre idée de la façon de m'y rendre autrement. Le chauffeur, surpris par mon ignorance, m'apprit que c'était une avenue importante de la zone industrielle et que "si on est un tant soit peu au courant de nos industries, on la connaît". Je ne pris pas la peine de lui rétorquer qu'il n'avait pas la moindre idée du fonctionnement de ses synapses et que pourtant personne ne le lui reprochait. J'étais habitué depuis des années à autoriser tout interlocuteur à exercer son pouvoir de me faire passer pour un imbécile chaque fois que cela lui chantait. Après m'avoir dispensé pendant une demi-heure un cours concentré de géographie urbaine et pris une petite fortune, il me déposa dans une banlieue pleine d'usines et d'entrepôts, sur les trottoirs on ne voyait pas un seul enfant, femme ni homme qui ne soit vêtu d'un bleu de travail.

Je fis quelques pas, trouvai le numéro indiqué sur l'enveloppe et pressai la sonnette. Après une longue attente, un type rondouillard, pas plus grand qu'un porte-serviette, ouvrit la porte encadrée par un rideau métallique.

– Bonjour, lui dis-je. J'ai la clé d'un box où sont rangées des affaires à moi.

Je lui tendis la clé, qu'il examina un peu attristé.

– Oui, je me rappelle. Mme Deborah Herzfeld, si je ne me trompe pas.

Je me demandai quelle était sa fonction ici. Bien qu'il portât une combinaison de travail noire, il n'avait pas l'air d'un ouvrier ou d'un manœuvre.

– Mon nom est David Badenbauer, déclarai-je, comme si cela pouvait lui dire quelque chose. C'était une précision inutile, car la présentation de la clé suffisait.

– Suivez-moi, me dit-il d'un ton aimable et compréhensif.

Il entra dans un immense vestibule, puis dans un sombre hangar encombré de paquets, entre les couloirs desquels il s'engagea en regardant de biais les piles formant ce labyrinthe inextricable et en soupirant, plongé dans ce qui ressemblait à un immuable désespoir.

– Vous avez beaucoup de choses, alors on les a placées dans un des box que nous avons à l'extérieur, en face des appartements, expliqua-t-il de façon un peu énigmatique.

J'essayai de me figurer ce qu'étaient ces nombreuses "choses". Je m'étais toujours considéré comme un individu spartiate, peu enclin à accumuler des objets inutiles, et je n'imaginais pas Deborah, vu son hostilité, mettre beaucoup de zèle à préserver mes affaires.

Nous sortîmes dans une espèce de cour d'usine, équipée de rampes de chargement. Au fond de cette esplanade se dressait un immeuble gris et rongé par l'humidité, qui paraissait n'avoir pas reçu la lumière du soleil depuis des décennies. Autour de nous, le sol était parsemé de taches de graisse, de rayures, de traces de pneu.

– Le numéro 24, c'est là, me dit l'homme d'un ton circonspect, où perçait encore une indéfinissable tristesse.

Il ouvrit une petite porte avec la clé et s'écarta de quelques pas. Sa correction et son tact me surprirent de nouveau. Plus que le responsable d'un entrepôt, on aurait dit un maître de cérémonie de pompes funèbres qui, en me voyant m'avancer vers mes affaires, eut la délicatesse de s'éloigner discrètement, de sorte que je puisse me recueillir devant le corps sans vie d'un être cher. Il se tint à une distance respectueuse et croisa les mains dans son dos, baissa la tête et regarda avec concentration et solennité ses propres chaussures. Je regrettai presque qu'il se soit placé ainsi en retrait. Si la porte n'avait pas été ouverte et que je n'avais pas été pressé d'ouvrir toutes ces caisses, j'aurais aimé connaître en détail de quelle manière elles avaient été apportées ici. Par exemple, demander à cet homme qui m'inspirait confiance par qui avait été effectuée la livraison et dans quelles conditions. Mais comme toujours, dans ces cas-là, j'ai préféré garder le silence.

Je me tournai vers les caisses. Il y en avait au moins vingt, empilées par rangées de cinq qui occupaient tout l'espace disponible d'un local étroit. Chacune d'elles était traversée par un ruban adhésif marqué "Deborah Herzfeld" au feutre rouge. On aurait dit un cri lancé à l'unisson par vingt voix stridentes avec de minimes variations de ton. J'en restai bouche bée. Chaque mot hurlé en rouge sur le ruban adhésif était de la taille approximative d'un avant-bras et l'ensemble s'apparentait plus à l'invocation maléfique d'une secte qu'au nom d'une personne écrit vingt fois. Je restai une longue minute paralysé, sans me résoudre à faire un pas vers la première pile.

Alors je me retournai et regardai le croque-mort en bleu de travail, qui demeurait tête baissée, disposé à garder pendant mon inspection un silence respectueux. Son air stoïque fut peut-être ce qui me donna le courage nécessaire pour entreprendre de démonter ce totem. Je posai la première caisse par terre et voulus l'ouvrir, mais je constatai qu'elle était fermée par un ruban adhésif avec le même zèle psychotique que celui avec lequel le nom avait été écrit. L'homme s'était rapproché de moi avec un cutter qu'il était sur le point de me tendre. Il me regarda d'un air triste.

– Attention, c'est très tranchant, dit-il, et il fit quelques pas en arrière.

Je coupai les rubans et j'ouvris la caisse. Je fus effaré d'y découvrir un fouillis de choses entassées à la va-vite, sans le moindre souci d'un rangement rationnel. Un pantalon aux poches retournées, témoignant d'une fouille à la recherche de billets oubliés, partageait un coin de la caisse avec une pile de cahiers qui m'avaient servi pour écrire *Portes ouvertes au monde*. Dessous, un coupe-papier de mon père, un des rares objets que j'avais conservés de lui. Une vieille veste sur laquelle étaient posés une poignée de crayons, une liasse de factures anciennes et des médicaments en vrac, dont beaucoup n'avaient plus ni boîte ni nom. La caisse n'était même pas pleine. Il était évident que les quelques objets qu'elle contenait n'avaient pas été rangés ainsi avec l'idée de gagner de la place, mais pour les perdre de vue le plus vite possible.

J'ouvris une deuxième caisse. J'y trouvai des revues scientifiques, des chaussures éculées, deux chemises trop petites, une montre définitivement arrêtée huit ans auparavant. Il n'y avait rien dans ce fouillis dont je puisse avoir besoin aujourd'hui. Juste des objets inutiles jetés là-dedans avec négligence au cours d'une évidente crise de fureur. Si on avait chargé un inconnu de dépeindre la nature de la relation entre Deborah et moi en se fondant seulement sur le contenu de ces caisses, cela lui aurait suffi pour conclure que leur destinataire était haï de façon quasi passionnelle.

Je dus m'asseoir par terre et m'appuyer un moment sur les mains. J'avais du mal à respirer. L'homme en noir, qui avait suivi toute la scène sans intervenir, s'approcha. Il hésita un peu avant de me parler.

– Excusez-moi, je me rends compte que je ne me suis pas présenté comme il se doit. Je m'appelle Adler.

Je reconnus alors le nom écrit sur le porte-clé. Il ne m'était pas venu à l'esprit jusque-là qu'il puisse être le propriétaire de l'entrepôt car je ne m'attendais pas à ce qu'il soit si petit ni à ce qu'il porte une humble tenue de travail. Encore que, ces détails mis à part, et à en juger seulement par son ton, il aurait pu être le président de la Ligue des Nations. Il avait la modestie d'un maître d'école rurale et une humeur qui invitait à la conversation.

– David Badenbauer, répondis-je, alors que je m'étais déjà présenté, et je lui tendis résolument la main.

Il regarda de côté, encore hésitant, et me dit :

– Je ne sais pas si vous l'avez remarqué en entrant, mais ici il n'y a pas de conteneurs industriels empilés sur des madriers, ni de caisses marquées ou de tailles régulières. Autrement dit, ce n'est pas un entrepôt industriel. Au fil des années j'ai fini par constater que la plupart de ceux qui viennent ici traversent une espèce de tragédie personnelle. Peu de gens choisissent de stocker leurs affaires dans un box simplement par paresse de les ranger chez eux. En général il y a un contexte difficile, pénible, à ces opérations de déménagement, surtout lorsqu'elles ont un destinataire différent du contractant, destinataire qui est d'habitude, pour le dire ainsi, la "victime" de la demande de dépôt. – Il hésita de nouveau. – Excusez-moi de vous parler aussi franchement, mais je remarque chez vous un certain désarroi que, après tant de transactions traumatiques, j'ai fini par bien connaître. Corrigez-moi si je me trompe, mais on dirait que vous avez passé un certain temps un peu… comment dire… désemparé.

Il me fallut un instant pour faire le lien entre ses propos et son aspect. C'était le discours le plus élaboré et précautionneux qu'ait proféré un jour un homme habillé en bleu de travail. J'aperçus à une de ses mains ce qui ressemblait à une grosse bague de diplôme. Remarquant lui aussi que j'étais attentif aux détails, il se sentit obligé de compléter son explication.

– En réalité, Adler est le nom de ma mère, dit-il sur un ton de confession. – Mon patronyme est Goldfarb. C'est le nom que porte mon frère jumeau, l'*intelligent* de la famille. Je suppose que ce nom vous dit quelque chose. Goldfarb Solutions Immobilières, l'agence qui est train de vendre en coup de vent la maison de votre beau-père. Elle est spécialisée en ventes rapides, qui en général ont lieu dans des situations de litiges et par des moyens expéditifs, opaques, liés aux très nombreux contacts qu'a mon frère par son métier d'avocat. Moi aussi j'ai obtenu le diplôme d'avocat et j'ai même exercé, de sorte que je connais les astuces. De fait, il y a quelques années on travaillait encore ensemble. Mais, comment vous dire… Je n'ai jamais pu m'habituer à l'indifférence professionnelle avec laquelle il conduisait ses affaires, ni à son mépris pour les victimes de ces pratiques. Après en avoir discuté tous les jours avec lui durant une décennie tendue et interminable, à la suite d'une saisie j'ai réussi à acquérir cette propriété, qui comprenait un entrepôt en état d'utilisation sans gros travaux. Ce n'est pas une merveille, mais ça permet de payer les factures. Et maintenant que nous ne sommes plus associés, quand mon frère attrape un gros poisson il me donne une petite partie des restes. C'est sa façon de gérer ses fautes. Il ne me verse pas un seul centime de l'argent qu'il reçoit et qu'il me doit, mais il recommande mes services à des clients qui ont besoin d'entreposer des affaires dans un garde-meuble. C'est pour cela que j'ai appris les détails de votre mésaventure. Mon frère m'a raconté que la mise en vente de la maison des Herzfeld a été le fruit d'une manœuvre longuement planifiée. Et maintenant que je vous vois assis par terre, je me dis que votre situation est plus précaire que je ne l'imaginais.

Il se pencha vers moi d'un air quasi paternel.

– Quels que soient les enjeux de votre litige, permettez-moi de vous prévenir que ces caisses sont tout ce que vous allez obtenir, dit-il avec amertume. – Mon frère connaît Herzfeld par l'Association philanthropique des professions libérales. D'après lui, c'est un os dur à ronger. Il sait de quoi il parle puisqu'il en est un autre. – Il soupira de nouveau et après un instant de silence affligé, il me demanda tout à coup : – Vous avez un endroit où aller ?

Je ne compris pas le sens de sa question. J'avais l'impression que, depuis qu'il m'avait ouvert la porte, il avait réussi, avant même que je réponde à quelque question, à s'introduire dans ma vie plus qu'il n'était acceptable de la part du propriétaire d'un entrepôt, aussi ne voulus-je pas amplifier par d'autres informations l'étendue déjà considérable de cette ingérence. Je le regardai en silence.

– Je vous pose la question, poursuivit-il en voyant que je ne répondais pas, parce que cet immeuble au fond de la cour m'appartient également. Il fait partie de la propriété, mais il n'a pas d'accès extérieur. Pour arriver aux appartements, au nombre de quatre et très austères, il faut traverser tout l'entrepôt, ce qui est un grand désagrément, surtout la nuit. Comme vous pouvez l'imaginer, il n'y a pas une longue liste d'attente pour les occuper. Les trois locataires actuels, tous d'un âge avancé, ont perdu tout ce qu'ils avaient dans les litiges gérés par mon frère, pas très différents de celui que vous affrontez. En retrouvant ici leurs affaires, chacun de ces pauvres dépossédés m'a demandé, mortifié par la honte, s'il était possible de garder longtemps leurs maigres biens. Alors qu'on voyait parfaitement que leur plus grande urgence était de trouver un abri pour eux-mêmes. Je leur ai proposé de les loger non tant pour gagner de l'argent, même si la location me rapporte un petit pécule, que pour compenser d'une certaine manière les abus de mon frère. Vous avez des revenus ?

– J'ai un maigre salaire dans un laboratoire, que je toucherai à la fin du mois, dis-je enfin, en me gardant de préciser que mon emploi tenait à un fil. Ce n'était pas le moment d'en rajouter sur l'étendue de mes malheurs.

– Si cela peut vous être utile, vous pouvez emménager, avec ces caisses, dans l'appartement disponible. C'est une pièce, petite et lugubre, sans cuisine ni eau chaude. Mais elle vous coûtera un dixième de ce que vous paieriez dans un hôtel, et je peux attendre un peu, le temps que vous retombiez sur vos pieds. Si ça vous convient, nous fixerons le prix selon vos disponibilités. Vous voulez le voir ?

Je ne comprenais pas pourquoi, sans me connaître, cet homme offrait spontanément rien moins que de me sauver la vie. Vu de l'extérieur l'endroit avait l'air d'une ruine, mais avant d'arriver dans cette cour, ma perspective d'avenir se limitait à régler les deux nuits que je devais à l'hôtel et à me retrouver à la rue. Ainsi, ce logement qu'il m'offrait maintenant, fût-ce un taudis, était comme une corde miraculeuse lancée dans une mer démontée.

Je laissai les caisses ouvertes où elles étaient et accompagnai Adler, Goldfarb, ou quel que fût le nom de mon sauveur, jusqu'à l'immeuble qui se dressait au fond de la cour.

– J'ai toujours pensé que cette construction avait été initialement conçue pour abriter des bureaux. Mais vous voyez, elle est trop éloignée de l'aire du dépôt pour être pratique. En achetant cette propriété je n'avais pas assez d'argent pour faire quelques travaux mineurs, alors l'immeuble a dû rester à mi-chemin entre l'habitable et l'inhospitalier. – Il ne manquait pas une occasion d'exposer compulsivement ses misères. J'imaginais qu'une personne avec ce niveau quasi pathologique de sincérité n'aurait pas duré plus de dix minutes dans mon laboratoire, à peine le temps qu'aurait pris l'un ou l'autre de mes collègues pour repérer la vulnérabilité de ses flancs et lui dévorer le foie.

Nous montâmes un petit escalier et je le suivis dans un long couloir. Nous nous arrêtâmes à la troisième porte. Il sortit un trousseau de clés de sa poche et ouvrit. Je m'étais préparé à découvrir un trou à rats, au lieu de quoi c'était une pièce très propre, quoique un peu lugubre. Un rectangle étroit dépourvu de tout accessoire. Le mur donnant à l'extérieur était percé de l'unique fenêtre, petite et équipée de persiennes grisâtres, que l'homme s'empressa d'ouvrir. Il régnait une pénétrante odeur de renfermé. Les murs d'un gris verdâtre donnaient l'impression d'avoir été peints il y a un demi-siècle, mais à part quelques détails ils n'étaient pas écaillés ni tachés d'humidité. Dans un angle, un lit étroit à une place.

– Il y a quelques mois logeait ici un locataire qui a finalement trouvé mieux. Dans le placard vous trouverez des couvertures et des draps, et la salle de bains est là, dit-il en faisant quelques pas pour ouvrir une porte minuscule.

Il répéta qu'il n'y avait pas d'eau chaude. Ni douche ni fenêtre. Juste les éléments strictement nécessaires pour pouvoir parler d'une salle de bains.

– Pour vous doucher vous pouvez utiliser le lavabo et la bonde du sol. Je vous l'ai dit, ce n'est pas une merveille, mais c'est bon marché. Et personne ne viendra vous déranger.

J'essayai de me figurer comment j'allais pouvoir tolérer de me laver tous les jours devant un lavabo. J'ouvrirais le robinet pour remplir une cuvette d'eau froide et, après m'en être aspergé une ou deux fois, il me faudrait l'évacuer vers la bonde avec une serpillière. J'imaginai l'exécution de cette espèce de pénitence comme un rituel d'austérité et de contrition. En observant cette fichue bonde je me mis à penser, je ne sais pourquoi, à mes parents. Peut-être parce que ce décor désastreux représentait en tous points l'avenir qu'ils auraient auguré pour moi. C'est pourquoi ce trou noir au centre de la salle de bains comme une bouche ouverte, avec sa grille rouillée au-dessus de laquelle j'allais devoir me laver pendant des semaines ou des mois, finit par convoquer dans ma mémoire le jour de leur mort, cette scène que j'avais tenté d'effacer de mes souvenirs pendant tant d'années et que je m'étais seulement permis de relater de façon décorative dans mon malheureux livre, à seule fin de mettre une touche de couleur sur l'origine d'un intérêt scientifique qui, en réalité, aurait pu être beaucoup plus fidèlement associé à ma peur de la clinique, et à l'influence directe sur la vie des gens. Je n'avais jamais laissé l'ombre de cette perte atroce s'installer en moi dans toute son irréductible obscurité, autrement dit je n'avais pas voulu évoquer cet horrible sentiment sans l'enjoliver. De sorte qu'à présent, fût-ce pour une seconde et au moment le moins opportun, je le laissais advenir dans cet endroit lugubre, sans détourner mon regard de la bonde. Cette bouche rouillée m'appelait depuis son trou pourri comme personne ne l'avait jamais fait pendant des années, non de manière lyrique ou poétique, mais comme une pure absence noire et profonde, une ombre sans corps, sans souvenirs ni stimuli, à peine un fragment isolé de ce *non-être* que nous ne pouvons même pas appeler *mort*, car dans notre imaginaire quotidien la mort est en fin de compte quelque chose, alors que cela n'était rien, juste le vide noir et informe qu'on pressent, sans pouvoir y mettre des mots, qui un jour engloutira tout. Je me suis soudain représenté cette obscurité incommensurable et la petite pugnacité des choses pour exister, pour briller quelques instants au milieu du néant qui prévaudra inexorablement. Je saisissais clairement la solitude abyssale de cet instable îlot d'existence dans un univers aveugle et sourd, où les choses surgissent et languissent sans aucun témoin. Je fermai les yeux et de nouveau m'apparut le teint grisâtre de mes parents le soir où j'avais dû identifier leurs corps. L'expression indiquant encore leur asphyxie, avec les bouches ouvertes et le rictus de désespoir que les années de pratique à la faculté m'avaient appris à reconnaître chez les asthmatiques sévères. Tous deux avaient les yeux fermés, les paupières ridées, flétries, sillonnées de veinules comme brodées sur la peau. Je me souvins du choc ressenti à les trouver si menus et fragiles. Voir cette paire de figurines d'argile, avec bras et jambes ainsi disloqués, rendait impossible de concevoir toute la souffrance qu'ils avaient été capables de produire de leur vivant, combien ils s'étaient obstinés à me harceler pour obéir à un dieu qui ne daigna jamais leur adresser un seul mot, ni les sauver d'une chose aussi simple qu'une valve de gaz. Entre deux policiers dont je ne sus jamais le nom, j'ai pleuré ce jour-là à chaudes larmes pour des parents qui m'avaient abandonné et que j'avais appris à détester ne fût-ce que pour leur rendre la pareille. Devant mes sanglots convulsifs, l'un de ces policiers trouva opportun de me poser une main sur l'épaule et, à ce contact, je priai en silence pour qu'il retire sa griffe et me laisse tranquille, car les humains, encore moins ce jour-là, ne m'avaient jamais inspiré confiance, et ce n'était pas le moment de compenser la disparition de ces deux étrangers par un tapotement sur l'épaule et les condoléances protocolaires de la police. J'avais alors décidé d'ouvrir les yeux et de sécher mes larmes. Mes parents avaient beau être morts, je ne leur ferais pas ce plaisir. Je les ai regardés une dernière fois et j'ai laissé un seul mot, le plus terrible qui se puisse concevoir en cette circonstance, apparaître dans mon esprit et me marquer pour toujours. “Enfin”, ai-je pensé.

J'émergeai subitement de mon hébétude et je réussis, je ne sais comment, à quitter des yeux cette bonde, à ranimer la braise de courage nécessaire pour me tourner vers M. Goldfarb-Adler et lui dire alors sur le ton le plus chaleureux dont je fus capable :

– Merci. Je le prends.

8

Après avoir descendu la valise à la réception et réglé ma note, je m'apprêtais à sortir de l'hôtel lorsqu'un employé en uniforme me cria depuis le fond du couloir :

– Attendez ! Vous êtes M. Bauer ? dit-il en me rejoignant en trois enjambées, haletant.

– Badenbauer, répondis-je.

J'étais habitué à être interpellé par de nombreuses versions de mon patronyme.

– Chambre 202 ? précisa le garçon, comme s'il y avait une forte probabilité que deux clients du même hôtel aient le segment "bauer" dans leur nom.

J'acquiesçai en silence et posai ma valise.

– Vous avez reçu hier soir un appel urgent. Je n'ai pas pu vous prévenir parce que vous n'étiez pas rentré à l'hôtel pendant mon service, dit-il encore le souffle court en prenant un papier derrière le comptoir. Vous devez appeler en PCV ce numéro. L'homme a dit que c'était très urgent.

Il me tendit le papier. Le nombre de chiffres indiquait que c'était un appel international. Je gagnai alors le comptoir et appelai l'opératrice. Après quelques minutes d'attente, la sonnerie se déclencha. Le garçon et le réceptionniste ne me quittaient pas des yeux, comme si un appel international passé depuis cet hôtel était une espèce de prodige qu'ils devaient éclairer de leur regard.

J'entendis un craquement et, à l'autre bout de la ligne, directement la voix de Blum, sans l'intermédiaire habituel d'une secrétaire.

– Alors, David, il vous a fallu un jour entier pour me rappeler ! Vous devez avoir une idée de l'urgence encore plus vague que je ne l'imaginais ! dit-il, ajoutant d'un ton plus affable : – En tout cas je me réjouis de vous entendre enfin.

– Je vous écoute, répondis-je avec brusquerie. – Je n'étais pas dans mon meilleur jour et je n'avais aucune envie de me répandre en d'inutiles salamalecs.

– Vous vous souvenez de ces quatre oiseaux de mauvais augure qui assistaient à notre réunion ? Eh bien, leur nombre a grossi au point de former une véritable convention d'avocats qui viennent me voir trois ou quatre fois par semaine pour me demander où en est le livre. Et franchement je ne sais quoi répondre. J'ai besoin que vous vous mettiez au travail le plus vite possible, me dit-il sur un ton de plus en plus impératif.

– Je croyais, répondis-je déconcerté, que nous avions mis un point final à cette affaire lors de notre rencontre.

Blum observa une pause patiente.

– Et moi je pensais que dans l'avion du retour vous seriez devenu raisonnable, dit-il enfin.

Je ne répondis pas. Les employés de l'hôtel continuaient à m'observer fixement.

– Écoutez, David, poursuivit Blum sur un ton compatissant. – Je cherche à vous joindre depuis des jours. J'ai dû appeler ce crétin de Herzfeld trois fois avant qu'il me dise enfin le nom de l'hôtel où vous logez. Il m'a appris que vous traversez une situation difficile et je ne veux pas vous importuner avec des questions éditoriales. Mais j'imagine aussi que le moment est propice pour que vous receviez un substantiel à-valoir en devises étrangères. Corrigez-moi si je me trompe.

Je restai silencieux. L'univers entier paraissait désormais être au courant de ma faillite. Les propos de Blum, lancés comme toujours au hasard, mais sur un mode précis, clinique, m'obligeaient à choisir entre garder mon ultime réserve de dignité, ou me laisser manipuler comme une marionnette par quiconque possédant autorité ou moyens.

– J'ai eu l'occasion d'accepter votre proposition et je l'ai refusée, dis-je de la façon la plus neutre possible. Mais je sentis à l'instant même où je parlais que la résistance dont je venais de faire état était très ténue, car le rappel de mon refus ne résumait pas ma situation présente.

– Je le sais, David, dit un Blum amusé. – J'étais là.

– Nous n'avons pas signé un contrat détaillant ma collaboration, ni convenu d'une somme, dis-je dans un filet de voix, en ayant déjà abandonné mon ton belliqueux.

Il y eut un silence. Puis j'entendis un petit rire bref, comme celui que laisserait échapper un enfant qui a coincé l'angle d'une nappe couverte de vaisselle sous les chaussures d'un invité sur le point de se lever, et qui attend caché dans un coin que le désastre se produise. Le rire de Blum révélait une sorte de malice innocente, tenant plus de l'espièglerie que de la malignité.

– Je constate que vous n'avez pas pris la peine de lire le contrat que vous avez signé, pas même dans la tranquillité de votre chambre d'hôtel. Si vous y aviez consacré cinq minutes vous y auriez trouvé quelques surprises, me dit-il avec jovialité.

– De quelles surprises parlez-vous? demandai-je déconcerté et agacé. Je n'étais pas disposé à me prêter à une nouvelle séance de charades, encore moins par téléphone.

– Je pensais qu'en arrivant à votre hôtel vous vous diriez que ce comité de quatre avocats était un peu excessif pour assister à la signature d'un simple accord de confidentialité, si important qu'il soit.

– Je ne suis pas enclin à m'attarder sur ce genre de suppositions. Ma vie est déjà assez compliquée sans que je me mette à chercher anguille sous roche à chaque rencontre que je fais, dis-je sèchement.

Blum soupira.

– Écoutez, si vous êtes assez irrationnel pour le rejeter, le document que vous avez signé est résiliable, comme tout contrat. Moyennant un certain prix, naturellement. Mais il faudrait être fou pour ne pas l'accepter, vu les conditions qui vous sont offertes. Quand vous étudierez en détail les clauses qui y figurent, vous remarquerez qu'elles stipulent, comme je vous l'avais promis, que vous toucherez un pour cent sur les ventes du livre, mais aussi un substantiel à-valoir à la remise du premier chapitre, suivi de deux règlements importants, l'un quand vous aurez atteint deux cents pages et l'autre à la fin. Ces règlements comportent des chiffres auxquels vous n'avez jamais accédé de votre vie. Sans compter ce que vous obtiendrez par la suite en droits d'auteur. Je vous propose de devenir riche, David. Je dirais même plus : c'est Iris Kaplan elle-même, dans un caprice posthume, incompréhensible pour ses exécuteurs testamentaires et ses avocats, qui vous propose de devenir riche. Et pourtant je suis là à vous supplier une fois de plus et à genoux, après avoir dû appeler cet insupportable pédant qu'est votre beau-père avant de vous trouver dans ce petit taudis où vous logez. Tout ça parce que vous refusez d'accepter une fois pour toutes, avec gratitude et en sautant de joie, la manne qui vous tombe du ciel. Vous pensez que je n'étais pas conscient, bien avant de vous faire venir à Berlin, de votre total échec professionnel ? Vous pensez que je ne m'étais pas assuré, avant de vous payer un billet d'avion et de réunir quatre avocats pour m'entretenir avec vous, que vous n'aviez pas d'autre choix que d'accepter ma proposition ? Je vous ai accordé le temps nécessaire pour que vous puissiez vous livrer devant le miroir à votre crise de nerfs libertaire et déclarer devant un large public imaginaire que vous avez de grands principes et un solide prestige à préserver. Vous voulez montrer que vous êtes un homme intègre, avec une éthique irréprochable ? Je peux tout de suite vous envoyer un certificat écrit en lettres d'or qui l'attestera aux yeux du monde entier, mais ce n'est pas l'important. Ce que je vous propose, c'est un travail confidentiel qui, justement par son caractère secret, n'aura aucune incidence sur votre réputation, mais par contre une très décisive dans votre poche. Aussi, la seule et unique résistance que vous devez vaincre, c'est la vôtre. Si travailler à un livre de développement personnel porte atteinte à l'image que vous avez de vous-même au point de vous faire préférer la faillite, la réduction de vos biens et même la perte de la garde de votre fils, permettez-moi de vous dire que je vous plains…

– Que vient faire ici la garde de mon fils ? Qui vous a dit… l'interrompis-je en criant.

– Vous pouvez imaginer sans grand effort que j'ai réussi à soutirer à cette brute de Herzfeld toute la stratégie juridique qu'il a déployée pour vous contraindre au divorce. Qui de fait, ainsi qu'il me l'a décrite avec un luxe de détails, est fondée sur votre prétendue négligence comme père et comme professionnel. Ils vont citer comme témoins le directeur de votre laboratoire et plusieurs collègues, qui déclareront sans sourciller que vous avez plagié des idées, bâclé des travaux qui vous incombaient et monté des étudiants contre l'institution, et que ce faisant vous avez porté préjudice non seulement à votre propre carrière, mais à celles de jeunes gens qui auraient clairement besoin d'un meilleur guide. Ils affirmeront que vous en êtes même arrivé à saboter le travail des stagiaires, en déréglant les microscopes de chercheurs débutant dans leur vie scientifique, et bien d'autres comportements qui contreviennent au plus élémentaire code d'éthique professionnelle. Ils témoigneront que vous avez commis toutes ces irrégularités pendant la période où vous avez repoussé des dizaines d'occasions d'améliorer votre position dans l'échelle sociale et vos revenus, parce que vous teniez pour acquise l'aide financière mensuelle provenant de la poche de votre beau-père. Le vieux Herzfeld, à qui je n'ai bien sûr rien révélé de notre projet éditorial, est tellement fier de la solidité de son dossier qu'il m'a présenté la liste complète de ses arguments pour tenter une énième fois de m'impressionner par son prétendu génie. Je me suis contenté de laisser mon silence faire tout le travail, si bien que c'est Herzfeld lui-même, mû par son orgueil infini, qui m'a donné chaque détail de son plan. Il s'agit d'un bréviaire juridique très complet que vous devriez prendre au sérieux, car si insupportable et vaniteux que soit ce type, il est clair que sa fille et lui ont toutes les chances de gagner.

– Comment osez-vous vous immiscer ainsi dans ma vie ? De quel droit voulez-vous me venir en aide pour favoriser vos projets éditoriaux ? commençai-je à riposter, mais je ne poursuivis pas. Que venait faire ici le droit ? Je n'étais pas en position de négocier et Blum escomptait que je n'allais pas lui offrir une grande résistance. Aussi n'eut-il aucun scrupule à continuer en invoquant son honnêteté brutale.

– Je vous supplie de ne pas vous fâcher et surtout de ne pas m'en vouloir, car en ce qui concerne votre problème familial, je ne suis qu'un simple messager. Pour vous trouver j'ai appelé le seul numéro de téléphone que je connaissais. Quand votre beau-père a enfin répondu, je n'ai rien fait d'autre que lui donner raison et le laisser parler, je savais qu'il allait déclamer à sa guise. Dans son effort désespéré pour comprendre le motif de votre voyage à Berlin, le pauvre diable a semé dans ses propos d'innombrables exemples de ce qu'il a appelé votre *incompétence*. Et croyez-moi qu'il en avait établi une liste très longue et exhaustive. Sachez-le, David, j'ai pour vous une véritable estime et je ne veux que votre bien. Mettez-vous à ma place. Je ne peux pas me priver de certaines vérifications. En tant qu'éditeur j'ai besoin de comprendre la situation juridique que vous allez devoir affronter, surtout en considérant que dans l'inévitable jugement de divorce pourrait entrer en ligne de compte la fortune que je suis en train de vous offrir, dont ils ne savent pas qu'elle va vous échoir. Je vous laisse imaginer la férocité de ce jugement si votre femme et votre beau-père apprenaient en plus qu'ils ont de l'argent à y gagner. Et comment je me sentirais si à la moitié de votre travail ils s'emparaient de la moitié de vos avoirs, ou pire, si on vous retirait la garde de votre fils et que vous deviez alors couvrir des dépenses astronomiques d'éducation que nous n'aurez aucune possibilité de déduire. Dans quelle situation se retrouveraient non seulement votre patrimoine, mais aussi votre engagement avec l'éditeur et mon lien avec l'exécuteur testamentaire ? Pardonnez-moi, mais je dois prendre les choses en main dans cette affaire, l'enjeu est trop gros. Vous êtes seul au monde, vous n'avez plus un seul as dans la manche et pour tout dire, vous n'avez ni l'expérience, ni l'astuce, ni l'appui juridique nécessaires pour éviter d'être plumé comme un poulet, si vous me permettez la crudité de l'image.

Quand il prononça cette dernière phrase, je ne l'écoutais déjà plus, la seule pensée qui m'occupait l'esprit était le visage d'Aarón enfant, avant qu'il entre dans l'adolescence et que ses parents commencent la routine obstinée de le tirailler chacun vers soi comme s'il s'agissait d'un butin de guerre. Je revoyais la douceur de son regard, sa propension à sourire tout le temps et son talent naissant à jouer la comédie. Et en contraste, l'amertume et l'indifférence que l'on percevait si souvent maintenant dans ses longs moments de silence, où son visage laissait entrevoir un air prématuré de défaite que son enfance n'avait jamais auguré. Pressentait-il dans son for intérieur que sa vie familiale était destinée à une sorte d'hécatombe encore plus profonde que celle qu'il subissait à présent ? C'était peut-être pour cela, parce qu'il connaissait ou avait l'intuition d'un désastre à venir, qu'au moment de cette dispute pour l'exposition de ses aquarelles il avait dû faire un effort si tendu pour conserver une attitude neutre. Pauvre gamin, pensai-je, j'imaginai les torts qu'on lui avait causés.

Je posai la main sur mes yeux en pressant fortement l'index sur une tempe et soupirai.

– Vous pourriez me verser un acompte avant que je vous envoie le premier chapitre ? demandai-je enfin sans même avoir réfléchi. Je ne sais quelle sorte de département intérieur avait formulé de son propre chef cette demande, alors que jusqu'à ce moment je n'avais pensé qu'à Aarón.

– Malheureusement le contrat est très strict sur ce point. On exige de vous, sans dérogation possible, une première livraison rédigée avant tout règlement, car de cette manière les avocats et l'exécuteur testamentaire seront sûrs que l'écrivain sera à la hauteur du défi. Mais ne vous inquiétez pas, vous serez certes soumis à une évaluation du chapitre introductif, là où en général Kaplan posait les fondations du texte, c'est aussi le passage où vous aurez surtout affaire à des notes nombreuses et des références. Iris avait un langage plat et le plus souvent elle s'en tenait à des chapitres réguliers qui n'excédaient jamais quinze pages, toujours succincts en concepts et aussi précis qu'une horloge. Si vous êtes capable de composer en une ou deux semaines cette espèce d'ouverture, le reste du livre se détachera de ses prémices comme un fruit mûr. J'apprécie beaucoup votre style et je connais celui de Kaplan à la perfection. Vous verrez, le travail vous paraîtra facile et même agréable.

Comme il s'agissait de la réponse à une question qui s'était formulée de son propre chef, il me fallut quelques secondes pour l'assimiler. Le garçon de l'hôtel et le gérant paraissaient suspendus à mon silence, tandis que je passais en revue tous les recoins de la réception à la recherche d'indices confirmant ou réfutant l'idée que cet hôtel était, selon le mot de Blum, un *taudis*.

J'en conclus que la partie la plus abjecte de la scène était l'espace que j'occupais. Ma façon de m'agripper au téléphone suggérait que mon existence était beaucoup plus désespérée et précaire que celle du garçon qui faisait le ménage, et mon niveau de soumission cent fois supérieur à celui de l'hôtelier. Quand, me demandai-je, ma vie a-t-elle commencé à se déglinguer ? Avant mon mariage, avec le harcèlement incessant de mes propres parents, qui s'était prolongé tout naturellement par la campagne victorieuse de mon beau-père ? Ou y avait-il en David Badenbauer, dès ses premiers jours, une carence structurelle qui échappait à mon propre entendement justement par incapacité de concevoir mon rôle dans la trame des choses ?

Soudain je pensai, tandis que Blum attendait ma réponse, à l'enseignement opportun contenu dans le fonctionnement des canaux ioniques. Pour appréhender le monde, le neurone devait ouvrir ses vannes et y laisser entrer l'incertain et l'étranger. Il me fallait peut-être accepter sans faire la fine bouche ce travail cryptique et secret qui m'était proposé. Ouvrir mes canaux ioniques, laisser entrer le monde à flots et me contaminer par ses imprévisibles processus catalyseurs. Même le plus haut placé des neurones ne peut survivre sans permettre une interaction diffuse avec l'environnement. Je devais alors m'enhardir. J'avais déjà perdu trop d'occasions d'établir un contact avec ma pauvre existence. Et cette proposition que j'avais jugée indigne pouvait peut-être me servir comme un rappel quotidien de la richesse cachée de la vie ordinaire, un véhicule pour passer de l'absurde aspiration à être un chercheur de renom au plaisir simple de ma condition d'humain.

Je voulus croire que toutes ces séduisantes considérations philosophiques, que je semblais sur le point de sortir de mon chapeau comme un prestidigitateur des lapins, naissaient de ma capacité à évaluer les choses à la lumière d'une nouvelle évidence, et non des gains potentiels que Blum me faisait miroiter. Me sentir, comme toujours chez les êtres pusillanimes, mû par des aspirations transcendantes. C'étaient des balivernes désespérées, des tours de passe-passe déguisés en épiphanies épistémologiques. Mais je voulus, pour m'élever ne fût-ce que d'un pouce à mes propres yeux, voir dans ce fléchissement une expiation purificatrice qui allait mystérieusement fortifier mon idée limitée d'être vivant. On ne fait jamais un effort argumentatif plus soutenu que celui servant à justifier le renoncement à ce qu'on considère comme ses principes. Quoi qu'il en soit, j'avais la corde au cou et je ne voyais à l'horizon aucune autre perspective de revenus, ni de moyen d'affronter un procès dans lequel on allait clairement tenter de me détruire. Si le seul et unique allié qui s'offrait à me sortir du puits était ce camelot de l'industrie éditoriale, le plus prudent était peut-être d'accepter sa tutelle et de me réfugier toute honte bue sous son aile.

– Quinze pages ? dis-je pour la forme.

Ma décision était prise, mais je voulais apparaître au personnel de l'hôtel comme un individu qui a encore le choix.

– Quinze pages partiellement écrites, comme je vous l'ai dit. La fille d'Iris vous donnera le dossier contenant les notes. Avec quelques heures de lecture et une douzaine de tasses de café vous serez en mesure de me livrer ce chapitre en un jour ou deux. Je me rappelle la ponctuelle régularité de vos livraisons. Personne ne peut dire que vous n'êtes pas fiable.

Cette épithète, *fiable*, se coinça dans mon ouïe comme si c'était une graine épineuse et je mis quelques secondes à me débarrasser de son irritante résonance.

Avant de raccrocher, Blum me dicta une adresse dans une station balnéaire près de la ville et me dit qu'on m'y attendait samedi dans l'après-midi. C'était à peine dans trois jours. Ce niveau d'anticipation indiquait clairement que Blum était certain, bien avant de m'appeler, que j'allais accepter ses conditions. La conversation n'avait été pour lui qu'une brève et fastidieuse formalité.

Il ne me donna pas le temps de discuter des délais. Il me dit seulement de l'appeler en PCV à ce numéro dès que j'aurais bouclé le chapitre. Je devais aller à ce rendez-vous pour qu'on me remette les fameux documents. Selon lui, c'était un travail d'une simplicité enfantine.

– Le seul défi, ajouta-t-il avant de raccrocher, est de vous faire parvenir l'argent sans que la procédure de divorce finisse par vous en priver de la moitié. On trouvera le moyen. J'ai déjà affronté cette situation, ne vous inquiétez pas. Vous n'êtes pas le premier écrivain que je connais marié avec une harpie.

Puis, sans me laisser répliquer, il raccrocha. Je n'aurais jamais osé qualifier Deborah de "harpie". Encore moins devant une autre personne. Bien que l'écouteur eût été couvert par mon oreille pendant tout cet appel, le fait que les deux individus de la réception ne m'aient pas quitté des yeux pendant que Blum exposait la débilité de ma vie sentimentale avec une telle désinvolture m'emplit de honte. Je me sentais comme un poulain offrant le spectacle de son dressage à un public soupçonneux de chevaux sauvages.

Je rendis le téléphone au garçon, payai ma note d'hôtel, donnai au réceptionniste ma nouvelle adresse au cas où et utilisai la moitié de mes moyens restants pour rejoindre, avec ma valise, l'appartement d'Adler, où je ne trouvai pas meilleure occupation que de m'enfermer pendant les trois jours précédant ma visite au domicile d'Iris Kaplan, allongé sur le dos, le regard rivé obsessionnellement sur la tache d'humidité qui traversait de biais le plafond.

Ces trois jours-là, malgré mes efforts pour retrouver le calme, l'image d'Aarón revenait constamment dans ma tête : je l'imaginais seul, aussi seul que moi mais encore plus impuissant, perturbé et faible. J'essayai de me remémorer la dernière parole d'encouragement que je lui avais adressée. Chaque fois que je voulais évoquer nos échanges, le visage qui se présentait à moi était celui d'un Aarón de neuf ou dix ans, pas plus, et lorsque je tentais de me souvenir d'une conversation récente, les seules images qui me venaient à l'esprit étaient celles d'un garçon réservé qui pouvait me sourire de loin mais qui ne paraissait pas disposé à faire le moindre effort pour se rapprocher et me parler.

Je me pressai les tempes et réfléchis un moment à la figure de langage que je venais d'employer, *effort pour se rapprocher et me parler*. Bien sûr, bien sûr que je pouvais entrevoir mille et une fois, dans la façon dont je décrivais ma place dans sa vie, l'ombre de ce narcissisme que Deborah et son père blâmaient chaque fois qu'ils le pouvaient. Je me lamentais de la distance qui s'était installée entre Aarón et moi, mais je n'avais pas cessé une seconde de lui reprocher de n'avoir fait aucun effort pour parler avec moi, comme si j'étais l'alpha et l'oméga, le point unique vers lequel mon fils devait par définition se diriger, autrement dit je lui reprochais sa réticence à se rapprocher comme si tenter de raccourcir la distance entre nous était son obligation et non la mienne.

Retranché dans la vieille position de faire preuve, bien qu'il ne l'ait jamais demandé, d'une sincérité authentique et sans réserve, j'avais perdu des dizaines d'occasions de lui offrir simplement une parole aimable ou un geste affectueux. Peut-être que dans toutes ces routines minuscules auxquelles je m'étais plié pour jouer convenablement mon rôle de père, j'avais eu une efficacité plus pauvre que je ne le pensais. Mais pour ce qui est de ce manque, mon fils m'avait épargné jusque-là toute plainte, peut-être parce qu'il avait lui aussi compris qu'il y avait des zones entières de sa personne dans lesquelles il préférait que je n'entre pas, car après des années à lui offrir comme témoignage principal de mon affection ma propension à lui adresser sans ménagement des appréciations que j'estimais nécessaires, il avait fini par se replier dans un refuge intérieur, à l'abri de mes accès de sincérité, et à chercher l'approbation d'adultes moins enclins à gloser. Peut-être que cette professeure d'arts plastiques que j'avais été si prompt à qualifier de naïve pour avoir encouragé chez mon fils un talent artistique que je n'avais jamais remarqué, cette néophyte de l'art pédagogique de laquelle je m'étais moqué dans ma énième tentative de passer aux yeux de tout le monde pour un individu objectif, avait réussi à jouer auprès de mon fils un rôle de parent bien mieux que je ne l'avais fait.

Quoi qu'il en soit, gâcher ce qui paraissait être ma dernière possibilité de gagner un peu d'argent n'allait pas faciliter un rapprochement avec mon fils ni le dialogue avec ses ravisseurs. Aussi décidai-je de concentrer mes efforts pour obtenir l'acompte promis. Et donc, en plus d'obtenir ces fameux papiers, je devais me présenter à la fille de Kaplan comme un homme fiable, capable de produire au moins le premier chapitre de ce pensum sans perdre contenance. Dans la perspective de toucher bientôt une somme considérable, je me permis de demander un prêt modique à Adler, ce que, à ma grande surprise, il accepta sans barguigner, comme si ces quelques jours passés dans son logement n'avaient pas encore démenti son impression qu'il pouvait me faire confiance.

Grâce à ce maigre mais bienvenu pécule, je fis quelques investissements urgents : je me fis couper les cheveux, je déposai mes vêtements à la blanchisserie, je m'achetai une veste d'occasion qui paraissait neuve, et enfin je trouvai chez un prêteur sur gages une mallette d'allure vaguement médicale, que je remplis promptement d'enveloppes en papier kraft, de crayons, de deux carnets de notes, d'élastiques et d'un stylo à encre que je récupérai dans une des caisses de Deborah. Comme toujours, je m'apprêtai à imiter point par point ce qu'était un universitaire, en essayant cette fois d'ajouter à ce modèle une touche journalistique, dont je n'avais cependant qu'une vague idée.

Le vieux sentiment d'être un imposteur, un type qui tentait vainement d'apparaître aux yeux des autres comme une version amplifiée, améliorée et authentique de ce qu'il est réellement, m'accompagna pendant tous les préparatifs. J'installai un petit miroir dans la salle de bains, collé sur les carreaux avec du ruban d'emballage, pour essayer de me voir comme les autres pourraient me voir. Après avoir mis et enlevé ma veste plusieurs fois, je constatai qu'il n'y avait pas moyen de me faire passer pour un auteur capable d'écrire ses propres livres, encore moins ceux des autres. Finalement, je dus me rendre à l'évidence que mon aspect était tellement inadapté qu'il ne pouvait ni s'améliorer ni empirer avec ou sans veste, alors je la gardai sur moi. Sans m'en rendre compte, je m'endormis sur une chaise, ce qui provoqua un long pli oblique dans le dos que, privé d'un fer à repasser, je ne pus faire disparaître.

9

Déguisement adéquat ou pas, le jour du rendez-vous je m'acheminai, lavé et parfumé, à l'adresse convenue. Comme je ne voulais pas arriver là-bas en autobus, craignant qu'un véhicule aussi moutonnier ne puisse réduire à néant mon apparence d'homme aisé, je dépensai une fortune dans un taxi que de toute façon personne ne vit, car en arrivant je me retrouvai devant un portail fermé, où un écriteau en papier, quadrillé et collé par du ruban adhésif, prévenait : “N'utilisez pas la sonnette sinon les chiens vont se réveiller. Faites le tour de la maison par le jardin jusqu'au fond. Je suis à la piscine.” C'était rédigé en lettres majuscules serrées, d'une écriture qui paraissait à la fois féminine et enfantine. Pensant que ce papier m'était spécifiquement destiné, je le décollai et le glissai dans la poche intérieure de ma veste.

L'allusion à ces chiens que ma visite risquait de réveiller m'incita à garder un silence sépulcral. La dernière chose que je souhaitais était d'être accueilli par des molosses hostiles qui annonceraient ma présence à tout le voisinage par un concert d'aboiements, je me glissai donc furtivement le long d'un parterre de rosiers en observant attentivement la façade puis le côté droit de la maison.

C'était une de ces riches demeures typiques des quartiers résidentiels, qui avaient été en général conçues pour suggérer par d'inutiles fioritures une lignée ou un prestige que la bâtisse ne possédait pas réellement et, par extension, que ses occupants n'avaient pas non plus réussi à obtenir par leurs titres ou leurs mérites. Mais comme il s'agissait d'une maison de station balnéaire, où cette sorte de pastiche de la campagne anglaise est très répandu, je me retins d'extrapoler de complexes réflexions sociologiques à partir de ce décor de nouveaux riches. Il était possible que ce soit là ma seule occasion de demander quelles allaient être les exigences de mon premier chapitre et je ne pouvais pas m'offrir le luxe de la gâcher par des considérations futiles. Je devais, ne fût-ce que par obligation, rester ouvert et attentif.

À mesure que j'avançais sur le côté de la maison il devenait manifeste que ce jardin de derrière annoncé se terminait à une trentaine de mètres par un vaste promontoire orienté au ponant. Les tons orangés du crépuscule annonçaient un imminent coucher de soleil et le riche nuancier de nuages dans le ciel offrait un aperçu des raisons probables pour lesquelles Iris Kaplan avait choisi cette maison malgré le mauvais goût de son architecture. Ou peut-être pas. Je m'empêchai de nouveau d'imaginer les aspirations d'une personne dont je ne savais à peu près rien.

En arrivant au fond du jardin, ma première impression fut qu'il n'y avait personne. Il me fallut quelques secondes et un lent changement d'angle pour découvrir qu'une femme coiffée d'un bonnet de bain nageait sur le ventre dans l'eau d'une piscine à un rythme tranquille et régulier. Parvenue au bout du bassin, elle faisait demi-tour avec ce mouvement caractéristique des nageurs olympiques et repartait jusqu'à l'autre bord, à une vingtaine de mètres, avec l'aisance d'un cétacé.

Je la vis faire ces allers-retours d'innombrables fois, toujours avec l'impression qu'elle allait d'un instant à l'autre s'arrêter, relever la tête et découvrir ma présence dans le jardin. Mais au bout de quatre ou cinq minutes je finis par me résoudre au cycle obstiné de son indifférence et la régularité avec laquelle cette femme effectuait chaque longueur commença à avoir sur moi un effet hypnotique. Je me rendis compte qu'elle était jeune. Je pensais qu'Iris

Kaplan était morte très vieille, de sorte qu'en apprenant que j'allais recevoir des instructions de sa fille, j'avais imaginé rencontrer une femme de mon âge.

Au bout de cinq ou six minutes où mon regard se posa de façon de plus en plus circonscrite sur sa silhouette, je commençai à sentir que mon silence risquait de s'apparenter à la conduite d'un voyeur, car je profitais de sa nage imperturbable pour observer impunément son corps à moitié nu et apprécier la parfaite synchronie de ses mouvements.

Je me décidai à attirer son attention, mais juste avant d'annoncer ma présence en applaudissant, je me rappelai la bienheureuse sieste des chiens, si bien que je finis par joindre mes deux mains en position de prière, en exhalant un soupir d'impatience.

À cet instant la femme atteignit le bord de la piscine le plus proche de mes pieds et laissa enfin sa tête émerger de l'eau, les yeux levés au ciel. Puis elle se tourna vers moi sans manifester la moindre surprise de ma présence.

– Je suis contente que vous ne m'ayez pas interrompue. L'exercice exige de faire deux cents longueurs sans changer de rythme. Si on s'arrête, même une seconde, la cadence est complètement brisée. Vous pratiquez la natation ? me demanda-t-elle sans le moindre signe d'essoufflement. Elle avait un léger accent étranger, peut-être allemand, mais sa syntaxe était impeccable. Elle ne se présenta pas, n'éprouva pas le besoin de vérifier qui j'étais, ni ne m'adressa la moindre salutation. Tardant à réagir à la question qu'elle m'avait posée, je lui répondis avec un décalage, sans chercher à protéger ma supposée condition d'écrivain fascinant.

– Je ne sais pas nager, avouai-je, et comme si ce n'était pas suffisant, je m'empressai d'ajouter : – Mes parents étaient orthodoxes. Mon père avait l'idée que les piscines érotisaient les adolescents, et donc il me les a interdites en mesure préventive dès ma plus tendre enfance. Si par accident je tombais à l'eau, je coulerais tout de suite sans sauvetage possible.

Je ne sais pas d'où me vint ni comment diable ma bouche avait émis ce couplet, ni surtout comment j'avais pu permettre que le verbe *érotiser* se glisse dans ma première intervention devant l'exécutrice testamentaire d'Iris Kaplan. Je sentis subitement une onde de sueur chaude surgir entre le col de ma chemise et ma nuque. Je me voyais de nouveau forcé de conclure que le choix de ma tenue était inadapté.

Cet aveu ne sembla pas la scandaliser. Elle me regarda fixement un instant. Je me rappelai alors la photo d'Iris Kaplan sur la couverture du livre que j'avais trouvé à Berlin et pensai qu'entre la mère et la fille il y avait un très vague air de famille dans l'expression du visage, mais pas la moindre trace de ressemblance physique. L'air avec lequel elle me regardait ne laissait entrevoir rien d'autre qu'une curiosité dépassionnée, comme souvent le regard des chats.

– Moi, les gens qui ne savent pas nager me font de la peine, dit-elle après ce long coup d'œil scrutateur. Ce n'était pas formulé sur le ton lapidaire d'une sentence : c'était une simple remarque anthropologique.

Puis, sans que la dureté de sa déclaration lui cause la moindre hésitation, elle appuya les deux mains sur la rangée de carreaux au-dessus de sa tête et se hissa pour s'asseoir au bord de la piscine, ce qui lui prit une seconde, tandis que son visage restait exempt de tout effort ou inquiétude. Pour rendre moins flagrant le fait que je ne l'avais pas quittée des yeux pendant une longue minute, je jetai un vague regard circulaire sur le jardin, sans rien repérer de particulier.

– Vous avez feuilleté le dossier ? demanda-t-elle.

Je la regardai, perplexe.

– Le dossier, là, sur la table du parasol. Je pensais que vous l'aviez vu.

À quelques pas de moi il y avait deux tables. Sur l'une, abritée par un parasol, était posé un dossier d'un blanc très proche de celui de la table, rendant quasi impossible de le remarquer d'un premier coup d'œil. En m'approchant je pus lire, écrit en bleu à la main : *Une vie pleine de sens*. Je ne voulais pas me montrer intrusif tout en me rendant compte que ma retenue pouvait passer pour du désintérêt.

– Allez, prenez-le, me dit-elle un rien exaspérée en m'indiquant du doigt le dossier. – N'attendez pas que je vous dise quoi faire. Puisque vous allez remplacer ma mère, il vaudrait mieux que vous vous conduisiez comme elle, c'est-à-dire brutalement. Allez, prenez, ouvrez, lisez, dites, exprimez-vous. Sans vergogne. Prenez contact avec sa façon frontale de produire et de répandre la sagesse.

Je fus surpris de ce commentaire mordant, mais je n'eus pas l'occasion de m'engager dans les cavités de son ironie, car elle se dressa devant moi en me fixant des yeux. Je ne parvins pas à discerner si son expression était de contrariété ou de défi, mais je sentis que je devais maintenant lui faire part de mes intentions.

– Comme vous pouvez l'imaginer je ne cherche pas un seul instant à rivaliser avec votre mère. Personne ne le pourrait.

– Pourtant, c'est bien ce qui vous est demandé, répondit-elle imperturbable. – Être Iris Kaplan. Ou du moins l'être suffisamment pour terminer, polir et publier son œuvre la plus monumentale. J'espère qu'on vous a expliqué en quoi consistait le défi.

Je restai silencieux, car il était évident qu'elle n'attendait pas de réponse.

– Ma mère disait qu'elle avait aimé votre livre. Elle m'en a lu quelques passages. Je dois vous avouer que je les ai trouvés complètement anodins. Elle m'a dit une fois : “Chaque phrase qu'écrit cet homme, quel que soit le sujet, est absolument juive.” N'espérez pas que je vous explique ce que diable elle voulait dire. Même clouée au pilori, il est probable qu'elle-même ne l'aurait pas su. Elle avait un ton, une façon de relier les choses qu'elle trouvait ici et là, tant dans le Talmud que dans un catalogue d'ameublement, qu'elle appelait "l'intrinsèquement juif". Parfois elle disait "comme cette tasse est juive", sans rien expliquer. Et cette présumée constatation du caractère "juif" de textes, d'images et d'objets de la vie quotidienne s'est exacerbée les dernières années, particulièrement quand il est devenu évident que le développement de sa tumeur et des multiples métastases n'allait pas lui permettre de mener à bien ce qui se profilait comme son livre majeur. Je ne sais pas ce qu'elle a vu en vous. "Cette idée, celle des portes ouvertes au monde, est une construction talmudique", elle m'a dit. Je n'arrive pas à imaginer quels fils reliaient votre livre, qui, si chatoyant fût-il, n'était rien de plus qu'un traité neurologique, à la toile dense de ses pensées. Quoi qu'il en soit, nous avons appris à un moment qu'elle avait ajouté, en bonne impulsive et un peu démente qu'elle était, une clause à son testament avec vos nom et prénom. Elle n'a prévenu ni consulté personne avant de le faire. Si bien que maintenant vous êtes ici dans ce jardin, aussi perplexe et désorienté que tous ceux que ma mère a un jour entortillés dans ses caprices.

Elle termina ainsi, parlant de moi comme si je n'étais pas présent, sur le ton clinique avec lequel un littérateur commente les points faibles d'un livre bâclé. Il était clair que les quelques passages de *Portes ouvertes au monde* que sa mère l'avait obligée à supporter avaient suscité en elle moins d'enthousiasme que chez le célèbre phare du développement personnel. Mais bien que les propos de la fille révèlent un rejet frontal des choix inexplicables d'Iris Kaplan, le ton n'était pas amer mais presque jovial. On pouvait penser qu'il y avait quelque chose de l'ordre de la confession et même de la complicité dans l'urgence avec laquelle elle me disait, justement à moi, que sa mère avait choisi, de façon inconsidérée et entre mille candidats possibles, un vulgarisateur inconnu de neurophysiologie pour occuper le poste de suprême exégète de sa pensée, et le ton de confidence avec lequel elle me le disait ne paraissait pas du tout mitigé par le fait qu'elle s'adressait à l'individu en question, car la disproportion de ce caprice était pour elle tellement insurmontable et abrupte qu'elle ne trouvait pas un meilleur moyen pour initier ma tâche que de me transmettre sans ambages, à brûle-pourpoint, sa perplexité ironique.

Elle sourit.

– Vous savez comment on va évaluer votre travail? me demanda-t-elle avec gaieté, l'air de partager une bonne blague avec un voisin de siège dans un train.

– J'imagine qu'il y aura un comité de lecture... ou un jury...

Il était inutile de continuer à spéculer. Je décidai d'interrompre mes laborieuses hypothèses et d'écouter son décret.

– Ce sera une commission de distribution, formée par des avocats, des publicitaires, des chargés de relations publiques... commença-t-elle, mais elle renonça à compléter sa phrase. – Il n'y manque qu'un plombier ou un coiffeur. Ils ont tous droit à la parole et droit de vote. Moi, je n'ai droit qu'à la parole. On m'a accordé, par déférence, la possibilité d'exprimer, avec ma pauvre petite voix, mes impressions juvéniles. Après quoi le conseil des anciens décidera.

Cette dernière phrase se révélait comme l'épicentre de ce tourbillon d'ironie. Apparemment, le document qui la nommait exécutrice testamentaire d'Iris Kaplan ne lui donnait pas le pouvoir de décider du destin final de la petite mine d'or qui gisait à présent, encore inexploitée, sur la table. Le contenu de ce dossier allait être complété par un pauvre rat de laboratoire qui ne savait rien de sa mère, et les résultats de ma grossière expérimentation seraient ensuite évalués par une bande d'ignares, le texte dans une main et un relevé de compte bancaire dans l'autre.

Bien que l'amer sens de l'humour de la fille puisse être, à la lumière de ce qu'elle venait de m'apprendre, au moins compréhensible, je dois dire que son image de fille pimpante, qui avait quitté l'enfance à peine dix minutes plus tôt, et qui maintenant me livrait en marmonnant ces confessions, la tête coiffée d'un bonnet de bain, les épaules couvertes d'une serviette comme une étole royale et l'air offusqué d'une princesse adolescente, ne m'inclinait pas à éprouver pour elle de la compassion, ni n'accréditait l'idée que son jugement pût être impartial ou du moins raisonnable. Car malgré son style amusant et sa syntaxe impeccable, cette sylphide avait tout d'une gamine riche qui, en se prévalant d'une rhétorique ampoulée, trépignait de colère parce qu'on lui avait refusé les clés d'une limousine. Devais-je plaindre cette pauvre millionnaire juste parce que sa pertinence en matière éditoriale n'avait pas été entérinée par sa mère ou par le chœur de pharisiens qui géraient sa fortune ? J'aurais voulu me montrer clément, mais j'étais agacé par l'air ingrat avec lequel, au bord de la piscine d'une de ses multiples maisons, elle se plaignait devant un inconnu que son talent soit si peu apprécié. Je pouvais comprendre sa déception, mais le monde avait vu de bien plus grandes injustices. De toute façon je me sentis obligé d'accuser réception de son dépit et de lui fournir une explication sur ma participation involontaire à l'horrible complot d'usurpations qu'était sa vie.

– Écoutez, je suis tout disposé à vous soumettre chaque étape du texte. Moi aussi cette commande imprévue m'a pris par surprise. Je n'ai écrit qu'un seul livre, qui est loin d'être génial. Je suis conscient de manquer de références…

La fille pointa un doigt vers moi, interrompant ma déclaration comme si on m'avait planté un couteau dans la gorge.

– C'est curieux que vous employiez ce mot, *génial*, car c'est justement celui que ma mère prononçait en parlant de votre fameux bouquin : “C'est un livre *génial*, on dirait qu'il a été écrit par Maïmonide en personne.” Et elle poursuivait : “Si j'avais su à temps que les neurones se comportent comme de petits royaumes qui accueillent des migrants, j'aurais appelé cet homme pour qu'on écrive un livre ensemble. Le ton de ses phrases me rappelle le rabbin qui a marié mes parents et s'est chargé de m'initier à la Torah, le brave Sternbach. Chaque concept est associé étroitement à une anecdote. La vie y est partout présente. L'épouse, le fils, l'enfance, la science. Même la mort de ses parents surgit de la page comme une source qui bouillonne d'existence. Si ce livre pouvait être condensé en capsules, je les absorberais avec plaisir, une le matin, une autre le soir, tous les jours. Il est très clair que personne n'a su apprécier cet homme comme moi.” Vous voyez, elle était hyperbolique, comme dans tous ses jugements. Ma mère était ainsi. Elle laissait le banal enthousiasme aux simples mortels. Elle seule pouvait se permettre d'exploser en de véritables paroxysmes visionnaires de lumière et de couleur. Des transes qui formulées ensuite par écrit perdaient la moitié de leur exaltation euphorique, l'écriture muette la privait du tremblement messianique de ces emportements. Ne croyez pas que je ne comprends pas que vous êtes à peine une note en bas de page et une victime de plus de cette véhémence. Je sais parfaitement que si le projet d'être l'écrivain fantôme d'Iris Kaplan avait fait l'objet d'un concours, David Badenbauer, le neurophysiologiste, n'aurait à aucun moment caressé l'idée de s'y présenter. Et je sais que cette récompense et sa condamnation corrélative vous sont tombées dessus de l'au-delà, c'est-à-dire de cet espace hors d'atteinte où ma mère vivait bien avant de mourir. Je vous félicite et je vous plains.

Qui diable était cette gamine, pour parler ainsi ? Quel âge avait-elle ? Elle se leva, marcha vers la table et prit le dossier que je n'avais pas encore daigné toucher. Elle examina un instant la couverture comme si elle la découvrait. Puis elle me le tendit :

– Le voilà. J'arrête de me plaindre. À partir d'aujourd'hui, je ne serai qu'une source d'éléments biographiques. – Et sur ces mots elle se dirigea d'un pas résolu vers un cabanon, d'où elle ressortit une minute après avec deux bouteilles de bière déjà débouchées.

J'acceptai la mienne par pure politesse, car en règle générale je ne buvais jamais avant la tombée de la nuit, sûrement parce que je n'avais toujours pas échappé au regard réprobateur de mes parents lorsque je voulais prendre quelque liberté. Il était cependant difficile de refuser cette invitation à une femme en maillot de bain, même s'agissant d'une gamine tout juste sortie de l'adolescence et qui se donnait de grands airs. Je la vis boire une gorgée et fis de même, comme si l'imiter me permettait de comprendre, pour la première fois de ma vie, comment boire correctement une bière au goulot.

Je regardai le dossier du coin de l'œil. Je me sentais encore moins capable qu'auparavant d'accomplir cette tâche, car je pouvais maintenant anticiper le niveau de contrôle auquel allait être soumise mon écriture. Je me rendis soudain compte d'un fait quasi tragique, illustrant combien étaient pertinents les doutes de la fille : durant les trois jours qui s'étaient écoulés depuis que j'avais accepté d'être le prête-plume de la célèbre Iris Kaplan, j'avais établi une liste de précautions à prendre qui ne portaient que sur mon apparence. Je m'étais rasé, j'avais acheté une veste et réfléchi au moyen de transport avec lequel je devais faire ma théâtrale entrée en scène. Autrement dit, j'avais envisagé tous les aspects pouvant contribuer à ce que je sois considéré comme digne de la tâche, sauf le principal.

Je n'avais pas pris la précaution de me rendre dans une librairie et d'y acheter un ou deux livres d'Iris Kaplan pour en parcourir au moins un misérable paragraphe avant cette entrevue. Peut-être que sa personne et son œuvre m'inspiraient un tel mépris que l'idée ne m'avait pas traversé l'esprit. De sorte que j'en savais autant sur sa prose qu'au moment où j'avais parlé avec Blum, c'est-à-dire rien. J'ignorais si son écriture était un filigrane très fin né d'un esprit touché par les muses ou une mélasse impraticable. S'il s'agissait d'une simple énumération de balivernes, comme c'est la règle dans la littérature de développement personnel, ou si on y trouvait, qui sait, quelque passage non dénué de pertinence. Je pensai à la maxime de Pline l'Ancien, selon laquelle “Il n'y a pas de si mauvais livre où l'on ne puisse apprendre quelque chose”, maigre consolation un jour comme aujourd'hui, car je n'avais pas lu assez sur Kaplan pour me faire une idée, même vague, de ses mérites potentiels. Ce décalage paraissait d'autant plus flagrant que je savais maintenant qu'Iris Kaplan avait lu mon livre avec grande attention, car même si une partie de son estime tenait aux odieuses greffes talmudiques que mon beau-père avait introduites dans le texte, il était clair que le caractère perméable des neurones, le seul argument qui me soit propre, avait trouvé une place non seulement dans le discours de Kaplan mais aussi dans ses affects.

Je commençais à me demander si cette précision bibliographique avec laquelle elle m'avait lu était un trait de famille, et si à un moment de la conversation avec sa fille cela n'allait pas se retourner contre moi. Si elle soupçonnait ma négligence et décidait de soumettre ma connaissance de l'œuvre de Kaplan au même niveau d'examen que toutes deux avaient appliqué à la mienne, mon ignorance serait découverte en un tournemain.

Quelque chose de cette crainte dut se lire sur mon visage, car je sentis soudain que l'inépuisable fibre communicative de l'héritière languissait, et qu'au lieu d'ajouter de nouvelles branches à ses récriminations arborescentes, elle me scrutait avec un regard quasi inquisitorial.

– Vous êtes un homme bizarre, Badenbauer. Pour un écrivain, vous êtes très taiseux et circonspect. J'ai du mal à vous radiographier. Je me suis habituée à ce que tous les hommes qui croisent le chemin de ma mère, et le mien par extension, fût-ce pour cinq minutes, se sentent dans l'obligation de se livrer devant nous à de multiples simagrées destinées à exhiber leur riche monde intérieur ou à se lancer dans des tirades prétendument profondes et philosophiques, pleines de perles de sagesse. Vous, en revanche, vous cachez bien vos cartes. J'imagine que vous avez étudié l'œuvre de ma mère, sinon vous ne vous présenteriez pas ici avec autant d'assurance. Et pourtant vous vous êtes abstenu d'exécuter devant moi aucun des jeux pyrotechniques de rigueur. Est-ce que vous cachez quelque chose ou est-ce que vous préférez simplement le silence ?

C'était là une question qui m'obligeait à choisir entre deux affirmations inconfortables, chacune plus ou moins vraie. J'aurais été complètement incapable de m'engager dans un concours de connaissances sur l'œuvre de Kaplan, d'où je ne pouvais que finir vaincu. C'est pourquoi, comme d'habitude, je ne répondis pas. C'était ma stratégie favorite chaque fois que je me sentais acculé. Je me tournai simplement pour contempler le crépuscule. Le paysage lointain se fondait dans un ciel foisonnant de nuages, de contrastes et de lueurs. Les tons dorés avaient pris les dernières minutes une splendeur inusitée, et une rangée de cirrus montait de l'horizon en décrivant au zénith un arc gigantesque de rouges, de violets, de gris.

– Vous voyez ce coucher de soleil ? dis-je sans réfléchir, confiant que ma traditionnelle capacité à improviser allait me permettre d'éviter cet interrogatoire. Je devais juste trouver une suite à la question gratuite que je venais de poser et la faire émerger avec succès de ma glotte, aussi mis-je la main à la pâte. – Peu de gens savent que la lumière et la chaleur que nous recevons de notre étoile ne sont pas le résultat d'une combustion, mais de l'addition simultanée de trillions d'explosions nucléaires. Ce que nous vivons ici comme rayonnement et tiédeur tient à un accouchement violent, qui produit des répliques à des milliers de kilomètres sous la surface du soleil. – J'accompagnai sur ce point mon outrecuidance par un vague geste vers le ciel et un froncement épique de sourcils, tel un grand homme encourageant la longue marche de son peuple. – Certaines personnes savent cela. Les gens cultivés, sophistiqués, peuvent même savoir qu'il y a des atomes qui intègrent notre corps et celui de tous les êtres vivants de la Terre, et qui proviennent justement de là, de ces entrailles stellaires, lesquelles les ont d'abord emprisonnés, pour un jour les expulser comme des fils prodigues en de féroces explosions de matière. – Alors je regardai ma propre main et adoptai un ton sombre et mystérieux. – Ce que la plupart des gens ignorent, c'est que la gravité d'un soleil aussi petit que le nôtre n'arrive pas à générer, par la seule pression de ses fours, tous les éléments nécessaires à la vie. Les atomes dotés d'une grande quantité de protons – je baissai légèrement la voix – ne se produisent que quand une étoile beaucoup plus grosse que la nôtre entame un processus d'extinction, inflationniste et instable. Autrement dit on a besoin du dernier spasme d'un astre beaucoup plus grand que le soleil pour fabriquer notre chimie interne, une vie et éventuellement une conscience nous permettant de jouir de luxes comme celui qui est en ce moment devant nous, il y a une lignée d'atomes lourds, ceux dont le nombre atomique dépasse soixante, qui en doses infinitésimales peuvent se trouver aussi dans notre corps, comme l'or, le mercure ou le platine, qui par leur densité ne peuvent se produire que dans les deux ou trois premières secondes d'un type particulier de supernova, une explosion qui a lieu plus ou moins une fois par siècle dans chaque galaxie. Autrement dit : pour que puisse exister l'or qui brille sur vos petites boucles – dis-je en indiquant de manière un peu impertinente une de ses oreilles –, il a fallu que se produise une hécatombe capable d'effacer de l'univers un système solaire entier.

À cet instant seulement j'abandonnai mon ton visionnaire et je mis mes deux mains dans les poches. La fille m'observait, mais pendant mon dithyrambe interplanétaire elle paraissait s'être résignée à renoncer à me faire passer un examen ou à fouiller dans l'entrepôt obscur de mes motivations. Elle ne semblait pas du tout impressionnée, mais je crus au moins avoir réussi à échapper à sa mise à l'épreuve.

Je pris le dossier sous le bras. J'avais décidé de ne pas l'ouvrir en présence de la fille, mais je ne voulais pas entamer avec elle une nouvelle grande conversation sur le sens de l'existence et encore moins sur celui qui animait sa mère. Je voulais éviter de toutes les manières possibles de reparler du maudit chapitre. L'air stoïque, je tentai de transmettre l'idée que maintenant, après avoir expliqué la douloureuse immolation que doivent subir les étoiles lointaines pour parvenir à disperser leur message cosmique, il était difficile d'aborder un sujet aussi dérisoire et ponctuel que la publication d'un livre de développement personnel. Notre entretien s'était échappé de cette orbite proche pour atteindre une échelle qu'il n'aurait pas été exagéré de qualifier de galactique, et pour autant il était difficile de redescendre jusqu'aux murmures d'avocats et de conseillers éditoriaux. Je la vis soupirer avec un découragement manifeste.

– Vous voyez ? dit-elle en se ressaisissant. C'est exactement le genre de discours que ma mère aurait qualifié de profondément juif.

10

Je ne sais quel sentiment de culpabilité j'avais éprouvé pendant ma rencontre avec la jeune fille, mais le souvenir de mes omissions m'empêcha la semaine suivante d'ouvrir le dossier qu'elle m'avait donné avant d'avoir d'abord comblé mon ignorance sur l'œuvre d'Iris Kaplan. Je résolus de faire des recherches sur sa bibliographie. Ma carte de chercheur me donnait accès à l'imposante salle des journaux et des revues de la Bibliothèque nationale. Muni de cette accréditation je pouvais emporter chez moi jusqu'à cinq livres mais pas d'autres documents, aussi me suis-je en premier lieu concentré sur les articles de presse et les critiques.

Je fus assisté dans cette recherche par une employée enthousiaste qui se chargeait de mes requêtes avec un zèle remarquable et recensait les titres de publications et les numéros de page comme si le sort de son poste était en jeu. Elle s'éloignait en trottinant après chaque demande et revenait peu après avec une pile bien classée, toujours plus complète que la liste que j'avais établie. Je sollicitai ainsi pendant des heures tout type de revues, de journaux, de suppléments. Je pris d'interminables notes avant d'ouvrir un seul livre de mon nouvel écrivain de chevet. Je me sentais comme un de ces élèves médiocres qui doivent rédiger une monographie sur un personnage dont ils ont à peine entendu parler et qui dissimulent leur ignorance en accumulant des dizaines de paragraphes biographiques aussi grandiloquents qu'inutiles. Il me fallut une matinée entière pour découvrir qu'Iris

Kaplan n'était pas allemande mais suisse, et qu'elle avait passé son enfance et son adolescence à Maracaibo, où son père avait dirigé, dans la banlieue, une multinationale du caoutchouc portant le nom ronflant de Mission commerciale helvético-transandine, qui attirait l'attention par son côté faussement officiel, désignant en réalité une entreprise qui s'abritait sous cet intitulé pour masquer son activité de broyeuse d'hommes et de spoliatrice de la forêt colombienne. Peut-être, justement parce que rien ni personne ne devait interrompre ni faire de l'ombre à la splendeur de ces activités d'extraction, la jeune Kaplan n'avait pu retourner dans sa Suisse natale qu'à l'âge de vingt-six ans, quand la santé déclinante de son père avait obligé la famille à abandonner l'étouffant climat des forêts pour retrouver le froid des Alpes. C'est pourquoi elle s'était habituée à parler en espagnol et avait rédigé son premier manuscrit dans une version personnelle, très fleurie, de la langue de Cervantès, caractérisée par une certaine imprécision dans son emploi de tournures, de métaphores et d'associations. Du moins était-ce perçu ainsi par une poignée de chroniqueurs qui relevaient chaque fois qu'ils le pouvaient un maniement très idiosyncratique de la langue. J'imaginais que cette critique constante s'expliquait aussi par l'agacement que leur causait l'ascension météorique de l'auteure vers la célébrité, ou plus directement sa fortune très médiatisée, une rancœur sûrement exacerbée par sa tendance à accabler journalistes et critiques de dépôts de plaintes acharnés. Le fait que l'on ne trouve que peu d'éléments biographiques sur son enfance, sa famille ou sa formation, pouvait s'expliquer par le climat de terreur juridique qu'elle faisait régner dans la presse. Si on voulait dresser un tableau plus complet de sa vie, il fallait composer un palimpseste à partir de ce que l'on pouvait entrevoir dans des notes d'une rigueur douteuse éparpillées dans des magazines et des publications anciens. Dans les quelques articles que je pus dénicher à l'hémérothèque, on remarquait que les auteurs écrivaient les recensions par obligation et sans la moindre sympathie pour l'auteure. Par ailleurs, son œuvre était constamment stigmatisée comme brouillonne, gratuite, imprécise, une accusation que la critique profère, avec plus ou moins de vitriol, contre tous les ouvrages de développement personnel, mais qui pour quelque raison plantait ses crocs de façon beaucoup plus appuyée dans les flancs de cette auteure en particulier. Cette fureur me faisait imaginer des livres terribles ou brillants, les deux catégories qui font le plus l'objet de moquerie et de mépris.

Bien qu'ignorant leur contenu, je fus surpris de ressentir plus d'une fois un certain élan de commisération pour Kaplan, provoqué peut-être par le vague souhait que tous ces hommes, que je ne pouvais m'empêcher d'imaginer comme des types hirsutes qui passaient leurs soirées à déblatérer en fumant de vulgaires cigarillos et buvant du café, cessent enfin de la harceler, ou du moins qu'ils la respectent un peu plus. Je ne sais si c'était un réflexe, une réaction instinctive, élémentaire, provoquée par le fait d'avoir passé un moment chez elle et rencontré sa fille, qui me faisait loger sur un plan secondaire de la psyché une attitude reconnaissante et un peu déférente envers elle. Ou bien une sorte de réciprocité animale pour ses propos élogieux sur mon livre. Enfin il ne fallait pas oublier que, sa dernière œuvre pouvant me permettre de régler mes factures, il m'était difficile d'avoir une appréciation impartiale de ses mérites. En d'autres termes, je commençais à nourrir quelque part en moi l'espoir inavoué que cette pauvre femme avait quelque chose d'intéressant à dire. C'était un sentiment ténu, à peine scintillant, qui émergeait à grand-peine de la trame habituelle des reproches, un malaise et une méfiance qui me caractérisaient.

Je sentis que d'avoir différé la lecture de ses livres le temps d'évaluer les arguments contre elle lui conférait une dimension légendaire, quasi mythique, qui allait rendre impossible de juger son œuvre avec objectivité. Entendre parler d'elle sans avoir consacré à ses écrits une seule minute de lecture faisait apparaître ces jugements sommaires comme l'exégèse d'un héros mort en exil, dont les restes devaient être réclamés pour être enfin publiquement honorés. Je ne voulus pas laisser cet esprit de revendication contaminer irréversiblement mon travail. Je fermai donc toutes les chemises que j'empilai en bon ordre et les rendis à l'employée, qui me regarda avec l'expression d'une maîtresse d'école souriant à son meilleur élève qui vient de finir un devoir. Je me réjouis que ce rosaire de réflexions ait au moins produit, par effet collatéral, cette bouffée de fierté professionnelle sur la bibliothécaire, car cette femme qui donnait l'impression de passer la plus grande partie de son temps seule derrière le comptoir paraissait au moins s'être un peu divertie grâce à moi.

– Vous avez trouvé ce que vous cherchiez? me demanda-t-elle avec cette candeur qui semblait la caractériser.

– Je dois avouer que je ne sais pas encore ce que je cherchais. J'ai peut-être eu sous le nez le passage précis que j'aurais dû trouver et je ne l'ai tout simplement pas vu. Je suppose que cela arrive souvent dans cette salle.

– Vous savez, on a beau se plonger sérieusement dans la lecture de journaux et de revues, il faut considérer que ce n'est jamais qu'une compilation de moments et de verbiages inutiles. Quoi qu'il se passe d'important, les journaux ont le même nombre de pages tous les jours et il faut bien les remplir. On ne doit pas les prendre trop au sérieux.

Et sur ces mots, inexplicablement, elle me fit un clin d'œil. Je ne sus pas interpréter si c'était un signe de complicité ou une vague tentative de séduction. Mon habileté à interagir avec le sexe opposé était à ce moment-là très rouillée et je n'avais jamais été très doué pour déchiffrer les regards ou les paroles ambivalentes. Aussi répondis-je seulement par un léger sourire qui se voulut le plus cordial possible et m'empressai-je de ranger mes documents.

Je m'arrêtai un instant à l'étage inférieur pour demander cinq livres de Kaplan, que je choisis en fonction de l'attrait des titres. Certains étaient franchement énigmatiques, comme *La Lumière et le temps*, d'autres paraissaient avoir été composés par un responsable de marketing pendant qu'il comparait les chiffres de vente d'une gondole de livres d'un supermarché, comme *Dix tâches que nous faisons toujours mal*. Quelques-uns cependant me parurent suggestifs. Par exemple, *Les choses ne sont pas ainsi*, titre plus accrocheur, qui m'aurait incité à emporter le livre si je l'avais trouvé abandonné sur le banc d'une place. Quoi qu'il en soit, j'empilai tant bien que mal les cinq volumes et je sortis.

J'avais envie de regagner dès que possible l'entrepôt d'Adler, de retrouver mon logement et d'affronter ces manuels de vie. Je dois dire que j'ai toujours détesté l'attitude de ceux qui suivent aveuglément un auteur comme si la lecture obséquieuse de ses œuvres complètes leur permettait de faire partie d'un groupe restreint de fidèles. J'étais convaincu que mon scepticisme naturel m'empêcherait de tomber dans ce piège, car je m'étais engagé à mener à bien ce travail en temps et en heure, pas à m'y submerger comme on embrasse une foi. Je me disais aussi, avec un plaisir amer, que je n'avais rien de mieux à faire. Et plus vite je commencerais, meilleure serait ma perspective d'offrir à Aarón l'image d'un père responsable. Alors je pressai le pas.

En arrivant à l'entrepôt je trouvai la porte ouverte. À l'intérieur je vis qu'Adler m'attendait à côté du téléphone.

– Quelle chance que vous soyez là à temps, me dit-il, agité. L'hôtel a appelé parce qu'ils ont reçu un message urgent pour vous. Il y a eu un problème avec votre fils. Vous êtes attendu au collège à deux heures. Il vous reste une demi-heure.

Je posai les livres par terre et j'ouvris mon portefeuille. Je n'avais pas un centime. Je levai les yeux vers Adler d'un air implorant. Il soutint un instant mon regard. J'avais clairement commencé à épuiser sa réserve de compréhension comme aucun locataire ne l'avait jamais fait auparavant. Il baissa enfin les yeux et dit :

– Bon, ne vous inquiétez pas. Tenez. Vous avez bien assez de problèmes. – Il me tendit trois billets, que je pris sans hésiter. Et je sortis sans ajouter un mot. Pas même “merci”. J'imaginai qu'Adler trouverait la manière d'excuser ma conduite.

Je dus courir le long de cinq blocs d'immeubles jusqu'à atteindre une avenue suffisamment fréquentée pour trouver un taxi. Après avoir fait une vingtaine de fois un signe du bras je réussis enfin à en arrêter un, il ne restait que dix minutes avant que débute la réunion au collège et je passai ce laps de temps les yeux rivés sur le tissu du siège, à inciter le chauffeur à commettre toutes sortes d'infractions. Malgré mon obstination, j'arrivai au rendez-vous avec dix minutes de retard.

– Je suis le père d'Aarón Badenbauer, dis-je à la femme de l'accueil.

– Je sais qui vous êtes, répondit-elle sèchement. On vous attend à la direction.

Elle se leva et me guida dans un long couloir d'un pas lent qu'elle maintint de manière exaspérante en dépit de mon empressement manifeste à gagner le bureau. Lorsqu'elle ouvrit la porte au bout du couloir, j'entrai dans la pièce et me trouvai nez à nez avec une Deborah méconnaissable. Elle avait adopté une coupe de cheveux militaire, au ras de la nuque, et portait un chemisier vert, une couleur qu'elle avait toujours déclaré détester. Si je n'avais pas prévu qu'elle serait très probablement présente, j'aurais eu du mal à la reconnaître. C'était comme si je la voyais pour la première fois, mais sans que cette impression provoque la moindre émotion permettant d'anticiper une future familiarité. On aurait dit une imitation de Deborah, réalisée par quelqu'un ne l'ayant qu'entrevue.

Derrière sa silhouette de profil, Aarón regardait par terre. Il avait les yeux gonflés et l'air d'avoir pleuré un bon moment. Ses cheveux décoiffés et humides tombaient sur son front, et on remarquait une marque légère sur la joue, égratignure ou bleu. Il n'échangea qu'un bref regard avec sa mère et baissa de nouveau la tête.

– Comme vous étiez censé arriver à l'heure, nous avons fini par conclure que vous ne viendriez pas et donc Aarón a décidé de ne pas attendre pour présenter ses justifications, déclara la directrice d'une voix martiale.

– C'était une petite femme grise, qui faisait penser à une fleur flétrie. Ses yeux opaques, l'expression neutre et le ton se voulant mesuré ne firent rien pour dissiper mon inquiétude.

– Que s'est-il passé? demandai-je à voix basse, sans que personne ne semble tenté de me répondre.

– Nous avons convenu, en raison des bons antécédents d'Aarón et des circonstances familiales si douloureuses qu'il traverse, de traiter son cas avec une considération spéciale. S'il s'était agi de n'importe quel autre élève, nous l'aurions exclu sans la moindre hésitation, mais l'opportune intervention de la professeure Horovitz, son enseignante d'arts plastiques, qui nous a fourni des éléments inclinant à l'indulgence, a contribué à faire pencher la balance en faveur d'Aarón.

– Mais que s'est-il passé? répétai-je dans un filet de voix.

Seule la directrice me regardait.

– Votre fils a eu un accès de fureur pour des motifs extrascolaires, mais dans notre institution aucune circonstance ne justifie de brutaliser un camarade de classe, encore moins avec la violence extrême qui a caractérisé cette agression. Les parents du garçon malmené ont appelé à trois reprises la secrétaire pour exiger l'exclusion immédiate de l'agresseur de leur fils, une exigence plus que recevable et face à laquelle je n'ai pas encore pu trouver les mots pour leur annoncer que je ne leur donnerais pas satisfaction. La professeure Horovitz m'a montré une longue série de dessins rangés dans un carton, car elle trouvait que, au-delà de toute considération artistique, tant dans la thématique que dans la réalisation graphique des scènes, ils exprimaient une souffrance émotionnelle aiguë. Je dois cependant avouer ne pas avoir perçu avec la même sensibilité la souffrance présumée que suggéraient ces dessins. Mais comme je suis la directrice d'un établissement scolaire et pas une critique d'art, j'ai tenu compte des appréciations de la professeure Horovitz. Elle a aussi ajouté qu'en parlant avec Aarón du caractère sombre de sa palette et du tremblé de son trait, il a fait allusion à la situation de ses parents, particulièrement du choc qu'il a ressenti lorsque son père a abandonné le domicile familial pour effectuer un voyage dont il ne m'appartient pas d'estimer la pertinence, mais qui a été plusieurs fois qualifié de discutable.

– Je n'ai pas abandonné le domicile familial. J'en ai été simplement exclu. Ils ont déménagé dans une autre maison sans me prévenir…

– Je pense, si vous me permettez de vous interrompre, que ce n'est pas ici le lieu pour présenter votre défense et reprocher aux autres les épreuves que vous avez vécues. Nous sommes ici uniquement pour évaluer dans quelle mesure la souffrance d'Aarón peut être considérée comme une circonstance atténuante à une faute gravissime.

Je regardai avec insistance Aarón, qui continuait à m'ignorer. J'aurais donné n'importe quoi pour qu'un bref contact se produise entre nous.

– Qu'est-ce que t'a fait l'autre garçon ? lui demandai-je.

Ma question parut irriter au plus haut point la directrice.

– Excusez-moi d'intervenir encore, mais je pense que ce n'est vraiment pas la bonne question. Aarón a donné un coup de poing et cassé une dent à un élève dans la cour à la vue de tout le monde. Demander ce que lui avait fait avant le jeune agressé ne fait que suggérer qu'il existe un préalable pouvant justifier une réaction aussi brutale, et…

Aarón l'interrompit avec une virulence inédite.

– Il m'a dit que mon père nous avait abandonnés parce qu'il avait une autre famille, et qu'il partait dans un autre pays pour les voir. Il a dit qu'il le tenait d'une fille de troisième et qu'elle lui avait affirmé que tout le collège le savait. Quand je lui ai dit que c'était n'importe quoi, il m'a demandé si j'avais la preuve que mon père n'avait pas une autre famille, si je savais réellement ce qu'il faisait pendant la journée et ce qu'il faisait à ce moment précis. J'ai répondu que personne au collège ne pouvait dire avec exactitude ce que faisaient ses parents. Il a levé les yeux au ciel et dit : "Pauvre naïf." Alors, je ne sais pas bien pourquoi, je lui ai donné un coup de poing dans la figure. Je voulais simplement qu'il se taise. Je n'avais pas l'intention de lui casser une dent.

Pendant que la directrice le regardait avec cet air de réprobation aristocratique, je tentai de faire percevoir à mon fils une lueur de fierté sur mon visage, que j'arborai comme un minuscule drapeau juste pour qu'il la remarque, car ils étaient tous occupés à mettre en scène une indignation si aiguë et tranchante qu'elle aurait pu nous transpercer le corps.

– Moi, à ta place, je n'insisterais pas sur ces prétendues raisons, répondit la directrice en même temps que Deborah posait une main sur l'épaule d'Aarón. Je perçus aussitôt que ce geste n'était pas, comme on aurait pu le penser à première vue, destiné à lui faire sentir la présence et le soutien de sa mère, mais à lui signifier par une pression ferme "maintenant il vaut mieux que tu te taises". Je m'attristai de voir qu'elle gâchait l'occasion de lui témoigner qu'il était aimé, et cela me rappela les innombrables moments de notre vie conjugale où, comme maintenant, elle avait privilégié ce qu'elle considérait comme préférable à tout ce qui aurait pu avoir une valeur sentimentale. Une part de moi caressait encore l'illusion que Deborah, à la vue du trauma provoqué par sa récente dérive, allait subitement se mettre à genoux et tendre ses bras vers moi et vers Aarón, comme un patient sortant du coma salue avec des larmes de joie ses êtres chers. Je gardais encore, pauvre de moi, l'espoir que ce cauchemar allait soudain s'interrompre et que la tempête qui dévastait nos vies s'éloignerait sans laisser de séquelles. Pour étoffer magiquement cette scène de réconciliation absurde, je me promettais de ne rien lui reprocher, de ne pas dire un mot. De ne même pas la regarder. J'accepterais une capitulation sans vainqueurs ni vaincus, je prendrais sa main avec ma main droite et celle d'Aarón avec la gauche, et nous rentrerions tous les trois à la maison en éprouvant un douloureux mais compatissant deuil collectif pour les souffrances que nous nous étions infligées. Tout cela sur un fond musical épique de violons, cuivres et orchestre.

Pendant que j'imaginais cette ardente fantaisie musicale, qui se poursuivait par des promenades familiales à la campagne, la directrice nullement inhibée par notre présence fit taire Aarón. Elle savait qu'elle pouvait exercer son autorité sans que personne n'ose la contredire.

– Si tu desserrais les poings, respirais un peu et t'abstenais de nous importuner par des justifications inutiles, je pourrais partager avec tes parents la recommandation de la professeure Horovitz.

Aarón tremblait, visiblement secoué de colère, mais c'était à cause de lui que nous avions été pris en otage, et le seul geste de notre part qui serait considéré comme acceptable était la reddition inconditionnelle. Aussi garda-t-il le silence.

– Bien. C'est mieux comme ça. – La directrice respira profondément et souffla comme si elle voulait mettre en scène une interprétation de la patience, et commença à argumenter. – Il existe un camp de vacances, ouvert à des religieux comme à des laïques, auquel la professeure Horovitz et le professeur d'éducation physique, Lipman, participent tous les ans de façon indépendante, et qui rassemble dans une auberge de montagne des jeunes ayant des problèmes de conduite venus de divers collèges privés. On y pratique des activités d'intégration et des jeux coopératifs, mais il y a aussi des groupes de discussion où on aborde et analyse les comportements violents et les bienfaits d'une saine vie en commun. D'après ce qu'on m'a dit, on y organise aussi de nombreuses activités sportives et artistiques, supervisées par des professeurs comme ceux de notre établissement. Ce camp s'ouvre au début des vacances d'hiver, autrement dit la semaine prochaine. La professeure Horovitz a souligné que la production artistique d'Aarón révélait une sensibilité blessée et que l'inviter à cette instance d'évaluation de sa conduite pourrait confirmer ou infirmer, grâce à d'autres éléments d'appréciation, la nécessité de l'exclure, et que cette expérience pourrait avoir aussi une certaine valeur thérapeutique. Je ne suis pas très disposée à récompenser un comportement violent par ce genre de pis-aller, mais je dois reconnaître qu'il s'agit d'un excellent élève et…

– Je comprends les bonnes intentions qui soustendent votre suggestion, l'interrompit Deborah, et je vois qu'indiscutablement vous cherchez un moyen de résoudre le problème. Mais je ne crois pas que l'envoyer dans un camp de criminels puisse contribuer à son apprentissage et…

– Il ne s'agit pas de criminels, madame, mais de garçons qui ont des problèmes de comportement, comme votre fils. Et ce n'est pas non plus une "suggestion". Il me semble que vous n'avez pas bien saisi la gravité de la situation, répondit la directrice en montrant des signes d'agacement. – Alors je vais vous parler en toute sincérité : n'était l'estime que nous avons pour le grand-père d'Aarón, le généreux docteur Herzfeld, et la gratitude infinie que nous éprouvons pour ceux qui contribuent avec constance à la bonne marche de notre établissement, cette affaire aurait été réglée aujourd'hui même et d'une façon beaucoup plus drastique. La mesure que nous proposons, et qui constitue une rarissime exception à notre politique d'exclusion immédiate dans les cas de violence, contrevient aux normes traditionnelles de cet établissement d'enseignement. En d'autres termes, s'il s'agissait de toute autre famille que la vôtre, ce garçon serait déjà chez lui. C'est pourquoi je vous recommande de vous réjouir de la bonne fortune de votre fils et d'accepter notre offre tant qu'elle est encore sur la table.

Aarón restait tête baissée, mais son expression n'avait pas empiré de façon visible à la mention de ce camp, ce qui m'inclina à penser que l'envoyer là-bas n'était peut-être pas une mauvaise idée. C'était peut-être une meilleure perspective pour lui de passer quelques jours avec des garçons de son âge, plutôt que la première semaine de vacances enfermé chez lui à supporter les remontrances du grand-père qui allait sûrement monter autour de cet épisode un véritable scandale, car il ne se priverait pour rien au monde de lui reprocher la tache que sa conduite laissait dans le dossier immaculé de la famille Herzfeld. Aarón était timide. Se confronter à des inconnus pourrait lui créer des troubles, mais ces jeux collectifs et ces séances de discussion lui permettraient aussi d'entrevoir des histoires familiales plus complexes que la sienne, et de mûrir un peu. Je n'avais pas été un père enclin à partager des sentiments, alors la possibilité d'échanger avec des garçons de son âge pouvait compenser cette carence de conversations et de confidences entre hommes. Animé par cet espoir, je l'imaginai déjà devant un feu de camp, entonnant avec des camarades une chanson sur l'amitié, tous imbus d'un respect mutuel inattendu, les visages éclairés par les flammes. Je m'efforçai de détailler ces scènes d'amitié juvénile entre inconnus qui me soulageaient un tant soit peu de l'impuissance tenace qui m'étouffait. Je m'attardai un instant sur les étincelles jaillies de ce feu de camp imaginaire. Puis aux expressions de ces garçons chantant en chœur. Éphémère aperçu d'éternité né d'amitiés qui ne dureraient que l'espace d'un été. Je n'avais jamais connu cela. Néanmoins je ne pouvais pas être sûr que c'était nécessaire pour tous, ou même seulement bénéfique. Mais l'épisode de violence d'Aarón, pour autant que son intention de défendre mon honneur puisse me flatter, ne traduisait pas moins un sentiment intime d'insécurité que je ne pourrais pas, à distance, aider à apaiser, et qu'il me fallait aborder d'une manière ou d'une autre.

Deborah interrompit le fil de ces scènes fantasmagoriques par une question complètement déplacée.

– Ce camp est mixte ? demanda-t-elle en tentant de contenir par des paroles inutiles le flot d'indignation qui paraissait surgir de tous les pores de sa peau.

– Comme je vous l'ai dit, c'est un camp auquel participent des établissements laïques, de sorte que naturellement il y aura quelques gentils. L'idée est d'échanger avec une variété de…

– Je ne parle pas de l'aspect religieux. Je veux savoir s'il y aura aussi des filles. Aarón est un garçon timide, très innocent pour son âge et…

Elle s'interrompit brusquement comme si elle venait de découvrir que le garçon en question, dont elle évoquait avec tant d'assurance l'inhibition présumée à entrer en relation avec le sexe opposé, était assis à ses côtés, et qu'elle venait d'aborder sans précaution le sujet le plus gênant qui soit pour un adolescent et plus encore devant une directrice de collège.

– C'est un camp pour garçons ayant des problèmes de comportement, madame, répéta la directrice avec ennui. Jusqu'à preuve du contraire, votre fils appartient à cette catégorie, et la dernière chose qui nous viendrait à l'esprit serait d'exposer des garçons violents à des tentations inutiles.

Je vis Aarón serrer les poings. Même à cet instant il ne se tourna pas pour me regarder. Il ne cherchait pas mon appui ni celui de personne. Il ferma les yeux comme si le seul refuge concevable pour lui était dans sa propre tête. Il était évident qu'il ne pouvait pas compter sur nous. Le voir dans cet état me brisait le cœur. Il m'aurait fallu l'emmener loin d'ici, lui parler seul à seul et lui expliquer des mois, des années de ma conduite qu'il interprétait comme des abandons. Une impression qui n'était que partiellement juste, car elle faisait abstraction du contexte familial qui avait énormément contribué, plus que tout, à mon propre abandon. Il est vrai qu'aucune circonstance vitale, si enkystée qu'elle soit dans notre existence, ne justifie de négliger l'éducation d'un enfant, même si cette circonstance tient à ce que le reste de la famille conspire pour nous écarter peu à peu de son orbite et dévaluer l'importance de notre présence dans sa vie. Quoi qu'il en soit, j'aurais dû surmonter ces attaques et m'imposer, malgré elles, comme l'aurait fait un père aimant et responsable qui se bat pour son fils. Au lieu de quoi j'avais exactement incarné le personnage que mes détracteurs avaient conçu pour moi. Celui d'un être pusillanime qui lâche la bride parce que d'autres affaires paraissent retenir plus impérieusement son attention. La façon dont les canaux ioniques absorbaient des portions du monde, sujet aussi gigantesque que minuscule, auquel j'avais consacré des centaines de soirées, ne produisait aucun écho sur ma capacité à accueillir la vie de mon fils dans l'espace clos de mon for intérieur. Ce beau germe pour lequel j'aurais dû constituer un refuge de terre nourricière agonisait à un mètre de ma chaise sans que je me sois élancé un seul moment pour le défendre à voix haute. Je devais faire quelque chose ou simplement disparaître.

– Je crois que la proposition de Mme la directrice est opportune et que l'expérience peut être profitable, dis-je avec la plus grande conviction dont je fus capable. – Aarón a été soumis à des pressions terribles et peut-être que partager ses tourments avec des garçons de son âge le soulagerait d'un grand poids. Je suis sûr qu'il sait que sa manière de régler son différend avec ce garçon n'est pas idéale, mais si sûr que je sois de sa personnalité droite et irréprochable, je crois que le soutien d'une équipe de professeurs et la convivialité avec d'autres garçons connaissant des difficultés similaires peuvent l'aider à porter un autre regard sur cet incident…

– Nous y voilà! m'interrompit Deborah. Je ne suis pas du tout surprise que pour toi la meilleure manière de résoudre la situation de ton fils est d'en déléguer la responsabilité à des inconnus. C'est le modèle de comportement qui te caractérise le mieux.

Je n'eus pas le temps de riposter à cette attaque, car je venais de saisir la raison, jusque-là diffuse, qui m'avait incité à approuver de façon si convaincue qu'Aarón soit envoyé dans cette colonie de délinquants: j'avais subitement compris, sans avoir réfléchi, qu'une fois là-bas Aarón serait beaucoup plus accessible à mes visites qu'enfermé chez lui sous le regard de ses cerbères, car si rigoureuse que soit la surveillance de sa mère et de son grand-père, ils ne pourraient pas se relayer pour monter la garde à l'entrée du camp. Cette pénitence était le subterfuge institutionnel permettant de le soustraire à leur emprise. Une fois éloigné de ses ravisseurs et plongé dans une ambiance correctionnelle de feux de camp et de chansons, personne ne pourrait me refuser le droit de lui rendre visite, de lui expliquer ma situation dans le drame familial qu'il subissait et de connaître de première main ses souffrances. La directrice, malgré son rictus amer et son discours menaçant, me concédait un avantage inestimable, et je devais employer tous les moyens possibles pour que mon plan d'arracher Aarón à l'orbite familiale soit couronné de succès.

– Je crois que nous ne devrions pas abuser du temps de Mme la directrice avec l'exposé de nos supposés modèles de conduite. Ce n'est pas le moment de se laisser aller à la rancœur. On nous fait une proposition concrète qui concerne l'avenir immédiat de notre fils, et nous devons la considérer avec hauteur. Ma position, je la donne sans attendre, c'est que nous l'acceptons.

Je fis cette déclaration avec une sérénité qui ne me ressemblait pas du tout. Je laissai ces paroles couler de mes lèvres comme une source dans une prairie sous un soleil de midi. Cette invocation de notre devoir à être équilibrés assénait à Deborah un coup définitif. Ainsi, non seulement devant Aarón mais aussi devant un adulte extérieur à la famille, qui faisait office de témoin et de juge, je paraissais affronter le dilemme comme "l'élément raisonnable" capable de s'élever au-dessus des rancœurs conjugales et de prendre une position claire.

La directrice n'alla pas jusqu'à approuver explicitement mon propos, mais elle se tourna vers Deborah et la dévisagea, avec une expression qui faisait nettement écho à la mienne, signifiant "à vous maintenant de faire preuve de maturité". Elle maintint ainsi son regard, tandis que Deborah paraissait se débattre entre flancher ou s'obstiner à défendre sa souveraineté.

Alors elle se leva, jeta un coup d'œil à son sac, à Aarón et à la directrice, sans pouvoir fixer son attention sur l'un ou l'autre. Elle s'éclaircit la gorge et déclara d'une voix déchirée et sur un ton désespéré :

– Demain vous aurez une réponse de notre part. Je ne peux pas prendre une telle décision sans consulter le grand-père d'Aarón. – Elle me regarda alors avec un mépris dont n'a jamais été l'objet un ver de terre dans l'histoire du monde. – Après tout c'est lui qui paie l'éducation de son petit-fils et donc lui qui est concerné au premier chef par l'usage de ses moyens.

Puis elle indiqua la porte à Aarón, comme on indique à un chien l'endroit par où il doit quitter l'espace réservé aux humains. Notre fils baissa la tête, se leva et sortit le premier du bureau, sans dire au revoir.

– Nous ne voulons pas abuser davantage de votre temps. Bonne soirée, marmonna Deborah en sortant dans le couloir. Ni elle ni Aarón ne se retournèrent. Ils s'éloignèrent comme si fuir précipitamment la peste qui suintait dans cette pièce était le comportement le plus naturel du monde.

Je fis une brève pause pour respirer profondément. Je cherchai dans ma poche le stylo que j'avais pris à la bibliothèque et saisis un bout de papier sur le bureau.

– Je vous laisse le numéro de téléphone où vous pouvez me joindre. J'ai déménagé, dis-je en évitant toute intonation sombre ou triomphale. Tenez.

La directrice ne voulut pas non plus qu'un hochement de tête puisse s'interpréter comme une prise de parti, aussi se mit-elle à ranger des dossiers jusqu'à ce que je quitte à mon tour la pièce.

– Merci, dis-je depuis la porte.

Alors seulement elle acquiesça.

11

Quand je revins de cet entretien, Adler me vit entrer dans l'entrepôt le teint livide et les poings si serrés qu'il préféra s'abstenir de questions et me laisser simplement m'éclipser jusqu'à l'immeuble des locataires. Je récupérai les livres de Kaplan, montai l'escalier comme une âme en peine et pressai le pas jusqu'à ma porte. Je passai le reste de l'après-midi assis sur une chaise, le regard perdu sur la fenêtre, sans pouvoir fixer mon attention sur quoi que ce soit. Je laissai ce rectangle lumineux servir de cadre à mes pensées, et les heures pénétrer mon existence comme des larves dans un cadavre.

Je ne m'étais pas assis sur cette chaise parce que je me sentais abattu. Bien que mon corps me pesât comme jamais, mon esprit restait encore prêt au combat. De fait, la perspective de pouvoir rencontrer Aarón seul à seul dans son camp, du moins si cette possibilité se concrétisait, avait allumé dans mon for intérieur une petite lueur d'espoir. Mais cette très éprouvante réunion au lycée m'avait épuisé. Et bien que j'eusse senti, surtout à la fin, que dans cette première escarmouche j'avais gagné quelques mètres de terrain, le coût humain avait été énorme, car j'avais dû affronter à bout portant cette Deborah austère et méconnaissable. Revoir ses grimaces déformant atrocement son visage me retournait tellement l'estomac que sa sécheresse actuelle remontait mystérieusement jusqu'au passé et contaminait les souvenirs lointains que je gardais d'elle, teintant de tons obscurs l'histoire entière de notre couple comme si, de façon rétroactive, une nuance de tension et d'amertume en entachait chaque bon moment partagé, chaque rire, chaque baiser. Cette milicienne aux cheveux courts et à l'air sévère, rigoureuse dans ses gestes et inflexible dans sa voix, n'avait plus rien de la femme qui dans ma jeunesse me faisait l'attendre avec anxiété chaque mardi soir, fantasmer son visage, étudier seul et consciencieusement les symphonies de Mahler afin de comprendre à temps la raison pour laquelle elle lèverait la main pendant les séances de la Fondation Melzer. Même s'il était patent que la femme que j'avais tant aimée avait disparu, la matrone qui l'avait remplacée serait toujours la mère de mon fils, j'avais l'obligation morale d'accepter que ce monde intérieur si hostile et insondable qu'elle me présentait devait constituer une partie du mien. Et au-delà des horreurs que le jugement sur la garde de l'enfant nous réservait, notre condition de parents était irrévocable, et bon gré mal gré nous allions devoir un jour brandir le drapeau blanc. Encore que dans la brume de notre orage, cet éventuel épisode restât lointain.

Je quittai des yeux la fenêtre, mortifié par ces pensées, et sous le cadre lumineux je trouvai, posé sur l'étagère, un autre rectangle blanc beaucoup plus petit et opaque. C'était le dossier que m'avait donné quelques jours plus tôt la fille d'Iris Kaplan. Il ne rivalisait pas avec la lumière de la fenêtre, mais c'était l'objet le plus blanc qu'il y avait dans la pièce.

J'en relus le titre : *Une vie pleine de sens*. Il m'avait consterné à Berlin et cet après-midi-là au bord de la piscine, mais cette fois je faillis en rire. Jamais, à aucun moment de ma vie, un groupe de mots ne m'avait paru autant ressembler à un mirage, pas même les jours qui suivirent la mort de mes parents. Que diable tentait de suggérer l'auteure en plaçant dans une même phrase *vie* et *sens* ? Ce titre ressemblait à une version écrite de l'irritant halo de confiance typique des gens qui n'ont jamais eu à se soucier de gagner un salaire ni de payer les factures. L'auteure pouvait être sûre qu'il n'y aurait aucune harangue de développement au monde pour m'inciter à me lever de ma chaise.

Pourtant, à mesure que les minutes passaient, il fut de nouveau évident que ma situation actuelle restait intenable et que si je ne me mettais pas rapidement à ce travail que je m'étais imposé, j'allais être obligé de recourir à la charité publique. Je m'efforçai de prolonger suffisamment cette subite résolution pour gagner d'un pas l'étagère et prendre ce fichu dossier.

"Une vie pleine de sens". Je relus le titre en tentant de me convaincre que j'allais peut-être y trouver une évidence générale et indéniable permettant même à une personne réticente comme moi de pouvoir faire un jour la paix avec elle-même. Une phrase perdue dans le texte et qui, par bonne volonté ou hasard, se révélerait vraie. Je me rappelai une modeste citation à laquelle revenait souvent un vieux professeur d'anatomie de la faculté, qui était en même temps une recette parfaite de l'exercice de la tolérance et la prémisse pour attribuer une certaine valeur à n'importe quelle ânerie : "Même une horloge arrêtée donne l'heure exacte deux fois par jour." Ce n'était pas la plateforme idéale pour me lancer dans une joute philosophique, mais c'était mieux que rien et je devais commencer quelque part.

Je me rassis sur la chaise et ouvris enfin le dossier. Le texte était saturé de ratures, de commentaires en marge et d'indications soulignées de diverses couleurs. Au début il se présentait imprimé sur une colonne, puis devenait un groupe décousu de notes, ressemblant de plus en plus à un patchwork au bout des cinq premières pages. Après quoi, les deux cents suivantes n'étaient qu'un mélange de gribouillis, de coupures de presse, de notes désordonnées et d'astérisques. L'ensemble était tout sauf rassurant. Il ne semblait même pas y avoir de quoi composer, à partir de ce dépôt de phrases, le fameux premier chapitre de quinze pages sans avoir recours à la graphologie scientifique. Je sentis une oppression de plus en plus insistante dans la poitrine.

Je fermai les yeux et respirai profondément. Il faut revenir à la première page, me dis-je. Je dois commencer par le commencement, comme dans toute odyssée. Je remis donc la pile de papiers en ordre et trouvai, dans le premier paragraphe, le bout du fil que je devais suivre. Et je lus :

> "Quel est le sens de la vie?" Il est peu probable que cette question fasse de vous le roi de la fête, ou l'invité que tout le monde veut écouter pendant un dîner. C'est une question que les gens trouvent en général inabordable et dans une grande mesure stérile, entre autres raisons parce que les conversations sur le sens de la vie mènent très rarement quelque part. Les adeptes de cette question qualifient habituellement d'apathiques ceux qui refusent de se joindre à cette recherche. Et il est probable qu'une bonne partie de ceux qui échappent à son charme soient effectivement des individus indifférents. Mais la raison primordiale pour laquelle sa seule énonciation enlise les conversations et produit de longs silences tient moins au maigre intérêt ou à la patience limitée du public contemporain qu'aux problèmes structurels qu'elle présente en soi. Car bien qu'à première vue elle nous semble à la fois centrale et globale, ce n'est pas une question bien posée.
>
> Pour commencer parce qu'elle n'est pas vraiment une seule question, mais deux questions différentes, ou encore deux familles entières de questions qui requièrent d'être considérées séparément, car l'une regarde fondamentalement en arrière et l'autre en avant. La première tente de creuser le motif initial qui a donné origine à toutes choses, mais reformulée de façon plus correcte, elle devrait s'énoncer ainsi :

"Y a-t-il une intention sous-jacente dans la formation de l'univers et de la vie ?" C'est là une question qui n'est pas circonscrite à l'expérience humaine et qui tient à un possible dessein général déterminant l'existence des choses. Il n'échappe à quiconque ayant réfléchi, ne fût-ce que quelques minutes, que nous vivons dans un univers pléthorique de corps célestes, de matière dispersée et d'interactions complexes, et que nous habitons aussi une planète peuplée de millions de formes de vie. Il est donc naturel de se demander s'il y a un dessein derrière tout ce foisonnement apparent. Une "raison d'être". Mais cette interrogation est une construction classique de l'esprit d'une espèce particulière, l'espèce humaine, dont la survie dépend de la possibilité de concevoir des sens, et c'est justement à cause de cette tendance naturelle que nous confondons cette première question avec une deuxième, tenant beaucoup plus spécifiquement aux personnes et qui, indépendamment de la première, pourrait se formuler ainsi : "Maintenant que nous sommes ici, et en faisant abstraction de savoir s'il existe ou non un dessein pour l'univers, à quoi nous autres humains pouvons-nous consacrer notre temps et nos efforts de telle manière que notre existence vaille la peine ?"

Le lecteur cultivé objectera qu'un abîme sépare les deux questions, mais qu'il est possible de tendre entre elles, si on le fait avec soin, un pont d'arguments. Car les humains ne cherchent pas seulement des causes, mais aussi des raisons. Si un explorateur découvrait pour la première fois un objet manufacturé inconnu, il ne se contenterait pas simplement de le posséder, il chercherait aussi à savoir si l'usage qu'il en ferait correspond aux critères de sa fabrication. Apprendre après des années qu'un objet dont on s'est servi comme baignoire avait été conçu pour naviguer sur l'eau serait, au-delà du méritoire et créatif usage que nous avons donné à une pauvre barque, un peu honteux. Nous sommes des êtres qui fabriquent des outils pour atteindre grâce à eux certains objectifs, et il dépend de nous que ces intentions puissent se comprendre, se partager, se diviser en étapes prévisibles, se comparer avec les attentes nées de cette invention. Nous tenons à savoir si l'usage que nous faisons de chacun des moyens dont nous disposons correspond à l'intention de leur origine. Notre espèce possède un cerveau très différent de celui du règne animal, non seulement par son volume relatif au reste du corps, mais par l'énorme consommation d'énergie qu'il exige. On pourrait dire qu'un des rôles fondamentaux de cet organe gigantesque, si coûteux à entretenir, est de produire des scénarios futurs, c'est-à-dire des modèles des multiples effets que nos actes, les objets que nous manipulons et les stratégies que nous mettons en pratique, produiront dans le monde réel. Nous prenons chaque petite initiative, si minime soit-elle, avec l'idée d'un résultat concret, et donc nous avons recours à tout moyen possible pour optimiser cet effort, par le biais du truc consistant à enlever à chaque tâche le plus grand volume d'incertitude. Le degré de certitude avec lequel on met en œuvre une stratégie est inversement proportionnel à la consommation d'énergie qu'elle exigera, car rien n'est plus coûteux en termes de performance que d'investir des efforts dans des actions ratées. Et une des façons de s'assurer un haut degré d'efficience est de comparer chaque étape avec le plan qui l'a précédée. On pourrait dire que la prémisse autour de laquelle se structure tout système vivant est d'éviter les surprises. C'est pourquoi nous avons une tendance si marquée à comparer résultats et intentions, qui

Après cette phrase sans un point ou tout autre signe commençait un long paragraphe intégralement barré au marqueur noir, suivi d'un passage tout aussi caviardé de ratures qu'il était impossible de suivre et qui ne peut être reproduit ici qu'en respectant l'original, car omettre les marques ne rendrait pas justice au tableau des mutilations qu'offrait l'ensemble. Je tentai d'entrevoir, dans les interstices que ces figures géométriques laissaient libres, les profils incomplets de quelques lettres qui émergeaient de ces gros traits noirs et qui avaient un jour voulu dire quelque chose. J'essayai de recomposer avec ces fragments isolés un mot identifiable, un début ou une fin pouvant servir d'indice de ce qui resterait toujours caché, puis de regrouper ces traits comme le ferait un archéologue avec des vestiges trouvés sur des stèles de pierre rongées par le temps. Je me rendis compte que je devais me contenter de ce que Kaplan avait décidé d'épargner de ses voyantes et furibondes purges, et je me résignai à tenter de déchiffrer ce que je pourrais de cette espèce de mots croisés :

> Nous confondons le plus souvent causes et raisons. Les causes sont les liens entre des phénomènes dont la physique particulière chaînes de faits qui se les uns aux autres. Pour que soit la cause d'un autre on n'a pas besoin d'une raison principe directeur. Cela atteint l'état des particules d'un autre phénomène la ligne du temps raisons sont les liens de causalité quand ils se conçoivent construction cognitive, d'un récit une tradition, est

J'avais du mal à comprendre la logique sous-jacente au geste de biffer des mots de cette façon presque aléatoire, à deviner les motifs possibles d'interrompre constamment le texte comme pour supprimer tout vestige de continuité dans la phrase, sans que la personne qui avait fait cela ait eu l'élémentaire égard de proposer un substitut aux segments manquants. On avait l'impression d'un geste destructeur, destiné à crypter le texte ou à le rendre délibérément abstrus.

À côté de ce paragraphe qui, conformément à ce qui semblait être une coutume de l'auteure, s'interrompait abruptement et sans que la structure de la phrase permette de déduire un corollaire à ce discours inachevé, il y avait une note en rouge d'une écriture que l'on ne pouvait que qualifier de folle, qui ajoutait, sous une flèche indiquant le passage :

> Le Talmud dit : "Qui est l'homme sage ? Celui qui voit l'avenir"... Introduire ici le regard talmudique sur la prévision et l'importance d'un cadre prédictif efficient. Nature probabiliste, bayésienne, de tout modèle. À relier au chapitre . Attention [illisible] des conceptions [illisible].

Sous ce commentaire en marge, et en bleu, il y avait une autre note écrite en majuscules arrondies, qui différait radicalement de la calligraphie en rouge :

> Easy on the Talmud, dear ! Hold your horses ! Tu n'as pas encore consacré une seule ligne à l'aléatoire et aux problèmes probabilistes impliqués dans l'existence même de l'univers. Pourquoi y a-t-il quelque chose plutôt que rien ? Tu vas consacrer quelques paragraphes à ces questions ? Les constantes cosmologiques, pourquoi sont-ce celles-ci et pas d'autres ? La position adéquate de la terre dans le système solaire et la température requise pour l'existence d'eau liquide, les exigences biochimiques pour [illisible] processus organiques ; le principe anthropique, l'origine de la cognition et notre douteuse condition de gagnants à la loterie cosmique, etc. Tu n'as pas encore consacré une ligne à indiquer de manière catégorique qu'a priori l'existence est dépourvue de sens et tu prévois déjà où tu vas pouvoir introduire ce fichu Talmud... Pourquoi pas Marc-Aurèle et son idée de l'intention, (suite derrière)

Je voulus lire les recommandations du commentateur, à première vue prometteuses, mais en retournant la page, je ne trouvai qu'une brève note qui disait "more on this over lunch. *M*". Je regardai un moment cette phrase comme si elle cachait une clé du texte, une sorte de connaissance secrète qui pouvait s'extraire par l'artifice consistant à la relire plusieurs fois. Mais ce n'était que cela : *more on this over lunch*, suivi d'une unique lettre, *M*. Il y avait dans cette invitation impérative une forme d'assurance quasi caricaturale, dont le ton me sembla aussitôt familier.

Je me levai et pris ma veste dans la valise qui me servait de placard. Je sortis de la poche intérieure le papier que j'avais trouvé sur la porte de la maison de Kaplan le jour où j'étais allé chercher le manuscrit, et qui se terminait par "je suis à la piscine". Je comparai les écritures. Je trouvai la même lettre *s* dans *this* et *suis*, la même intention d'être bref, tranchant, et à la fois d'exprimer discrètement la moindre insécurité. Si ces notes avaient été écrites par la fille de Kaplan et ce manuscrit entamé, disons, au moins deux ans avant que l'auteure entre en phase terminale, et même si le texte avait ensuite dû passer par des enchères avec la bataille juridique subséquente, et encore après par une période de délibération avant que les exécuteurs testamentaires se décident à faire appel à un parfait inconnu pour recomposer ce puzzle, autrement dit si après le dialogue tronqué par lequel commence le chapitre il avait coulé tellement d'eau sous les ponts, quel âge avait la fille lorsqu'elle a couché par écrit cette liste d'objections ? Je calculai qu'à ce moment-là cette jeune femme, à laquelle je n'avais pas eu l'idée de demander son prénom, et que jusque-là je ne pouvais identifier que par l'initiale avec laquelle elle avait signé sa note sur le texte, *M*, devait avoir dans les dix-neuf ans. Peut-être vingt, mais pas plus. À l'âge où l'immense majorité des jeunes ne logent dans leur tête qu'une tempête permanente de bruits, cet esprit inextricable était occupé à conseiller sa mère, à lui fournir un inventaire de thèmes et à profiter de l'occasion pour la persuader de suivre une ligne de raisonnement moins endettée avec le Talmud.

J'avais posé dans un coin de la pièce les cinq livres empruntés à la bibliothèque. Je pris le premier de la pile. La donnée que je voulais vérifier était encore fraîche dans ma mémoire, mais je voulais m'en assurer : au vu de la date de naissance qui figurait sur la brève biographie de la jaquette, on constatait qu'entre Iris Kaplan et l'auteure de cette dernière note il y avait une différence d'au moins cinquante-cinq ans, je devais donc en conclure que la jeune femme était sa fille adoptive. Ainsi, *M*, quel que soit son prénom, avait été une greffe tardive à la vie d'une Iris Kaplan à ce moment-là déjà mûre et célèbre, de sorte que la fille avait dû s'intégrer à une existence définie bien avant son arrivée. Ce qui expliquait l'absence de ressemblance physique, mais aussi la tentative désespérée de *M* de renforcer son lien avec la mère et de participer le plus activement possible à ses dernières volontés. Je me sentis coupable d'avoir mis, ce soir-là près de la piscine et sans éléments suffisants d'appréciation, les aspirations de la fille sur le compte d'un caprice typique d'adolescente aristocrate, car je découvrais à présent des raisons plus profondes qui tenaient à la recherche d'une place plus primaire et viscérale dans le monde maternel. Je me demandais dans quel contexte elle avait été adoptée et si la clairvoyance d'Iris Kaplan dans sa compréhension des choses humaines ou sa position éminente dans le milieu éditorial lui avaient permis d'obtenir rapidement cette adoption ou d'éviter les pénibles années d'attente et d'espoir que les couples doivent traverser à un âge sûrement plus propice à l'éducation d'un enfant. De façon arbitraire, comme toujours, se forma dans mon esprit une scène où la directrice d'un orphelinat quelque part en Europe de l'Est, éblouie par la sagesse talmudique de Kaplan, lui remettait sans barguigner une fillette, qu'elle acceptait sous les applaudissements et les cris de joie des assistants et des infirmières. Je ne sais comment me vint cette image, ce tableau théâtral et compassé d'une circonstance qui fut probablement grise et dépourvue de toute gloire. Dans cette espèce de saynète, l'amour était une imposture, une mise en scène. La réputation de *femme pleine de sagesse* de Kaplan continuait à m'apparaître comme une simple étiquette, un simulacre contrôlé par des agents, alors même que je disposais de cinq livres d'elle et que j'en avais vu pas moins de onze autres à la bibliothèque. Je la méprisais gratuitement d'avoir osé aller de par le monde avec la prétention d'avoir quelque chose à dire, ce qui pouvait malgré tout être vrai. Et en passant, comme toujours, je venais de porter un petit coup sarcastique à son recours au Talmud, tenant pour acquis que cela constituait un problème en soi, comme si le Talmud était par définition dépourvu de sagesse, alors que c'était au sens strict une série de préceptes pratiques et souvent très raisonnables. Mais chaque fois que ce recueil millénaire apparaissait dans le texte de Kaplan ou la bouche de Herzfeld, je ressentais une très vive irritation.

Je m'attardai un moment à analyser l'origine de cette colère et, tout naturellement, la première image qui me vint fut celle de mes parents, leur orthodoxie primitive et exempte de toute célébration du seul fait d'être vivants, l'observance rigoureuse de normes que le plus pointilleux des rabbins n'aurait eu aucune réticence à relativiser. Une austérité qui servait à peine à doter leur dureté d'un substrat religieux. Mais Kaplan n'était ni mon père ni ma mère. Le Talmud n'était pas le livre de mes parents, car dans leur discours jamais n'était invoqué un texte de référence. Pour eux, faire appel à un livre qui ne fût pas la

Torah aurait été, dans le contexte de leurs activités quotidiennes, un luxe inutile. Mon père citait de mémoire quelques préceptes entendus de ses parents. Ses sermons n'étaient pas la floraison d'une culture, mais un obscur système de règles et de comportements préétablis. Un code sans éclat, répétitif et sec. De fait, je ne crois pas que dans mon enfance et mon adolescence nous ayons reçu une seule fois la visite d'un rabbin. Mes parents se considéraient indignes d'un tel privilège. Ou peut-être craignaient-ils que la propension des rabbins à intégrer dans leur tableau de valeurs une gamme de gris allait s'imposer chez nous et détruire un système de vie qui avait été strictement défini en noir et blanc.

Je me rendis compte alors que le rejet que m'avait toujours inspiré Herzfeld tenait, bien plus que je ne l'avais imaginé, aux valeurs de mes parents. Car bien que Tate fût un observant, c'était aussi un Juif éclectique, qui organisait des fêtes et expliquait les appétits élémentaires des personnes par des pulsions inconscientes et des désirs sexuels inavoués, des critères très lointains de ceux avec lesquels j'avais été éduqué. Je lui reprochais, sans doute avec raison, d'être un charlatan, un marchand d'illusions, mais je me disais aussi que mon père aurait ressenti le même rejet que moi. Car je n'étais pas, comme je le prétendais jusqu'à maintenant, seulement un scientifique athée qui l'accusait d'avoir recours à des friandises religieuses pour appâter les patients. J'étais aussi l'enfant de deux orthodoxes rigoureux, qui voyait dans le badinage talmudique de Tate la tentative de rendre plus faibles et charnels des préceptes qu'au fond de moi je désirais conserver rigides et intacts. Herzfeld me dérangeait moins en dévot qu'en falsificateur de leçons que j'avais reçues dans leur version la plus stricte et primitive. En le voyant allumer dans ses discours des feux de Bengale psychanalytiques, mon indignation s'apparentait à celle que m'aurait causée un jeune Californien qui embrasse une foi orientale dont il ne comprend rien des implications quotidiennes. Même sensation de trivialité, de légèreté, d'inconséquence.

Je compris pour la première fois qu'une part de mon rejet de Herzfeld, et aussi dans une certaine mesure de ma difficulté à avoir un contact réellement profond avec Deborah, était qu'en fin de compte je les considérais en même temps trop juifs pour approuver mes choix professionnels et trop peu juifs pour qu'on les prenne au sérieux. Saisir cette ambivalence m'obligea à voir chaque aspect de mon interaction avec leur monde comme une tension intenable entre la personne que je m'étais proposé d'incarner et l'individu qui avait été élevé pour simplement être. J'étais le plus dévot des laïques et le plus étranger des Sémites.

Je voulus regarder mes paumes, trouver dans les lignes les marques de ma condition d'humain, y lire le message ancestral que je m'étais toujours refusé d'écouter. Mais en baissant les yeux je me rappelai qu'elles tenaient encore un manuscrit. Je dus alors reconnaître, fût-ce indirectement, que cette liasse de feuilles venait de déclencher en moi une espèce de purge, une révision de mes plus intimes intentions, de mes origines et de mes terreurs. Je me demandai si je devais ces bourgeons qui gagnaient de la place dans mon esprit à mon âge et au fait d'avoir un fils déjà capable de se battre à coups de poing, ou à l'effondrement de ma vie, ou encore si ce déluge d'interrogations n'était que la conséquence imprévue d'avoir lu pendant quelques minutes le texte d'Iris Kaplan et les notes de sa fille.

Mes yeux, qui avaient vaguement parcouru la page, descendirent du passage traversé par *more on this over lunch* jusqu'à un nouveau paragraphe parsemé de ratures et de marques en forme d'îlots quadrangulaires, que j'observai cette fois sans le moindre brin de haine.

Alors j'ai soupiré profondément et j'ai commencé à lire, non comme s'il s'agissait d'une tâche indigne, mais de la naissance d'un livre inédit. Un livre que je devais d'abord comprendre, puis composer avec grâce, sauver par une syntaxe la plus limpide possible des mains d'un comité éditorial, et faire enfin venir au monde.

12

On frappa à la porte. Comme je venais tout juste, après tant de détours et de reports, d'entamer la lecture, cette irruption du monde réel m'irrita particulièrement. Je fis deux pas et tournai la poignée. Mon expression dut paraître féroce, car Adler, qui tenait un papier à la main, eut un mouvement de recul.

– Mon frère vient de m'appeler, dit-il sur un ton d'excuse. – Goldfarb. Vous savez. Il voulait me prévenir, parce que votre cas lui fait de la peine, que la vente de la maison a été conclue hier.

– Ah bon. Ça n'a plus d'importance. C'est la maison de Herzfeld. S'il veut la démolir, qu'il le fasse. De préférence avec tous ses livres dedans. Ça m'est égal, dis-je d'un ton amer, qui ne rendait pas justice à mes véritables sentiments, ni n'accusait réception qu'Adler soit venu jusqu'à ma porte, serviable comme toujours, pour me donner des nouvelles.

– Entrez, ajoutai-je alors. – Je n'ai rien à vous offrir, mais vous pouvez au moins vous asseoir sur une chaise et moi sur le lit.

Je lançai cette invitation par pure forme, pensant qu'Adler allait sûrement refuser. Mais contre toute attente, il fit un pas vers moi, si décidé que j'eus à peine le temps de m'écarter.

– Je vous remercie, dit-il en sortant de sa poche une flasque chromée. – Je pensais que vous n'aviez pas ici de combustible, alors j'ai pris la liberté d'apporter ce petit flacon. Si on regarde les choses du bon côté, il y a toujours une raison de trinquer. C'est calme, l'après-midi, à l'entrepôt. Aujourd'hui le cariste n'est pas venu, alors j'ai décidé d'accepter simplement mon destin et de fermer pour le reste de la journée. Et vous voyez, en m'apprenant cette triste nouvelle, mon frère m'a fourni un prétexte pour venir vous voir. Ne croyez pas qu'il n'y a que vous à être seul au monde. Ma vie, vous l'aurez compris, n'est pas exactement un jardin de roses. Ah, tenez, j'ai aussi apporté des verres.

De nouveau, dans son style habituel, il venait d'énoncer sans le moindre filtre tout ce qui lui passait par la tête. Comme il m'avait déjà donné des échantillons de cette espèce d'incontinence verbale, je fis en sorte de ne pas m'en formaliser. Toutefois je m'empressai de ranger les papiers de Kaplan dans le dossier, histoire qu'il ne les remarque pas et ne se mette pas à me harceler de questions. Je ne tenais pas à ce que cette sensation de promiscuité croissante qui s'était installée dans ma vie m'envahisse maintenant l'esprit.

Je lui offris la chaise avec toute l'amabilité dont je fus capable, un peu parce qu'il me faisait peine, mais aussi parce que je ne voulais pas que ma froideur diminue son zèle dans son rôle de bienfaiteur. De plus, malgré toutes ses tentatives de se montrer aimable et même joyeux, son visage trahissait sa sempiternelle tristesse. Cette impression ne fit que se confirmer lorsque je perçus qu'une fois assis il s'efforçait de ne jamais me regarder dans les yeux. J'imaginai qu'il était venu avec la flasque et les verres pour faire passer quelque chose qu'il était décidé à me dire.

Je m'assis sur le lit, en face de lui, et fis en sorte que mon silence l'aide à me confier ce qui le tourmentait. Il me tendit un verre et me servit deux doigts d'une boisson indéfinissable, trouble et d'aspect sirupeux.

– Liqueur de prunes. C'est le portier du matin qui la prépare. Un délice, vous verrez, dit-il avec un sourire amer et une attitude qui se voulait conviviale, malgré la grisaille de la pièce comme de sa présence. Je regardai le verre. Je ne voulus pas anticiper la saveur de cette espèce de mélasse. Je m'apprêtai juste à écouter Adler.

Enfin il se décida.

– Il y a autre chose, dit-il.

Il fit une longue pause et but une gorgée.

– Je vous écoute, l'encourageai-je.

– J'imagine, parce que mon frère m'a raconté que vous aviez passé votre vie dans un laboratoire et même publié des livres de science, que vous n'êtes pas une personne religieuse, commença-t-il de façon détournée, en regardant plus son verre que mon visage.

– Eh bien, s'il y avait un tableau évaluant la dévotion religieuse sur une échelle de un à dix, dans mes jours de plus grande admiration pour la beauté du monde, j'atteindrais un très honorable deux et demi, peut-être trois, répondis-je sans réfléchir, mais je n'avais pas terminé de prononcer cette phrase que je me rendis compte que j'avais dit "admiration pour la beauté sur monde", encore imbu du ton messianique d'Iris Kaplan. – Pourquoi cette question ?

Je bus alors, juste pour lui offrir l'occasion d'entrer dans le vif du sujet, une gorgée de cette potion trouble qu'il m'avait servie. La texture du liquide était granuleuse et râpeuse, mais il me sembla, peut-être parce que depuis des semaines et des semaines je n'avais pas bu d'alcool, que ce breuvage avait sur moi un effet balsamique inattendu. Contre toute attente, je sentis que cette macération de prunes, distillée pendant ses moments libres par le portier d'un entrepôt et vieillie sûrement dans un récipient en plastique, était un échantillon de la fameuse *beauté du monde* que je venais de mentionner.

– Bon, voilà. Il y a un rabbin très apprécié par ici, qui a tenu à rester dans le quartier après qu'il est devenu une zone industrielle. Il s'appelle Ellenberg. On peut le voir parfois sortir d'un bureau ou d'une usine, toujours tranquille, discret, silencieux. Il est considéré dans le quartier, même par beaucoup de gentils, comme un guide. Non seulement sur le plan spirituel, mais comme une référence inestimable pour aborder et comprendre des problèmes plus terre à terre. C'est un homme qui médite, qui est attentif, qui prend note, il est réellement dévoué. Il sait ce que chacun possède ou ce dont chacun a besoin et il fait le lien entre les gens qui, grâce à lui, reconnaissent qu'ils pourraient s'entraider. Il y a ici beaucoup d'hommes mûrs, comme moi, qui sont pris dans la routine industrielle, mais qui dans leur jeunesse avaient d'autres aspirations. Je ne sais pas bien comment dire… Des ambitions plus pures, si vous préférez. Des gens qui ont tenté de bien faire malgré une vie marquée par le devoir et l'impératif d'aller de l'avant. Le rabbin comprend ces questions avec un grand sens pratique, il sait que la dureté de la vie quotidienne rend difficile de maintenir l'harmonie familiale et aussi qu'un coup de pouce dans la bonne direction donne parfois la possibilité de faire quelques pas en avant qui autrement prendraient des années… Je dois vous ennuyer avec mes histoires, ou vous pensez peut-être qu'elles ne vous concernent pas…

– Non, non, continuez s'il vous plaît. – Il y avait quelque chose dans la candeur d'Adler qui ne laissait pas d'autre choix que de l'écouter avec attention et patience. Son discours était à la fois discret et généreux. Cet homme aurait été capable d'insuffler de la gratitude à une belette. Sa personnalité inspirait une dose équivalente d'innocence et de confiance en autrui, comme s'il avait atteint à un moment de sa vie un état transcendantal de l'esprit. Mais sous cette patine d'exaltation on devinait aussi une fêlure profonde, une fracture sentimentale qui relevait presque de la psychiatrie. Il était facile d'imaginer Adler caché dans un recoin de son entrepôt, se couvrant subitement le visage pour éclater en sanglots.

Je bus une autre gorgée, en attendant qu'il poursuive. Mais il semblait paralysé par l'hésitation.

– Je vais vous raconter, oui. Mais avant j'aimerais vous demander, si vous permettez, de mieux m'expliquer… ce que vous voulez dire exactement par cette échelle de votre dévotion qui se situe à deux et demi ou trois ? Vous êtes observant ? Vous vous sentez juif ou non ? interrogea-t-il avec une lueur d'impatience perceptible dans son regard.

Je me rendis compte que ce n'était pas une question de pure forme. Pour quelque raison, avant d'aller plus loin Adler voulait comprendre avec qui diable il était en train de parler.

– Je vais essayer de vous répondre du mieux que je peux, bien qu'il s'agisse d'une vaste question que je n'ai pas abordée depuis des années. J'ai été élevé par des parents orthodoxes, enfants, petits-enfants et arrière-petits-enfants de petits commerçants en tenue traditionnelle, des gens illettrés qui se méfiaient de leur environnement. Au fil des générations ma famille, qui vivait à la campagne, a perdu contact avec les rabbins et les figures de référence, alors en se retrouvant isolés et de plus en plus terrorisés par la vie contemporaine, ils ont institué à la maison un cadre religieux très élémentaire, que je ne qualifierais même pas de juif, dépourvu de toute conception du monde et de sens de la collectivité. Ils étaient les pratiquants de leur propre sermon, et obsédés par la menace permanente de la faillite ils se consacraient sans répit au travail. Chez moi, à la différence de la tradition dans les familles orthodoxes, l'accent n'était pas mis sur les rites et les célébrations, mais sur les interdits. Mes parents ne donnaient pas l'impression de s'aimer et, au long des presque deux décennies où j'ai vécu avec eux, n'ont pas témoigné davantage d'amour pour leur fils.

Encore que je n'écarte pas que dans leur for intérieur ils avaient pour moi, sans l'exprimer, une certaine affection. Les années passant, et surtout après ma bar-mitsvah, j'ai commencé à découvrir qu'il y avait un monde juif hors de la maison, beaucoup plus vaste que ce qu'ils m'avaient enseigné. Mon intérêt progressif pour la science et le fait que mes deux parents, en même temps et après une vie de pénitence aveugle, meurent de la façon la plus affreuse et absurde, m'ont inexorablement éloigné de tout cadre religieux. J'ai compris qu'embrasser une croyance ne fait pas de nous de mauvaises personnes, ni de bonnes non plus par définition. Il ne s'agit pas à proprement parler d'un manteau protecteur, ni d'une arme, même si on peut s'en servir des deux manières, et j'ai pris conscience que certains des crimes les plus horribles commis par des êtres humains avaient été justifiés comme des actes de piété. Je suis devenu médecin, non pour guérir mes semblables mais pour découvrir dans un laboratoire les secrets de la vie mentale, et tout au long de ces recherches j'ai eu de nouvelles preuves que même ce que l'on tient pour glorieux a une origine étroitement matérielle. Mais malgré cette dérive, dans ma jeunesse j'ai pris contact avec des groupes de Juifs laïques, des clubs, j'ai participé à des débats. J'ai compris alors qu'une partie du peuple juif avait réussi à dépasser le strict substrat religieux qui l'unissait en faveur d'un regard séculier célébrant par-dessus tout sa condition de communauté qui partage et gère un legs. Quelque chose de plus qu'une culture et même, en termes pratiques, beaucoup plus qu'une religion. J'ai commencé à y voir un promontoire, un belvédère, un creuset spécifique pour accéder à une certaine compréhension du monde, et qui pour cela même intègre en son sein un grand nombre d'individus qui recueillent le legs sans embrasser la foi. J'ai toujours cru que cette capacité à séparer la communauté de la foi était une des forteresses fondamentales de notre peuple. Car tout laïque que je sois, je ne renie pas une seconde cet héritage. Je suis un athée qui appartient à une communauté. Je ne peux pas être autre chose, j'ai déjà des cheveux gris et à mon âge je ne peux plus me permettre de croire en un dieu bon, encore moins en un dieu vengeur, ni de placer entre ses mains présumées mon espoir et mes illusions. S'il me fallait croire en un dieu, ce serait celui de Spinoza, c'est-à-dire un créateur qui préfère que les hommes, au lieu de passer leur temps à le louer, s'occupent de leurs affaires et éclairent comme ils peuvent leur propre chemin. Il se peut que la science ne soit pas incompatible avec le sentiment religieux si on l'aborde dans un sens abstrait ou cosmique, mais après avoir passé des années dans un laboratoire, il n'est pas possible de croire en un dieu qui palabre avec les humains, qui donne de l'importance à leurs rites et observe comment ils sont habillés, autrement dit un dieu velléitaire, soumis à ses propres appétits et à ses colères. Nous sommes trop vieux pour croire à ces choses.

Adler me regarda alors avec tristesse, comme quelqu'un qui découvre soudain dans un café qu'il manque une main à son voisin de table. Il m'adressa un sourire de compassion, clairement compensatoire, comme s'il voulait, après avoir regardé fixement le moignon, me faire savoir qu'il m'acceptait malgré mon handicap.

– Ce que je veux dire c'est… excusez-moi.

J'interrompis aussitôt ce début d'éclaircissement sur les ombres et les lumières de mon manque de foi, car je sentis tout à coup l'urgence irrépressible de prendre le dossier sur l'étagère et de l'ouvrir à la deuxième page de l'ébauche d'*Une vie pleine de sens*. Je venais de percevoir à l'estomac la sensation bizarre que notre conversation faisait un étrange écho aux passages que j'avais lus et que je devais consulter sur-le-champ.

C'était étrangement providentiel qu'Adler soit venu me poser ces questions un instant à peine après que j'avais lu, dans le texte brouillon et inachevé d'Iris Kaplan, une ligne en particulier qui me trottait dans la tête. Et bien que les irruptions de sa fille dans la page m'aient demandé, comme avec urgence, de m'occuper d'une autre liste de requêtes, la phrase s'était réfugiée dans un recoin à l'abri de ma conscience et semblait y grossir dans l'ombre comme une tumeur. Je sortis la page du dossier et trouvai le passage en question : "la prémisse autour de laquelle se structure tout système vivant est d'éviter les surprises". L'idée, qui était beaucoup moins simple que son caractère succinct ne le suggérait, exigeait une attention soutenue que je n'avais pas fournie à la première lecture, elle me tirait maintenant par la manche comme un enfant réclame qu'on le prenne dans les bras au moment même où nous ne pouvons pas le satisfaire. Il ne s'agissait pas du tout de la sorte d'idée qu'on s'attend à trouver dans un livre de développement personnel. J'avais peut-être sous-estimé le public qui faisait la queue dans les magasins ou les kiosques pour acheter les livres de Kaplan, mais il m'était difficile de penser que quelqu'un pût lire simplement cette phrase et la comprendre au vol. De même celle qui la précédait deux lignes plus haut, énonçant, ni plus ni moins, "Le degré de certitude avec lequel on entame une stratégie est inversement proportionnel à la consommation d'énergie qu'elle exigera". Il s'agissait, pensai-je, de concepts qui ne pouvaient s'appréhender aisément dans un bus ou une salle d'attente. Un moment je me demandai si la pauvreté récente de mon travail de laboratoire, la progressive disparition d'idées complexes dont ma vie avait souffert, au bénéfice d'un regard auto-contemplatif et biographique, n'avaient pas fini par me faire penser que chaque phrase, si simple qu'elle parût, cachait une vérité secrète.

Et voilà que maintenant, justement maintenant, quelques secondes à peine après que *M*, la fille de Kaplan, lui avait reproché à l'encre bleue dans les marges de son manuscrit d'avoir tenté, en invoquant ces mêmes préceptes, de recourir trop vite au Talmud, Adler venait me voir pour parler du sens de la vie et me demander de but en blanc jusqu'à quel point j'étais juif, ou, selon ses mots, observant. On aurait presque dit qu'il avait flairé la soirée entière dans ma tête et, sur place, continuait obstinément à me scruter, à en juger par sa façon de surveiller mes gestes comme si, à force de me dévisager, il allait enfin trouver en moi une sorte de pierre philosophale.

Bientôt, Adler ne put supporter plus longtemps que je lui aie tourné le dos à l'improviste pour consulter le manuscrit, ni le silence que je lui avais imposé entre deux phrases, et il se sentit obligé de reprendre son interrogatoire.

– Excusez-moi de vous interrompre par une question. C'est que pendant que vous regardiez ces notes, je réfléchissais. Je ne sais pas si j'ai bien compris – dit-il, l'air soucieux –, mais dans votre explication je ne vous ai pas entendu mentionner ce deux et demi sur l'échelle de dévotion auquel vous faisiez référence, ni d'ailleurs le trois. De quel niveau de dévotion vous vouliez parler si vous êtes athée ?

– Je vois que vous prenez au sérieux la quantification des variables. Si vous conservez cette excellente habitude, vous feriez un bon scientifique, dis-je avec une intention humoristique ratée, car il me regardait encore avec une perplexité qui ne semblait pas du tout préluder à un sourire.

– Je peux au moins faire la différence entre deux et demi et zéro. N'oubliez pas que je gère une affaire. Je sais compter, dit-il.

– Si cela vous intéresse vraiment, je vais essayer d'être plus précis. Permettez-moi de trouver les mots qui conviennent. Parfois, certains jours, on a l'impression de voir la vie comme si on venait de sortir d'une longue hibernation et qu'on ressentait le besoin insatiable d'entrer en contact avec tout ce qui existe. Cela arrive souvent quand on est jeune, et de moins en moins à mesure qu'on vieillit. C'est une espèce d'urgence d'embrasser chaque chose de l'univers. Quand on est envahi par ce sentiment, le monde paraît assembler chacune de ses pièces avec un énorme niveau de rigueur et d'exactitude. Non seulement tout fonctionne bien dans son ensemble, mais en plus chaque petit élément semble occuper un endroit précis, nécessaire et magnifique. Sous l'influx de cette espèce d'épiphanie, nous trouvons soudain trop heureux que les animaux qui paissent disposent d'herbe et les chasseurs de proies ; qu'il y ait un soleil qui fournit de l'énergie à ces cycles, qu'il y ait sur terre l'exacte proportion de gaz nécessaires à la respiration, que les espèces puissent survivre et se reproduire grâce à un instinct aussi précis et régulier qu'une horloge… Ça fait simplement beaucoup… Même pour quelqu'un comme moi, qui a consacré sa vie à comprendre les chaînes causales, la chimie concrète et le cycle évolutif qui génère chacun de ces processus, il est impossible de ne pas avoir l'impression que l'univers entier, cette entreprise monumentale et aveugle, fonctionne d'une manière énigmatique et parfaite. Les jours comme ceux-là, mon esprit résiste à accepter que cette harmonie soit entièrement aléatoire, car dans le bilan mathématique de toutes choses se laisse deviner une intention, et sans penser un seul instant aux nombres ni à cette échelle dont je parlais, sous l'effet de cette extase je dépasse largement le deux et demi en question. Ce chiffre que je vous ai donné n'est qu'une moyenne, qui doit aussi prendre en compte les autres jours, décidément majoritaires dans ma vie, où je me demande quel sens il y a à sortir de son lit.

Je venais de soumettre Adler à des interrogations aussi candides et abondantes que les siennes, aussi se sentit-il obligé de garder le silence et de boire une gorgée de liqueur de prune. Il semblait passer intérieurement en revue la séquence de faits chanceux par lesquels les rayons du soleil avaient fait germer les fruits, permis leur récolte et éclairé leur ferment, car il hochait la tête de droite à gauche comme s'il suivait un long défilé d'images. Puis il me regarda. Il avait encore quelque chose à dire.

– Eh bien… c'est que Ellenberg estime important, mais pas indispensable, que les gens auxquels il vient en aide aient une sorte de sentiment divin. Excusez-moi d'insister. Mais comme je n'ai pas l'intellect assez développé pour établir si vous êtes moins observant que moi, ou beaucoup plus, je vais devoir considérer votre témoignage comme valable, me dit-il alors.

– Vous me soumettiez à un test ? lui demandai-je très intrigué.

– On pourrait dit que c'est mon propre critère qui était soumis à un test. Vous savez, le jour où j'ai fait votre connaissance, en vous voyant à genoux devant vos caisses, la première chose que j'ai pensée était : "Voilà un homme réellement dévot." Je ne sais pas pourquoi j'ai eu cette impression. Peut-être à cause de l'attitude stoïque avec laquelle vous examiniez tout ce bric-à-brac. Vous ne pestiez pas, vous ne demandiez pas qu'on vous plaigne. J'ai pensé que d'une certain façon votre silence plaisait à Dieu.

– Ha ha ! – J'ai ri de bon cœur. – Si vous continuez à venir me voir avec des liqueurs, vous saurez vite combien j'ai du mal à garder bouche close. Je crois que vous avez eu une fausse impression, mais j'apprécie votre jugement.

Adler leva son verre comme pour trinquer à ma santé, mais suspendit son geste à mi-chemin. Un nuage intérieur assombrissait encore son visage.

– Mon frère m'a dit aussi qu'une date avait été fixée pour la première audience devant le juge. C'est dans dix jours. Il paraît que votre épouse a remué ciel et terre pour que cela ait lieu cette semaine parce que votre fils doit partir dans un camp de vacances et qu'elle veut le tenir éloigné du carnage qu'elle vous réserve, avoua-t-il enfin. Alors, libéré de ce poids, il but son verre d'un seul trait et s'empressa, sans rien dire, de s'en servir un autre.

Cette nouvelle, qu'il considérait douloureuse, était beaucoup plus prometteuse pour moi qu'il ne l'imaginait, car Adler venait de confirmer indirectement que Deborah avait consenti à envoyer Aarón loin de la maison. Même si l'audience se tenait juste cette semaine-là, j'étais sûr d'avoir l'occasion de m'éclipser jusqu'au camp et de partager enfin avec mon fils un moment seul à seul, pour lui expliquer ma situation et apprendre la sienne. Je terminai mon verre jusqu'à la dernière goutte et Adler m'en servit aussitôt un autre d'autorité.

– Ellenberg, reprit-il alors en tâtonnant, que j'ai vu hier pour mes propres affaires, m'a dit qu'il rencontrait souvent le rabbin Winkowski. Vous le connaissez ?

– Bien sûr, dis-je étonné. – C'est le rabbin qui conseille Herzfeld. C'est lui aussi qui m'a marié, car mon beau-père avait insisté pour que ce soit lui et personne d'autre, et je n'avais rien trouvé à y redire. Winkowski était déjà vieux à ce moment-là, ce doit être maintenant un vieillard éternel. Il m'a toujours paru impénétrable, il suivait Herzfeld dans ses pires intuitions, je me demande parfois s'il n'est pas indirectement responsable de la chute sur ma vie de l'étagère entière du Talmud ces dernières années.

– Eh bien, Ellenberg m'a dit qu'il avait déjeuné avec lui et qu'il avait des nouvelles fraîches que vous devriez connaître. Je lui avais un peu parlé de vous pendant mes visites, car ce n'est pas un secret que votre situation m'attriste vraiment, et cela a dû l'émouvoir parce qu'il a pris le temps de se renseigner sur votre cas. Et je crois qu'il a réussi à apprendre quelque chose. Je vous l'ai dit, Ellenberg est un homme probe, il ne dirait pas qu'il a des nouvelles si c'était un détail sans intérêt. Je ne sais pas exactement de quoi il s'agit parce que, je le répète, c'est un homme discret, il m'a dit qu'il ne le divulguerait qu'à vous et en privé. Mais avant de fixer un rendez-vous, il m'a demandé de vérifier si vous étiez pratiquant, car je n'ai pas su lui répondre avec précision. Je lui ai seulement dit vous avoir vu accepter votre destin sans lever le poing ni maudire, et qu'à mon avis c'était un bon indice. Il m'a alors demandé de façon plus spécifique si vous étiez susceptible de tirer profit d'un dialogue avec un rabbin. Je n'ai pas su quoi répondre, d'où ma visite aujourd'hui.

– Et maintenant, vous avez l'impression que vous avez appris ce que vous vouliez savoir ? lui demandai-je, encouragé.

– J'ai un peu de mal à l'exprimer avec précision. Je crois que je vais simplement dire au rabbin que vous êtes un homme beaucoup plus dévot que vous ne le pensez. Je suppose que ça lui suffira.

13

Les jours suivants je dévorai, à raison d'un livre par jour, *Dix tâches que nous faisons toujours mal*, *La Lumière et le temps* et mon préféré, *Les choses ne sont pas ainsi,* que Kaplan avait publié un an avant sa mort. Dès que j'ouvrais les yeux le matin, je prenais le premier livre posé sur l'étagère et je sortais marcher dans le quartier. À une vingtaine de rues de l'entrepôt, où les usines commençaient à s'espacer, s'ouvrait une petite place arborée, avec une fontaine et des bancs autour. Bercé par la rumeur de l'eau, je m'asseyais pour lire et laisser passer les heures, ce qui me permettait de distraire un peu la faim et l'impossibilité de m'offrir un bon petit-déjeuner. Parfois je rassemblais des centimes pour acheter un pain, que je mangeais petit à petit, et la matinée filait dans cette séquence vertueuse.

Je n'aurais jamais pensé que la lecture de Kaplan allait être aussi absorbante. S'il était vrai que ses livres relevaient du genre développement personnel, je devais m'accepter comme un converti. Certes on y trouvait quelques références au Talmud et même des allusions à l'expérience mystique. Mais dans tous les cas ce n'étaient que des citations circonstanciées, introduites de façon naturelle dans un texte qui restait amène et érudit. Au milieu d'une prose d'apparence lisse, l'auteure insérait, au moins une fois par page, une phrase qui obligeait le lecteur à reconnaître une facette essentielle de la vie à laquelle il n'avait jamais songé, en tout cas pas en termes aussi suggestifs et précis. Par exemple, page cinquante-six de *La Lumière et le temps*, je trouvai : “On peut accepter comme un fait incontesté qu'un organisme vivant n'est jamais que la forme que prend un génome pour produire une copie de lui-même, mais on pourrait aussi dire qu'un corps est le véhicule dont se sert un genou pour produire à la longue un autre genou, ou qu'une supernova est le mécanisme que doit suivre une étoile pour produire de nouvelles étoiles. Le fait que chacune de ces formulations puisse être considérée comme plus ou moins vraie ne la rend pas nécessairement utile."

Page cent quatre-vingts de *Dix tâches que nous faisons toujours mal*, où est analysée la contribution de Hamilton, un théoricien évolutionniste relativement inconnu pour toute personne étrangère à l'exercice professionnel de la biologie, Kaplan notait : "Le modèle évolutif qui centre son attention sur la survie de l'individu et la simple reproduction de ses gènes fait abstraction de l'idée que les organismes ne sont pas des unités discrètes qui s'adaptent à un milieu ambiant statique. Chaque lichen, chaque insecte ou chaque ornithorynque constitue en soi un petit écosystème qui loge en son sein d'innombrables bactéries et parasites, organismes qui doivent être considérés à part entière comme des individus, et qui poursuivent une carrière évolutive qui leur permet éventuellement de s'adapter ou de dépasser le système immunitaire de son hôte. De sorte que l'évolution ne peut se décrire de manière crédible en faisant appel à l'image d'un archer aveugle qui vise une cible en mouvement. Car en réalité cet archer participe d'un système infini de cibles mobiles, à l'intérieur et à l'extérieur de ses diffuses limites corporelles, chacune impliquant à son tour d'autres innombrables archers décochant aléatoirement la quasi-totalité de leurs flèches sans atteindre une cible. Et chaque cellule renferme aussi des archers tirant séparément des flèches, puisque la mitochondrie abrite son propre génome. Imaginer l'évolution d'un cheval comme le processus par lequel un petit équidé s'est adapté au galop ignore le fait que la prairie sur laquelle se déplace l'animal s'adapte à son allure et à celle de millions d'autres bêtes, mais aussi qu'une part de son hasardeux parcours évolutif dépend de sa capacité d'échapper à la vitesse suffisante aux formes de vie qu'il recèle." Cette image de millions d'archers aveugles de différentes échelles, dans et hors de chaque corps, épithélium ou organelle, tirant une myriade de flèches qui ne visent aucune cible, ne me quitta pas ce matin-là jusqu'au déjeuner, que je pris dans mon logement après la promenade, en regardant par la fenêtre tout en savourant un ragoût chaud de haricots et le charme indélébile de cette image.

Dans les premières pages des *Choses ne sont pas ainsi*, Kaplan avait écrit : "L'impératif d'affiner les modèles scientifiques nous pousse à céder à certaines tentations récurrentes. Il existe un vertige caractéristique de la théorie, car il naît de la discipline même du questionnement et nous entraîne irrésistiblement vers le paradoxal. Comme tout au long de l'histoire la plupart des révolutions de la pensée ont impliqué, d'une manière ou d'une autre, une inversion de termes, il est difficile d'échapper dans nos recherches à l'attrait hypnotique de prendre un problème irrésolu, de le considérer dans une perspective opposée à l'habituelle et de le définir par son envers. Au point que nous avons coutume de concevoir l'inversion même comme la seule voie d'accès à une nouvelle compréhension. Pour mieux décrire la forme par laquelle le soleil célébrait sa présumée rotation autour de la terre, nous avons dû finir par comprendre que c'étaient nous qui tournions autour du soleil et non l'inverse. Autrement dit le modèle n'est devenu cohérent qu'en inversant diamétralement ses termes. En examinant théoriquement la précision et l'apparente perfection que présente la création de la vie, nous avons fini par déloger du modèle l'idée même d'un créateur. Et pour comprendre comment la gravitation est capable de propager sa force à travers l'espace, il a fallu conclure qu'il ne s'agit pas en réalité d'une force, qui ne se propage donc pas, mais d'une propriété de l'espace même. Chacune de ces étapes magiques a supposé de placer le point de départ du nouveau cadre de référence à l'endroit où se situait son apparente destination finale. Je ne serais pas surprise que même la conscience, cette entité insaisissable qui a jusque-là éludé, comme si c'était un ultime réduit inexpugnable, une théorie qui la comprenne entièrement, parvienne un jour à traverser une inversion de ses termes et finisse par démontrer que nous examinons le problème exactement à l'envers. Peut-être que la citadelle que nous avons vue jusque-là comme le réduit le plus intime et le plus caché de notre sphère personnelle, se révélera enfin comme un système purement extérieur, dont l'évolution ne nous a dotés que pour comprendre depuis quelque belvédère cohérent les processus mentaux des autres." Bien qu'elle n'offrît pas de références ni de preuves concrètes de laboratoire pour étayer son hypothèse, il y avait une forte résonance contemporaine dans sa proposition, qui la reliait indirectement à cent notions toutes fraîches de la neurophysiologie, obligeant à se demander d'où diable Kaplan sortait ses idées.

Dans ce dernier livre, son récit prenait subitement une tournure captivante, palpitante, car elle lançait des idées qui paraissaient plus controversées que celles de ses ouvrages antérieurs. Ce déplacement me suggéra, surtout au début, que Kaplan connaissait peut-être déjà le diagnostic médical de l'inexorable dénouement de sa vie et qu'elle avait tenté de doubler la mise, d'aborder dans ses livres des questions plus actuelles et brûlantes pour laisser une trace plus profonde dans la conscience publique.

Mais plus j'avançais dans la lecture, plus je commençais à entrevoir qu'on pouvait repérer dans le texte deux volontés en lutte. L'une paraissait plus mystique et fatiguée. Elle semblait consacrer ses efforts à concilier des idées, tandis que l'autre cherchait clairement à provoquer le lecteur. Je n'étais pas un savant de la syntaxe, ni capable de pratiquer une autopsie de la structure de chaque phrase, mais je commençais à deviner qu'il ne s'agissait pas seulement de deux élans distincts ou d'un discours conçu en forme de dialogue pour doter le texte d'une auréole socratique, mais que c'était l'œuvre de deux personnes distinctes.

Dans ma lecture, peut-être fantaisiste, on pouvait identifier une voix centrale, à la fois transcendante, globale et simple, qui correspondait sans aucun doute à l'Iris Kaplan de ses livres les plus populaires. Mais sur ce fond essentiel et mesuré faisaient parfois irruption des phrases acérées comme des dards, qui semblaient vouloir prendre le lecteur par les revers et l'arracher brutalement à une léthargie qu'elle n'était pas disposée à tolérer devant ses pages, et dont je ne pouvais attribuer l'acuité qu'à la plume de *M*.

Je n'arrivais pas à croire que les nombreux signes de la présence d'un coauteur dispersés dans le texte, rendant plus que plausible mon hypothèse à mesure que j'avançais dans ma lecture, aient échappé à l'œil scrutateur de ses agents. Mais je me dis aussi que ce livre ayant été publié du vivant de Kaplan, aucun de ses nombreux éditeurs, occupés qu'ils étaient à calculer les gains que le manuscrit allait leur rapporter, n'avait eu de raison valable de s'intéresser à de telles arguties littéraires. De plus, ce livre coécrit était aussi brillant que les précédents, mais beaucoup plus passionnel, ou, pour reprendre un adjectif qu'utiliserait Blum, *piquant*, un qualificatif qu'aucun commerçant n'eût jugé problématique.

Mais je me demandais également si l'intervention de *M* dans le texte d'une femme de plus en plus incapable de résister à ses suggestions n'aurait pas été détectée par ses représentants et ses avocats, et si elle ne serait pas à l'origine de la clause du testament excluant sa participation directe dans le processus éditorial du livre posthume. Après tout, ce n'était peut-être pas pour rien qu'avait été introduite dans le document une exigence aussi explicite et inhabituelle venant d'une mère.

Puisque j'en étais aux soupçons, je me demandais si, en formulant par écrit ces rigoureuses limites juridiques, l'intention de Kaplan n'avait pas été justement de protéger l'intégrité de son héritage et d'éviter que sa prose ne dévie de l'esprit œcuménique qui l'avait caractérisée les dernières années, au bénéfice d'un ton plus enclin au partage des eaux entre adeptes et détracteurs.

En tout cas il faut dire que les passages du livre qui paraissaient imprégnés du ton de *M* n'avaient rien de critiquable. Au contraire, dans sa manière de poser des questions ordinaires et générales sous un angle nouveau, on percevait non seulement l'ambition de donner à chaque problème une approche originale, mais aussi l'intention d'honorer l'envergure et l'aisance de l'Iris Kaplan des premiers livres. Il ne s'agissait pas simplement d'une jeune fille tentant de s'approprier la prose de sa mère pour la détourner vers ses propres positions, mais du désir de lui faire retrouver la vigueur et l'allant perdus pendant les années de déclin. J'imaginais qu'en se faisant passer pour sa mère, la fille ne cherchait pas à obtenir un quelconque gain personnel, mais à empêcher que l'œuvre ne perde de sa hauteur. Il y avait un dévouement palpable dans cette tâche, qui comprenait l'introduction de ses tournures verbales et de ses idiotismes. Je perçus même à la fin du livre, dans un passage où était abordée la morphologie des êtres vivants, une nette influence de *M* qui avait placé une citation du traité Shabbat, où le rabbin Yehuda, consulté sur les raisons pour lesquelles chaque animal a la structure qu'il a et pas une autre, revenait sur les queues et les appendices des espèces et concluait que chaque forme servait à remédier aux carences des autres. L'anecdote était parlante et jolie, mais le passage était en soi suffisamment profond et la citation n'ajoutait rien à la clarté ni à la hauteur du texte. Il était évident que *M* l'avait introduite pour rester fidèle au penchant de sa mère à invoquer le Talmud. C'était une pure concession aux affects d'une Kaplan déjà affaiblie, c'est-à-dire à sa volonté crépusculaire de revenir aux origines et un clin d'œil à ses aînés. S'il y avait dans le texte une aspiration susceptible d'être attribuée à *M*, c'était celle de se ménager, pendant les derniers jours de sa mère, une place plus définitive et inexpugnable dans ces entrailles qu'elle n'avait jamais habitées.

Bien sûr que toute cette trame serrée d'alternances que je croyais percevoir pouvait être taxée d'imaginaire. C'était une conjecture née de pures suppositions et peu conforme à quelqu'un qui avait consacré sa vie à des recherches en laboratoire. Tout le filet capricieux de recoupements textuels que j'avais tendu sur cette présumée écriture à quatre mains paraissait, si on prenait sa respiration et dissipait un instant le nuage des soupçons, une pure construction paranoïde.

Cependant, à mesure que j'arrivais à la fin des *Choses ne sont pas ainsi*, je commençais à recevoir du livre un nouvel indice imprévu de ce changement régulier de plume. L'un d'eux, à la fois plus indirect et plus flagrant, me parvint par des voies beaucoup plus palpables que celles produites par mes propres élucubrations. Ce fut d'abord un léger frémissement de la peau du cou, suivi d'un afflux de sang de plus en plus abondant dans cet appendice quasi oublié où avait quelquefois comploté ma masculinité, que des passages réveillaient comme un golem endormi, fait d'un amalgame ancestral de fibres et de veines, et remettaient en marche. Certains penseront, probablement avec raison, que le fait qu'un certain type de phrases provoque en moi un désir charnel très cru, relevait d'un niveau de rêverie hallucinatoire proche de la folie. C'était peut-être la conséquence de jours et de semaines d'insomnies, à manger sur le pouce et à passer des heures devant la fenêtre le regard dans le vague. Mais, quand bien même on considérerait ces faiblesses et on attribuerait cette subite aimantation à une illumination délirante, il était indéniable que la capacité d'imaginer une femme sur un plan amoureux, ce système abandonné dans un coin de ma nature et que je ne visitais plus depuis des années, s'enflammait dès que je me représentais que les doigts qui écrivaient étaient ceux de *M*, une espèce d'apparition qui, dans ma vision, portait toujours un maillot de bain, le seul vêtement dans lequel je l'avais vue.

J'étais conscient de la monstruosité qu'impliquait cet appétit soudain pour une femme qui avait atteint la majorité depuis un quart d'heure, alors que j'étais pour ma part un vétéran du désenchantement, dont le corps courbé et flaccide n'avait rien à offrir à une personne dans la fleur de l'âge. Bien évidemment, j'étais aussi capable de percevoir que ce genre de fantasme ne pouvait relever que de la classique répugnance des hommes mûrs à prendre une fois pour toutes le tournant de la vieillesse et à se laisser aller au déclin. Mais, bien que le rabbin sentencieux que chacun porte en soi m'obligeât à tenir compte de sévères avertissements sur ma condition de père, de mari en conflit, mais qui a encore une famille à protéger, et de professionnel qui allait devoir reprendre dans quelques jours une carrière moribonde, je ne pouvais pas ignorer ma renaissance. Je me réfugiais dans l'idée qu'en sentant ces bourgeonnements je ne prenais aucune initiative ni n'entamais aucun processus. Je me permettais seulement, sur un plan rigoureusement imaginaire, de sentir qu'une personne me procurait à la fois désir et joie. Où était le mal ?

Les jours suivants, pendant que je laissais filer de façon irresponsable le temps qui restait avant une audience pour laquelle je ne m'étais pas du tout préparé, je me surpris souvent à feuilleter le manuscrit pour y trouver des notes écrites de la main de *M.* Les repérer m'offrait, surtout dans les moments de découragement, une grande consolation. D'une part, je me réjouissais de savoir qu'au moins une jeune fille dans ce monde comprenait les subtilités de la morphologie des espèces ou de la microbiologie, ce qui m'avait pris cinq décennies à percevoir avec moins de hauteur et d'éclat. D'autre part, je sentais qu'en essayant de composer le livre de sa mère je n'étais pas un simple gratte-papier au service de marchands de nouveautés, mais un camarade qui l'accompagnait dans sa croisade personnelle, et cela m'aidait à me mettre en route de meilleure humeur.

Un soir, alors que j'étais plongé depuis cinq jours dans la révision en boucle des documents sans avoir réussi à écrire un seul paragraphe, Adler frappa à ma porte.

– On vous appelle au téléphone de la réception, me dit-il avec son habituel mélange d'excitation et de tristesse lorsque je lui ouvris. Comme je n'attendais aucun appel, il me fallut une seconde pour répondre.

– Je viens tout de suite. La personne a dit son nom ?

– Miriam, répondit Adler. Miriam Kaplan.

J'en restai coi, troublé. Comment avait-elle réussi à me trouver alors que je ne lui avais pas donné mes coordonnées ni obtenu les siennes. Jamais, pas même dans mes projections les plus fantaisistes sur le déroulement d'une deuxième rencontre, je n'avais imaginé qu'elle s'adresserait directement à moi. Son appel était une bénédiction ou une catastrophe, selon que je serais capable ou non de le conduire à bon port. J'espérais juste que mon hôte n'avait pas répondu au téléphone en disant : "Entrepôt Adler", ou quelque chose de semblable, car cela aurait démoli la soigneuse composition de mon personnage. Mais tandis qu'une partie de ma tête se livrait à ces craintes, l'autre répétait simplement "Miriam, elle s'appelle Miriam !", comme si ce détail était en soi une bonne nouvelle. Je me dis que le fait qu'elle porte le nom de la mère suggérait que pendant son enfance elle n'avait pas eu un père disposé à lui offrir son patronyme et à s'efforcer d'aplanir son chemin, et l'aperçu de ce désarroi produisit en moi une profonde tendresse.

Nous traversâmes l'entrepôt avec une véritable urgence. J'avais beau me sentir aussi abandonné qu'avant, je tremblais d'allégresse. Adler, qui était un homme perspicace, se rendit compte que l'appel avait provoqué en moi une excitation hors du commun.

– C'est à propos du jugement? me demanda-t-il pendant que nous marchions.

– Non, répondis-je sobrement, et je pressai le pas.

– Bon, parce que je voulais vous en parler, dit-il en haletant. – Il se trouve qu'aujourd'hui…

– Pas maintenant, lui dis-je sur un ton tranchant. Son intention était bonne, comme toujours, mais le moment n'était pas opportun. Je ne voulais pas à l'instant où j'allais entendre de nouveau la voix de *M*, devenue subitement Miriam, que quiconque, si attentionné qu'il fût, me contamine avec l'univers menaçant de Deborah, de mon beau-père, du conflit ou des avocats. Je voulais me sentir comme un nouveau-né, pur, pour que Miriam puisse prendre contact avec la nature cristalline de mes sentiments et de mes intentions.

Nous arrivâmes au comptoir et je pris le téléphone.

– Bonjour, Miriam. C'est David Badenbauer, dis-je d'une voix qui se voulait transmettre la paix et une aura angélique, mais qui n'émit que le gémissement rauque d'un individu qui n'est pas sorti de sa cellule depuis des jours. Elle marqua une brève pause, sûrement destinée à se demander si nous nous appelions par nos prénoms, ou si ma façon de la saluer tenait d'un excès de familiarité. Puis elle s'éclaircit la voix.

– Comment ça va? fit-elle avec l'envie manifeste d'aller droit au but. – J'ai demandé votre numéro à

Blum. Il a dit que vous ne l'aviez pas encore appelé pour l'informer des progrès de votre travail et que ça le rendait un peu nerveux.

Je n'avais pas imaginé que telle allait être la tonalité générale de la conversation. Dans ma tête *M* était une épistémologiste précoce qui volait trop haut pour se soucier de ces broutilles, bien que dans notre entretien près de la piscine le ton avait été beaucoup plus proche de cet appel que de celui de mes vaporeux fantasmes romantiques.

– Il n'était pas prévu que je l'appelle avant d'être parvenu à une ébauche complète du premier chapitre, dis-je déjà sur la défensive, suggérant au passage par l'ambiguïté de ma phrase que le travail était en route, ce qui était loin d'être vrai.

– Vous avez pu avancer? me demanda-t-elle avec cette clairvoyance des femmes, ajoutée dans ce cas à la sagesse rarissime de qui peut élaborer des idées originales à partir de la sociobiologie de Hamilton.

Je savais que si à cet instant je m'engageais dans une de mes pauses typiques j'allais finir par détruire ma façade et me trahir comme l'individu tenaillé par la terreur que j'étais réellement. De plus, sur un plan idéal, même plus élevé que le platonique, j'étais convaincu que d'une certaine façon j'aimais cette femme, je décidai donc, comme une mesure désespérée, de combattre frontalement toute imposture. La meilleure défense c'est l'attaque, a dit une fois un complet irresponsable. Donc, vu qu'il ne me restait plus de munitions, je m'apprêtai à m'élancer baïonnette au canon vers un affrontement au corps à corps.

– "Un jour, commençai-je, énigmatique, le rabbin Yehuda était chez ses beaux-parents lorsque l'un de ses disciples, le rabbin Zaira, arriva désireux d'apprendre les formes de la nature. Il lui demanda pourquoi les chèvres femelles n'ont pas une queue identique à celle des brebis…"

– “Ceux qui nous couvrent sont couverts, mais ceux qui ne nous couvrent pas ne sont pas couverts”, compléta-t-elle, visiblement incapable de refuser un tel défi bibliographique.

Le sort en était jeté.

– Que je sois pendu si c’est Iris Kaplan qui a choisi de mettre cette citation du Talmud dans *Les choses ne sont pas ainsi*, dis-je enfin avec provocation.

Cette attaque frontale la laissa sans voix.

– Qu’est-ce que vous dites ? réagit-elle enfin.

Comme je ne pouvais pas voir son visage, je ne sus pas interpréter si mon propos l’avait intriguée ou simplement interloquée.

– Vous avez une plume magnifique, comme on disait à mon époque. – Je me rendis compte aussitôt que je venais de parler comme un vieillard. Même pas vénérable. Mais c’était trop tard.

– Je ne comprends pas ce que vous voulez dire, répondit *M.*

J’avais maintenant l’impression très nette qu’elle était nerveuse.

– Parlons franchement. Il y a dans le texte beaucoup d’éléments suspects. Des idées très récentes, commentées avec naturel comme lorsqu’on examine des concepts établis. La conscience de soi considérée comme un mécanisme incapable de produire une véritable introspection… Cette approche a cinq ans, dix tout au plus, et elle est encore discutée dans les petits cercles académiques. *Les choses ne sont pas ainsi* n’ont été publiées qu’il y a trois ans à peine. Vous allez me dire qu’une Iris Kaplan de plus de soixante-dix ans lisait tous les matins les articles universitaires du jour pour avoir un bréviaire des topiques du moment ? Il n’est pas nécessaire d’être un limier pour trouver les traces de votre participation décisive dans le processus d’écriture. J’ai lu vos notes dans la marge du manuscrit posthume. Allons, il n'y a rien de honteux à cela, bien au contraire. Vous devriez être fière, dis-je sur le point de m'envoler vers le délire, puis j'ajoutai pour terminer en fanfare mon épiphanie amoureuse : – Moi je suis fier de vous.

Mlle Miriam Kaplan, soudain paralysée par cette démonstration d'audace, ou peut-être cherchant à comprendre quelle sorte de folie elle venait d'entendre, garda un silence attentif. Je ne pouvais plus m'arrêter.

– Je suppose que pour un public profane, les différences entre les deux styles et intentions peuvent passer inaperçues, mais dans ma lecture les passages écrits par vous ressortent avec une coloration personnelle impossible à confondre, comme s'ils étaient imprimés avec une encre différente. – Je me rendis compte en prononçant ces derniers mots que je devais me taire au plus vite, sinon je courais le risque d'être taxé de dément, dénoncé à Blum et aux avocats, et très certainement de perdre ma seule source de revenus pour la prochaine année. Tout ça parce que, cédant comme toujours à mon incontinence verbale, je n'avais pu m'empêcher de lui exposer cette absurde théorie que j'avais élucubrée en tournant en rond jours et nuits, insomniaque, dans mon taudis de l'entrepôt.

J'entendis derrière moi un grincement et en me retournant je vis Adler pousser une table au centre de la pièce, autour de laquelle il installa trois chaises. Tandis que je m'efforçais de déceler tout indice éventuel dans le silence à l'autre bout de la ligne, il prit une pile de tasses dans une main et une assiette avec du pain *challah* dans l'autre. Il fit un geste en me regardant dans les yeux et forma sur ses lèvres un mot que je ne compris pas. Je lui tournai le dos et revins au téléphone, comme si reprendre ma position pouvait me permettre d'affronter enfin le regard de Miriam et savoir à son expression si elle était décidée à me trahir.

C'était le moment de lui présenter des excuses pour mes outrances et de la supplier, à genoux, de ne pas me priver de la dernière possibilité de recouvrer mon indépendance financière. Mais à l'instant où j'allais le faire, j'entendis une espèce de soupir dans l'écouteur.

– Vous avez parlé à quelqu'un de ces impressions sur le texte ? me demanda-t-elle sur le ton le plus neutre jamais émis par une personne.

– Bien sûr que non. Je me considère comme un employé à votre service et je me dois, par-dessus tout, d'être loyal, dis-je dans un registre grave et pompeux, jouant encore le rôle d'honorable détective de la littérature.

Elle s'éclaircit légèrement la voix. Le tintement des tasses, des assiettes et cuillers dans mon dos m'empêchait de percevoir les modulations de sa respiration.

– Venez demain chez moi, à cinq heures, me dit-elle d'une voix qui tentait de nouveau de masquer toute émotion. – L'heure vous convient ?

Cette dernière question l'avait trahie, car sa façon de mesurer son souffle révélait une trace d'anxiété.

– J'y serai, répondis-je en m'efforçant par ces deux mots de neutraliser le ton de démence qui avait été le mien pendant la conversation.

M raccrocha sans rien ajouter.

Je restai un instant figé, incapable de décoller l'écouteur de mon oreille. De toutes les réponses possibles, Miriam Kaplan m'avait donné celle que j'attendais le moins. Elle ne m'avait pas simplement dit : "Ce que vous venez d'affirmer est complètement farfelu." Au contraire, sa réaction avait été succincte et ses questions brèves et embarrassées. Sa seule phrase plus ou moins longue était destinée à savoir si j'avais partagé ma théorie avec un tiers, une question qui n'avait un véritable sens que si elle comportait un élément susceptible d'être utilisé contre elle.

J'étais en train de marmonner ces raisonnements lorsque j'entendis la voix d'Adler.

– David, aujourd'hui c'est mardi, vous vous rappelez, non ?

– Quoi ? demandai-je, agacé.

– C'est justement ce que j'essayais de vous dire pendant qu'on allait au téléphone : c'est aujourd'hui que vient le rabbin Ellenberg.

– Aujourd'hui ? – Je sentis que je n'avais même pas la force d'écouter la voix de ma propre conscience. – Je n'ai presque pas dormi. À quelle heure vient-il ?

– C'est pour ça que je ne pouvais pas attendre que vous terminiez votre appel pour mettre la table. Il doit arriver justement dans trois minutes. Et il est très ponctuel. Dites-vous que venir vous voir est un geste très généreux de la part d'un homme qui a beaucoup d'engagements et d'obligations.

– Merci, j'apprécie vraiment. Qu'est-ce que vous avez posé sur cette table ? – Je ne voulais pas que le dernier être humain au monde qui paraissait croire en moi soit blessé par mon humeur revêche.

Adler accueillit ma question avec modestie.

– Rien. Des bricoles, rien d'extraordinaire. Un peu de *challah*, du thé chaud, juste pour que cet homme se sente bienvenu. Sa présence est un honneur pour cette maison. Vous ne voulez pas vous débarbouiller un peu avant qu'il arrive ? Vous avez l'air un peu négligé. Je suis désolé de vous presser de cette manière. Je sais que vous vivez un moment difficile.

J'acquiesçai avec toute l'amabilité dont je fus capable et je me rendis dans un petit cabinet de toilette pour les ouvriers derrière le comptoir. Là, sous une lumière blafarde et devant un miroir aux bords irréguliers, collé au mur avec du ruban adhésif d'emballage et décentré par rapport au lavabo, je pus enfin voir mon visage, que je n'avais pas affronté depuis des jours. On aurait dit un homme qui vient de survivre à un effondrement et qui cherche, avec une expression de désespoir, ses êtres chers dans les décombres.

À l'instant où je concluais que je n'étais en condition de recevoir personne, fût-ce le plus éminent et pieux des rabbins, la sonnette retentit.

14

La stridence du timbre vibrait encore entre mes tempes, lorsque Adler m'invita à le suivre à la porte de l'entrepôt. Il l'ouvrit d'un geste cérémonieux et fit entrer son invité.

Ellenberg était petit et sec. Il n'avait pas l'air d'un rabbin. N'eût été la kippa qu'il portait légèrement inclinée sur la tête, il avait l'allure d'un vieux professeur ou d'un notaire à la retraite. Sa veste un peu râpée avait des empiècements de cuir aux coudes, la chemise qui semblait choisie seulement pour son confort était protégée par un humble gilet de laine.

– *Shalom*, fit-il.

– *Shalom aleichem*, répondit d'abord Adler, puis moi.

– *Vi geyt es?* demanda alors le rabbin.

– *Es geyt gut, a dank*, répondit Adler, ajoutant : – Le docteur Badenbauer vous remercie infiniment d'avoir pris la peine de venir.

Le rabbin sourit en me regardant avec attention, car je n'avais accompagné d'aucun geste la phrase de mon logeur. Le mot de "docteur" persistait dans ma tête, un titre que je n'avais jamais utilisé pour me présenter depuis de très nombreuses années. Alors, avec retard, je tentai une révérence qui resta à mi-chemin entre une génuflexion et un hochement.

– Bon, si nous devons parler la langue des gentils, je devrais ôter ma veste. Je crois que je suis trop habillé pour une collation entre amis, dit Ellenberg qui s'approcha de la table. Mais regardez-moi cette merveille que vous m'avez réservée, Menachem, vous êtes toujours aussi attentionné.

À cet instant je me rendis compte avec honte que j'avais souvent parlé avec Adler sans jamais lui demander son prénom. Menachem est un des prénoms qu'on trouve fréquemment dans le Talmud, et il était clair qu'Ellenberg aimait le prononcer.

– Je vous en prie, asseyez-vous, dit Adler. Le thé est chaud.

Le rabbin posa sa veste sur le dossier d'une chaise et s'assit. Il y paraissait encore plus petit, comme un enfant installé sur un trône et qui, une fois appuyé contre le dossier, ne touche pas le sol avec ses pieds.

– Ah, ce *challah* a l'air délicieux, c'est celui que prépare la femme d'Efrayim ? demanda Ellenberg lorsque Adler lui tendit l'assiette.

– Le même. Ce n'est pas grand-chose, juste un petit détail en votre honneur, beaucoup moins que ce que vous méritez, dit mon logeur avec un sourire un peu embarrassé. Il me regardait du coin de l'œil comme voulant me signifier : “J'ai pris la peine d'organiser cette rencontre, j'espère que vous n'allez pas dire n'importe quoi.”

Ellenberg inclina la tête avec gratitude.

– Et maintenant, avec votre permission, je vais vous laisser, dit Adler en se retirant en direction de la cour.

– Faites. Je vous remercie. La discrétion fait plus pour que nous gardions la tête sur les épaules qu'un manteau de cent cols, sourit le rabbin. Puis il garda le silence jusqu'à ce qu'Adler eût disparu dans une allée de caisses empilées. Alors seulement il se tourna vers moi.

– Menachem m'a appris que vos parents étaient *hassidim*, me dit-il en fixant ses yeux bleus sur les miens.

– Mes arrière-grands-parents étaient *hassidim*. Mes grands-parents et mes parents ont conservé une certaine version des rituels et des préceptes, mais à l'écart de toute communauté, répondis-je en sachant d'avance que je m'engageais sur un terrain glissant.

– Mais il n'y a pas d'orthodoxie sans communauté, les deux sont une seule et même chose, dit-il avec une certaine perplexité, bien que son expression montrât qu'il n'était pas homme à qui une conversation pouvait réserver de grandes surprises.

– Mes arrière-grands-parents, ou mes grands-parents, je ne l'ai jamais su exactement, ont été expulsés du petit cercle d'immigrants avec lequel ils étaient arrivés au pays. Cela s'est passé bien avant la naissance de mon père. On m'a dit qu'il y avait eu une espèce de dispute, dont le degré de déshonneur et de scandale fut suffisamment grave pour que jamais on ne m'en parle en entrant dans les détails. Comme dans ma prime enfance nous vivions à la campagne, nous célébrions quelques rites, très peu, dans une synagogue de la capitale avec laquelle mes parents avaient, pour des motifs que je n'ai jamais compris, une relation tendue. Donc j'ai toujours été un Juif un peu étrange. Je sais que les comparaisons sont détestables, surtout dans les choses de la foi, mais je me sentais souvent plus orthodoxe que beaucoup de Juifs, et moins juif que les véritables orthodoxes. On m'a appris à penser que notre version du judaïsme était la plus fidèle à la lettre, mais la vérité est que mes parents n'avaient ni le temps ni l'abnégation nécessaires pour savoir de façon rigoureuse de quoi ils parlaient. Ils tenaient avec d'énormes efforts un atelier de chemises, toujours dans des conditions très précaires, mais ils n'acceptaient l'aide de personne. Ils disaient, comme si c'était un grand motif d'orgueil, que leurs parents et grands-parents n'avaient, eux non plus, reçu l'aide de personne.

– J'ai entendu parler de cas semblables, dit enfin Ellenberg, comme s'il n'avait appris des épisodes d'un tel ostracisme que par de vieilles anecdotes ou dans d'anciens traités.

Il resta un moment silencieux pendant qu'il rompait de ses doigts tremblants un morceau de pain *challah*.

– Et maintenant, comment vous sentez-vous ? Plus aveugle ou moins aveugle que vos parents ? reprit-il.

– Mon père disait que le principe directeur introduit par Baal Shem Tov est que la divinité est présente dans toutes les choses. C'est un des rares préceptes qu'il citait. Quant à moi, depuis que j'avais commencé à entrer en contact avec le monde extérieur, j'étais étonné que mes parents dans leur for intérieur ne semblaient pas croire du tout à cette omniprésence, car ils avaient un désintérêt total pour ce monde où Dieu se faisait tangible. Ils n'avaient aucune curiosité pour les fleurs, les animaux, les nuages, les astres, ni aucune autre manifestation de ses desseins. Ils clamaient que Dieu était partout mais ils ne voulaient le voir que dans trois ou quatre préceptes et dans une vie complètement dépourvue de gratitude du seul fait d'être vivant.

Ellenberg me regardait. Pendant que je parlais je sentais la sueur perler à mon front, car je savais que je m'engageais exactement dans cette sorte d'épisode de sincérité compulsive qu'Adler redoutait, cette incapacité à réfréner mes pensées qui avait été la pomme de discorde dans mon couple et provoqué la dérive de mon lien avec mon fils. Mais une fois que j'avais commencé, rien ne m'était plus difficile que de m'arrêter. Je pensai alors à l'image mortuaire que m'avait renvoyée le miroir et je pris conscience que ce masque lugubre, sombre, transpirant, était celui qui affirmait le droit des Juifs à honorer Dieu dans un ruisseau ou un brin d'herbe, et qu'Ellenberg se demandait peut-être pourquoi il devait passer l'après-midi dans un entrepôt obscur à parler avec cet individu hagard alors qu'il y avait tant de membres de sa communauté qui l'accueillaient lavés et parfumés, et qui en guise de témoignage s'en tenaient au livret sans lui compliquer la vie.

Mais en me concentrant sur le visage d'Ellenberg, je remarquai qu'il ne trahissait aucun signe de la lassitude que j'imaginais, et même qu'il me regardait avec un sourire placide, quasi paternel.

– À mesure que j'avançais vers la vie adulte, je me disais qu'une bonne façon d'honorer le privilège de la vie était justement de l'étudier, de l'ouvrir comme un texte et de la lire, phrase par phrase. Tenter de la comprendre dans son échelle la plus infinitésimale et l'apprécier alors dans ses aspects les plus fondamentaux. Je commençais à embrasser ce vœu quand mes parents moururent, ensemble la même nuit, victimes d'une fuite de gaz. Je n'avais jamais eu avec eux une relation qu'on pourrait qualifier de vertueuse, mais cette perte a quand même marqué mon existence et m'a incliné beaucoup plus résolument vers la recherche scientifique.

Je me rendis compte que j'étais en train de faire une chronique de ma vie qui paraissait beaucoup plus cohérente que le tourbillon de faits aléatoires qui l'avait réellement constituée. Ma traditionnelle incapacité à prendre des décisions, par exemple, ne faisait pas partie de mon récit. Autrement dit, je tentais de vendre à Ellenberg le même paquet de légendes que j'avais structurées, avec l'aide de mon beau-père, dans *Portes ouvertes au monde*, cette maudite fable qui n'avait jusque-là réussi à émouvoir qu'une seule lectrice au monde. Je devais, si je voulais que la conversation prenne la direction que je souhaitais, cesser de me justifier, aller directement à ce qui m'intéressait et éviter de recourir à des fioritures mystiques.

– J'ai eu la chance de rencontrer une femme qui m'a donné un fils, mais au fil des années l'intervention permanente de son père dans notre vie a miné l'harmonie de notre couple jusqu'à le rendre irrespirable, et un jour j'ai été expulsé de mon propre foyer comme un paria, dis-je alors d'un air sombre et un peu dramatique.

– Qu'aviez-vous fait pour mériter cette réaction si drastique ? Vous l'aviez maltraitée ? Vous aviez été tenté par une autre femme ? Vous vous étiez adonné à la boisson ? demanda Ellenberg.

Sa liste de causes possibles du naufrage conjugal était courte et partiale, et suggérait qu'un homme n'ayant eu aucun de ces trois comportements était par définition innocent. C'était une conception un peu fruste et désuète, mais elle me convenait pour obtenir d'Ellenberg un verdict indulgent. Aussi ne voulus-je pas engager la conversation dans de plus grandes complexités.

– Non, pendant toutes ces années passées ensemble, je n'ai jamais eu aucun de ces comportements, répondis-je avec mesure.

– Elías Goldfarb, le frère de Menachem, m'a dit que votre maison avait été mise en vente pendant que vous étiez en voyage. On pourrait penser que c'est là un acte très hostile. Vous êtes sûr que vous n'avez pas insulté votre beau-père ou maudit la famille ? Ces choses-là arrivent même à des gens intègres, un jour fatidique ils se laissent emporter par une impulsion. Vous pouvez le dire sans honte.

– Je n'ai proféré aucune insulte. Je n'ai jamais su pourquoi j'avais été expulsé de mon foyer. – Bien que la phrase, du moins dans son enchaînement, fût plus ou moins vraie, elle me faisait paraître comme une victime, car elle faisait abstraction de tout ce qui m'avait fait perdre de vue ma femme ces dernières années. Mais c'était une simplification opportune.

– Voyez-vous dans ce fait comme une répétition ? Vos arrière-grands-parents ont été expulsés de leur communauté pour des raisons qui ne vous ont jamais été révélées, et ils ont alors élaboré une espèce de judaïsme domestique, à la mesure de leur isolement. Maintenant c'est vous qu'on expulse pour des raisons que vous ignorez, et vous devez vous demander de nouveau quelle sera votre place. C'est comme s'il vous revenait d'incarner une quatrième génération de parias. Vous avez fait votre bar-mitsvah à l'âge indiqué ?

– Oui. – Je ne comprenais pas où il voulait en venir avec cette question. Il paraissait méditer de longues secondes avant chaque intervention.

– Il me semble, et j'en ai parlé l'autre jour au rabbin Winkowski, que si notre communauté a réussi à survivre pendant des millénaires, ce n'est pas par sa propension à expulser des membres, mais au contraire à les conserver. Et la famille est le lieu du *shalom bayit*, où se cultive la paix. Si nous sommes témoins de la fracture d'un couple et que nous ne faisons rien, nous ne respectons plus les préceptes qui nous ont soutenus comme communauté. Winkowski et moi avons discuté de votre cas avec attention, et nous partageons l'idée qu'il y a des circonstances cachées à la vue des deux conjoints, qui empêchent la compréhension mutuelle.

Il fit alors une pause mélodramatique. Les rabbins, qui de par leur rôle ne peuvent prendre un ton très affecté ni élever la voix, ont plutôt recours au suspense pour donner une touche spectaculaire à ce qu'ils disent. La pause observée par Ellenberg relevait de cet artifice théâtral qui ponctue et souligne toute prédication. Il en usait à la perfection.

– À quelles circonstances faites-vous allusion ? demandai-je.

Je me disais que le rabbin attendait un signe d'intérêt de ma part pour avancer sans sentir qu'il s'engageait sans permission dans un domaine privé.

– D'après ce que je sais, c'est Winkowski qui vous a marié.

– Oui, c'était le rabbin de confiance de mon beau-père.

– Il l'est encore, confirma Ellenberg. – C'est un rabbin que beaucoup considèrent comme moderne. Un réformateur, quasi laïque, qui est consulté par de nombreux psychanalystes juifs dans le cadre de l'exercice de leur discipline.

Je décidai qu'il valait mieux que je garde pour moi mes opinions sur la décoration d'une thérapie par des bagatelles talmudiques. Je me sentis fier de pouvoir réprimer à temps la diatribe que je venais de déployer dans ma tête.

– Votre beau-père, Herzfeld, était très réticent au mariage de sa fille avec vous. Pourquoi, d'après vous ?

– Je ne sais pas. De multiples raisons. C'est un veuf qui a dispensé pendant des décennies à sa fille toute l'attention qu'en général on accorde à une épouse. Cette fille qui est clairement la prunelle de ses yeux adhère un jour à une association de laïques et là elle se lie avec un Juif perdu, sans racines, sans famille ni place visible dans la communauté. Et de plus – cette fois je ne pus m'en empêcher – je suis quelqu'un qui se défie de l'ensemble des pratiques professionnelles qui ont fait de Herzfeld une espèce de phare d'un groupe d'adulateurs. C'est pourquoi, une fois mon mariage accompli, et après avoir constaté que je n'allais pas m'intégrer au petit cercle d'acheteurs de ses boniments, il a tenté brièvement d'être mon mentor. Mais mes performances sous son aile l'ont déçu. Et depuis la naissance de mon fils, il a tout fait pour le monter contre moi.

– Vous me tracez le portrait d'un homme retors, qui diffère de celui que Winkowski s'est fait de lui depuis les nombreuses années qu'il le connaît, dit Ellenberg dans un esprit conciliant.

– Vous savez, il n'est pas difficile de porter un jugement favorable sur un contributeur assidu, dis-je en révélant ainsi un ressentiment aigu, que j'aurais mieux fait de garder pour moi. – Je ne sais si Winkowski a mentionné que Herzfeld est un stratège du don opportun.

– Disqualifier une attitude généreuse, même quand il s'agit d'un adversaire, ne nous aide pas, me reprocha Ellenberg. – Ni non plus de douter de l'impartialité de Winkowski. C'est un homme pieux, qui a beaucoup à nous apprendre.

– Excusez-moi.

Ellenberg sourit en rassemblant sur la table des miettes de *challah*.

– Imaginez que vous deviez résumer tous les comportements hostiles de Herzfeld à votre égard en un seul sentiment qui les contienne et les explique. Ce serait lequel ? me demanda-t-il en me regardant fixement.

– La jalousie, je pense. Je dirais que ce qui anime plus que tout Herzfeld, c'est la jalousie.

– Mais la jalousie est un comportement. Un simple véhicule qui transforme en action et donne consistance à un sentiment à la fois plus profond et plus élémentaire.

– La crainte.

– La crainte, répéta Ellenberg. – Quelqu'un qui est jaloux craint de céder du terrain. Et ce sentiment s'étend à mesure que le terrain se réduit. Les personnes consumées par la jalousie sentent au fond d'elles-mêmes qu'elles n'ont presque plus rien. Ce dernier réduit qu'elles veulent préserver à tout prix, et qui est de plus en plus minuscule, devient leur cellule. S'il est vrai que votre beau-père est jaloux de vous, vous devriez chercher à comprendre ce qui l'angoisse de ne pouvoir préserver.

Je restai silencieux. Je n'avais quasiment pas dormi. J'étais épuisé et assimiler toutes ces idées me demandait un énorme effort. J'avais mille fois considéré mon beau-père comme inhumain, autoritaire, pédant, mais je ne l'avais jamais imaginé comme un homme qui puisse être en proie à la terreur.

– Votre beau-père est en train de mourir, dit alors Ellenberg.

Je tentai de saisir si ce que je venais d'entendre était un nouveau tournant métaphorique que le rabbin amorçait à des fins didactiques. Mais Ellenberg ne semblait pas déployer les prémisses d'un argument. Sa phrase se terminait simplement là.

– Mais ce n'est pas un homme si vieux que cela. Il a près de quatre-vingts ans, mais il paraît vigoureux… répondis-je, troublé. Subitement je me trouvais dans la position imprévue de devoir faire l'éloge de la vigueur de mon beau-père. Ellenberg hocha légèrement la tête.

– Il y a déjà cinq ans que votre beau-père lutte contre un cancer du système lymphatique. Il n'en a parlé à personne d'autre qu'à son rabbin. Il a voulu affronter son agonie avec stoïcisme, sans que sa fille et son petit-fils le sachent, car il veut conserver à leurs yeux l'image de patriarche invincible qu'il a toujours cultivée. La maladie s'est étendue de façon irréversible, entre autres choses parce qu'au début il n'a pas voulu la prendre au sérieux, il se sentait fort comme un chêne. Il s'agit d'un cancer très particulier, qui n'expose pas le malade à de grandes dégradations physiques, du moins apparentes. Mais ces derniers mois, après avoir affirmé sa bonne santé pendant des années et fait passer ses semaines de traitement pour des voyages de travail, il sait qu'il est sur le point de mourir. C'est pourquoi il a essayé de vous priver en toute hâte de l'accès à ses biens et à son héritage. D'après Winkowski, Herzfeld est un homme bon, mais les passions le consument de l'intérieur. Pour surmonter la mort de son épouse, survenue quand sa fille n'était qu'une enfant, il a développé la prétention inutile de se croire invincible. Une imposture qui finit toujours par échouer, notamment quand la personne croit réellement avoir atteint son but. Il a cherché à faire de sa fille son grand projet vital, et il sent que d'une certaine façon, par votre manque d'ambition, vous avez gâché ses plans, car votre scepticisme sur sa propre carrière a entravé son aspiration à voir sa fille suivre ses pas. Le comble est que ni vous ni elle n'avez obtenu de succès significatifs en vous écartant de sa tutelle. Je pense que votre beau-père ne vous déteste pas autant que vous le croyez, mais il ne supporte pas l'idée de mourir en vous laissant sa fille, son petit-fils, sa maison, ses livres et sa relative fortune. Mettez-vous à sa place. Cet homme n'a plus que quelques mois à vivre…

Brusquement je me rendis compte que, si ce diagnostic, qu'Ellenberg m'apprenait maintenant, avait été révélé il y a cinq ans, alors cette invitation à la soirée où j'avais fait la connaissance de Blum, cette subite tentative de faire de moi un auteur, puis l'effort pour incorporer dans mon livre raté ses maudites anecdotes talmudiques ou ses innombrables suggestions pour raconter la naissance de ma vocation, n'étaient rien de plus que le désir de me recruter pour accomplir son rêve familial. Cette torture qu'il m'avait fait subir par ses notes et ses exigences ne tenait qu'à sa volonté de rapprocher mon monde du sien. Herzfeld, qui n'avait pas encore trouvé la manière de combler ses attentes comme père, voulait savoir s'il allait confier la charge de sa famille à un allié ou un traître. Il avait suffisamment lutté dans sa carrière pour se faire un nom pour devoir maintenant céder son empire à un flemmard qui pensait que Jung était un charlatan et l'œuvre de Freud une source d'information plus fiable sur Freud lui-même que sur toute autre chose. Il avait conclu que j'étais un infiltré sous son propre toit et avait fait de mon expulsion de son environnement une espèce d'impératif vital.

Mais sous ce sentiment connu, un nouveau s'annonçait qui gagnait peu à peu en clarté dans mes entrailles. Et ce séisme inconnu commença à l'instant où j'imaginai Tate nu, allongé sur un lit, à peine couvert d'une blouse d'hôpital et confronté pour la première fois à la gravité de son lymphome, incapable de pleurer ou de maudire, le regard fixé sur l'appareillage médical, les câbles, la tenue du praticien, sur tout point sauf les yeux de celui qui lui dit qu'il va probablement mourir. Cette expression d'angoisse et de désarroi, que j'imaginais sur le visage de mon beau-père, que je n'avais jamais vue, me secoua étrangement les tripes, comme si j'avais moi-même commencé à héberger un petit polype de pitié accroché à l'intestin, qui allait peu à peu disperser ses excroissances compatissantes dans mon organisme. Je ne voulais pas ressentir de peine pour Tate, que j'avais considéré comme un ennemi dès la première minute où je l'avais vu. Mais en faisant tous mes efforts pour mitiger cette indésirable petite grosseur intérieure, j'imaginai aussi le chagrin de Deborah, les sanglots douloureux qui seraient les siens pendant les nombreux après-midi dans la chambre d'Aarón, étreignant son fils unique sans que d'autres bras la soutiennent dans cette terrible épreuve. Et ce fut cette image, celle de ma femme et de mon fils inconsolables, qui m'emplit soudain les yeux de larmes.

– Je vois que vous êtes un homme sensible, capable de dépasser colère et rancœur, dit Ellenberg, décrivant quelqu'un qui n'était évidemment pas moi. – C'était justement ce que souhaitait Winkowski, que vous sachiez ce qu'était en train de vivre Herzfeld. Sa maladie est en phase terminale, et le rabbin a jugé que, quelle que soit sa volonté, votre beau-père ne peut pas aller à la tombe sans que vous soyez informé de l'état des choses et sans que soient prises des dispositions minimales.

– Quelles dispositions ? demandai-je, car soudain ce mot paraissait réduire toute la conversation à un simple préambule. Ellenberg marqua une nouvelle pause.

– Vous avez un avocat ? demanda-t-il. Nous avions subitement abandonné le terrain des sentiments. Les choses sérieuses allaient commencer.

– Non.

– Mais vous savez qu'il reste peu de jours avant la première audience, me dit-il sur le ton avec lequel on demande à un vieillard s'il peut contrôler ses sphincters, autrement dit, comme si une réponse négative pouvait seulement rendre compte d'une incapacité définitive.

– Oui. – Mon emploi du langage, si prolixe en mots et en nuances quand j'explorais de vieilles rancœurs et des outrages inavoués, avait pris un tournant soudain vers les monosyllabes, comme cela arrivait toujours au moment où le sujet de la discussion était simplement que diable faut-il faire. Quand il s'agissait de passer aux choses concrètes, j'avais toujours été très laconique et doté d'un rayon d'action très limité. Deborah avait raison de dire que j'étais, en termes de sens pratique, ce qu'on appelle communément un bon à rien.

– Vous avez pensé à faire appel à Menachem ? me dit-il alors. Sa question me remettait en mémoire qu'Adler m'avait parlé de son premier métier, information que je n'avais jamais associée avec mon cas.

– Je n'ai pas un centime.

– Encore mieux.

– Que voulez-vous dire ? demandai-je, intrigué. Ellenberg semblait anticiper les déplacements sur l'échiquier, alors que j'étais à peine capable d'identifier vaguement la position des pièces.

– Posez-vous cette question : qu'avez-vous à perdre dans cette procédure ? – Le rabbin était enfin dans son élément.

– Beaucoup. À commencer par la garde de mon fils… répondis-je d'un air manifestement outragé.

– Qui, m'a dit Menachem, a dix-sept ans. C'est-à-dire qui jouit déjà d'une grande liberté de mouvement. Dans moins de six mois, selon la loi, il sera majeur et donc ne sera plus soumis à la tutelle de personne. Qu'avez-vous d'autre à perdre ? De l'argent ? Apparemment non. Des biens ? À moins que vous ne soyez réellement intéressé par ceux de votre beau-père. Sinon, vous ne possédez rien. L'amour de votre femme ? D'après ce que vous m'avez dit, vous l'avez déjà perdu. Le respect de votre fils ? Cela dépend beaucoup du déroulement de la procédure. Elías Goldfarb m'a dit que votre beau-père a engagé un avocat connu pour gagner ses procès en se servant de tous les artifices juridiques possibles et que pour obtenir gain de cause il est capable de détruire point par point l'honneur et la santé mentale de ses adversaires.

– Et donc ? dis-je avec la sensation grandissante qu'Ellenberg ne m'offrait aucune issue.

– Eh bien, si vous me le permettez, ce que vous devriez considérer ce n'est pas comment gagner ce procès, mais comment le perdre.

Il me regarda le plus aimablement qu'on ne m'avait regardé depuis des mois, comme un père qui vient d'apprendre à son fils à faire une addition.

– Qu'essayez-vous de me suggérer ? Que je devrais me rendre, accepter qu'on m'expulse d'abord de mon foyer, puis qu'on me prive de mes droits parentaux juste parce que deux lunatiques ont décidé de m'extirper de leurs vies ? dis-je de plus en plus indigné.

– Vous citez ces événements comme s'ils étaient imminents, alors qu'ils se sont déjà produits. Tout ce que vous décrivez s'est déjà passé. Et une équipe juridique invincible va tenter de faire homologuer ces injustices par un juge. Ce qu'ils obtiendront indubitablement, d'autant plus qu'à une semaine de l'audience vous n'avez pas encore d'avocat. C'est une procédure de divorce. Par définition il n'y a rien à gagner dans une telle instance. Il est improbable qu'une femme, dans le contexte d'un jugement sur la garde d'un enfant, se rende compte soudain qu'elle aime follement son mari et décide de renoncer au procès. Je ne sais pas quelles sont vos attentes, mais ces choses-là n'arrivent jamais.

Vous ne retournerez pas vivre avec votre famille, même en oubliant que vous en avez été expulsé de manière si désagréable. Vous pouvez considérer cette partie de votre vie comme terminée. Vous ne pourrez pas non plus laver votre image salie devant votre fils pendant une audience, car le contexte ne s'y prête pas et de plus il ne sera sûrement pas présent. Donc, ce que vous devez concevoir, c'est une stratégie pour perdre de la façon la plus rapide et indolore possible. Vous présenter comme un homme compréhensif, qui assume le caractère irrémédiable de la situation et renonce à tous ses droits pour obtenir la paix. Car tout ce à quoi vous refuserez de renoncer vous sera de toute façon imposé.

– Mais cette attitude que vous décrivez ressemble à un suicide, dis-je avec l'impression croissante que cette tumeur de compassion que j'avais ressentie pour mon beau-père avait développé des métastases dans tout mon organisme, devenant maintenant une peste qui me dévorait de l'intérieur. Pendant que mon esprit s'abîmait dans le vertige de cette image de complète dévastation, j'entendis Ellenberg qui me disait :

– Je vous trouve très maigre, prenez un peu de thé et de *challah*, vous vous sentirez mieux.

15

Après la visite du rabbin, je ne réussis à m'endormir qu'à trois heures du matin et je me réveillai à l'aube, affamé et sale. Je disposais de quelques heures pour produire des notes, des schémas ou quoi que ce soit pour justifier les nombreuses journées de travail écoulées depuis qu'on m'avait remis ce fichu dossier contenant le manuscrit de Kaplan. À cinq heures de l'après-midi, que j'aie ou non un volume respectable de pages, je devais affronter Miriam et je n'aurais plus la possibilité de m'échapper en faisant appel à la dispersion cosmique ou au ventre des étoiles. Régler mes factures ou vivre dans la rue dépendait de l'impression que j'allais donner lors de cette rencontre, quel que soit le rôle que *M* jouait dans l'approbation de mon travail.

Avant de me mettre à la tâche, je décidai qu'il me fallait procéder à une bonne toilette, ce que j'avais rarement fait depuis que je m'étais installé dans ce gourbi de l'entrepôt, d'une part parce que je n'arrivais jamais à mobiliser le courage nécessaire pour cela, d'autre part parce que me laver avec une cuvette devant un robinet me déprimait autant ou plus que de puer comme un bouc. Mais à présent je devais me hâter, j'entamai donc ce rituel d'ablution comme pour purifier mon âme au lieu de simplement me débarrasser avec du savon d'une épaisse couche de sueur, de graisse et de cellules mortes. Je me lavai la tête en grelottant de froid et m'enveloppai dans une petite serviette qui me couvrait à peine les épaules. Pendant que mes cheveux gouttaient au-dessus de la bonde, je regardai de nouveau ce trou noir et me demandai quelle scène, quelle image ou quel objet Aarón garderait de moi plus tard. Si mon attitude à l'audience allait être pour lui un acte d'abandon ou de détachement. S'il allait penser que je m'étais rendu ou que j'avais remporté, au moins sur le plan moral, une sorte de bataille. En tout cas je ne pouvais pas me laisser gagner par le découragement.

Une fois lavé, je me mis donc au travail. Mais comme le fait d'être propre avait rehaussé les critères avec lesquels j'évaluais maintenant le monde, j'arrivai à la conclusion que je ne pourrais pas avancer dans ce désordre atroce qui régnait dans la pièce. Convaincu qu'il m'était impossible de réfléchir avec clarté dans cette porcherie, je consacrai une heure à remettre les choses en état. Je rassemblai papiers, livres et chemises avec l'idée improbable que l'ordre imposé à mes affaires allait produire un même effet dans ma tête. Je demandai à Adler un balai et nettoyai la pièce jusqu'au dernier recoin. Puis il me prêta une serpillière pour laver et sécher le cabinet de toilette. Cela fait, bien que mon logis ressemblât à la salle d'études d'une novice appliquée et soignée, je transpirais tout autant, c'est pourquoi malgré le temps qui pressait, je me lavai de nouveau, me changeai et passai une deuxième fois la serpillière.

Je devais planifier le travail des prochaines heures. En ouvrant le dossier je me rappelai le conseil de mon directeur de thèse à la faculté : d'abord annoncer ce qu'on va dire, puis le dire bien et enfin récapituler ce qu'on a dit. Je pensai alors que je pouvais survoler rapidement les paragraphes isolés que l'auteure semblait tenir pour définitifs, et voir si en reliant ces fragments il était possible de composer une rudimentaire entrée en matière. De toute façon un critère aussi sommaire valait mieux que de ne rien faire.

Je trouvai des pages d'imprimerie qu'Adler m'avait données quelques jours auparavant. Quasiment de l'épaisseur du papier bristol, elles étaient peu adaptées pour des notes. Mais je n'en avais pas d'autres. Je commençai à recopier sur une de ces immenses feuilles une sélection de paragraphes du manuscrit, que je n'avais pas choisis parce qu'ils étaient susceptibles de former un fil narratif, mais juste parce que c'étaient des passages brillants qui avaient attiré mon attention. À mesure que je compulsais le dossier, je trouvais dans les marges des indices d'un duel nourri de remarques manuscrites, de digressions, de débats enflammés. Je reconnus dans certaines phrases la calligraphie typique de *M*, qui n'avait apposé sa signature dans aucun autre endroit de cette liasse de documents, pas même avec cette initiale.

À deux heures de l'après-midi je n'avais recopié que douze paragraphes et sept des commentaires en marge. Ce n'était pas une grande récolte. Une fois transcrit sur le papier d'impression, cet ensemble de notes dispersées ressemblait à un balbutiement sans ordre ni sens, mais plus se rapprochait le moment où j'allais devoir sortir pour arriver à temps en bus à mon rendez-vous, plus il devenait évident que toutes ces références liées entre elles par des traits, des cercles et des flèches étaient tout ce que je serais en mesure de présenter lorsqu'on me demanderait où j'en étais de mon travail. De cet ensemble anarchique dépendait mon destin.

Mais au lieu d'accepter que j'avais gâché mes perspectives par paresse, je préférais imaginer qu'il me serait peut-être possible de conserver ma position par le subterfuge d'apparaître comme un individu mystérieux en observant de longs silences théâtraux. J'avais aussi le fantasme de m'en tirer au dernier moment en imprimant une tournure à la conversation qui me conduirait dans le champ du connu, ce réduit où tout charlatan revient quand il se sent perdu. J'avais beau être pressé par le temps et exténué, je tentais d'imaginer la rencontre avec *M* sous un éclairage romantique. Je me voyais en train de remettre cette espèce de carte pliée en quatre à une Miriam aimable et réceptive, qu'elle dépliait sur la table près de la piscine, où penchée sur le document et opportunément vêtue de son maillot de bain, sans lequel il m'était impossible de l'imaginer, elle me posait une longue série de questions intelligentes, avec une élégance qui dérivait rapidement en regards énamourés et étreintes passionnées. Tombant de sommeil, je me laissai aller à cette espèce de mirage absurde pendant une bonne demi-heure, avec la sensation coupable de consacrer un temps précieux à une chimère insensée, alors que mon travail languissait et que la possibilité de garder mon fils était à chaque minute compromise. Mais j'étais épuisé et mon esprit était aux abonnés absents.

Prêt ou pas, à trois heures et demie je dus enfiler ma veste, vérifier l'épais dossier, y ajouter mes pauvres documents et sortir en toute hâte. Avant de fermer la porte, je pensai qu'il serait peut-être opportun d'emporter l'exemplaire des *Choses ne sont pas ainsi*, où j'avais noté au crayon dans les marges les passages que j'avais attribués à *M*, sans la moindre considération pour le fait que le volume appartenait à la bibliothèque. Mais l'ayant ainsi sous le coude je pourrais, en cas d'urgence, recourir au texte pour prendre la tangente si *M* me posait une question embarrassante.

Comme mon déplacement avait lieu une heure avant que la population d'ouvriers et d'employés du quartier quittent en masse leurs postes de travail pour regagner leurs foyers, je fis le trajet dans deux bus presque vides, au point que dans le second je pus somnoler un peu. Bien sûr, cette apparente indolence ne signifiait pas que je sois tranquille ou détendu. Bien au contraire, j'étais subjugué par l'alternance d'un insistant fantasme amoureux et du présage d'un désastre, tous deux riches en images et détails. Mais j'étais tellement fatigué que j'avais du mal à garder les yeux ouverts.

Bientôt je m'endormis et ne me réveillai que quelques minutes avant d'arriver. Je m'étais appuyé contre le cadre de la fenêtre, de sorte que le relief du métal avait laissé, comme je le perçus au toucher, une marque verticale qui me traversait la joue. Je n'eus pas le loisir de vérifier si, en plus, le métal m'avait sali le visage. Il était cinq heures moins deux lorsque je descendis du bus et je dus franchir en courant six longs pâtés de maisons pour arriver à temps au rendez-vous.

Cette fois il n'y avait aucun écriteau sur la porte. À l'instant où je pressai la sonnette, deux chiens se mirent à aboyer comme si on avait annoncé une hécatombe. J'entendis d'abord leurs menaces se rapprocher de la porte, puis des bruits de pas.

– Samson ! Dalila ! Couché ! – Cette voix était reconnaissable entre toutes. Il y eut alors un cliquetis de clés et l'une d'elles s'introduisit dans la serrure pour libérer le verrou.

Lorsqu'elle ouvrit le vantail, Miriam fut soudain comme une apparition extraterrestre. La lumière venant de l'extérieur ensoleillé faisait resplendir son visage qui en émergeant de l'encadrement d'un vestibule dans la pénombre brillait, comme incandescent. Ses cheveux, protégés par un bonnet en caoutchouc lors du premier rendez-vous, tombaient maintenant sur ses épaules et l'éclat de son visage essaimait dans ses boucles comme un scintillement.

Le choc que me produisit cette image éblouissante m'empêcha d'émettre un mot l'espace de deux ou trois secondes, et lorsque je réussis à dire “bonjour”, ce fut en couvrant sa voix qui me saluait en même temps, mais sur un autre ton.

– Entrez, me dit-elle. Je ne savais pas si la brièveté de son invitation était délibérément sobre, mais je perçus que *M* paraissait encore plus sèche que la dernière fois.

Les chiens, deux mâtins napolitains au regard farouche, m'observèrent un moment avec un vague intérêt anthropologique, puis, voyant que je ne constituais aucune menace, abandonnèrent l'entrée comme si la séance théâtrale à laquelle ils avaient été conviés était simplement terminée.

Miriam tendit un bras pour m'indiquer l'intérieur de la maison. Nous entrâmes dans un immense salon, décoré avec goût mais sans ostentation. Aux murs étaient posés quelques tableaux et une grosse tapisserie obscure. Des fauteuils étaient disposés autour d'une table basse couverte de livres. Dans le fond une imposante bibliothèque dressée du sol au plafond occupait un mur entier, et ce n'était pas la seule car on remarquait deux autres étagères, l'une près d'un canapé au bord d'une fenêtre et l'autre sur le palier d'un escalier. Malgré cette surabondance de livres, le cadre était discret et agréable. Tant les tissus que les tons des meubles dégageaient une impression d'élégance et de confort. J'aurais très volontiers emménagé dans cette maison à la moindre invitation.

– Prenez place, me dit Miriam.

Nous nous assîmes face à face. J'esquissai un sourire pour alléger la tension du moment, Miriam semblait aussi nerveuse que moi, peut-être plus, mais elle ne m'imita pas. Elle paraissait chercher ses mots pour commencer.

– Savez-vous pourquoi le comité qui s'est occupé de la vente aux enchères des droits de publication d'*Une vie pleine de sens* a décidé que Blum en serait l'éditeur ? demanda-t-elle enfin sans préambule.

J'avais la bouche sèche, aussi ne répondis-je qu'en secouant la tête de droite à gauche. Non seulement je l'ignorais, mais j'avais en plus, comme toujours, l'impression que c'était une question de pure forme.

– À cause de vous. Comme il était arrivé à Blum de partager des droits minoritaires avec d'autres maisons pour des titres antérieurs, et qu'il avait été l'éditeur du livre auquel ma mère faisait référence dans son testament, celui du célèbre David Badenbauer, les avocats ont trouvé tout naturel de donner l'avantage à Blum. Je n'ai pu avoir aucune influence sur ce choix. L'impression négative que j'avais eue de Blum les deux ou trois occasions où je l'ai vu avec ma mère n'a pas été prise en compte. Pour moi il n'était rien de plus qu'un vendeur de nouveautés, une catégorie à laquelle ma mère détestait être assimilée. Mais pour cette mise aux enchères, Blum s'est livré à un long panégyrique des dons littéraires de son auteur. Il a déclaré sans ambages que David Badenbauer allait devenir sans aucun doute un nouveau phare des lettres et peut-être bien la plume la plus raffinée de ce coin du monde. Il a dit qu'il avait avec vous une relation magnifique fondée sur une estime et une confiance réciproques. Que David Badenbauer, un nom dont il parsemait son discours chaque fois que c'était possible, l'avait choisi, lui, Le Grand Blum, pour éditer ce chef-d'œuvre qui avait fini par conquérir l'imagination d'Iris Kaplan, *Portes ouvertes au monde*. Il a également souligné que David Badenbauer, de nouveau cité comme si c'était son nom préféré, était exigeant et très singulier sur le type de lien qu'il attendait d'un éditeur et qu'aucun autre que lui, Blum, n'aurait été à la hauteur de ses très légitimes exigences. Il disait tout cela avec emphase et l'air impérieux. Comme j'ai vécu presque toute ma vie dans des pays où règne la fourberie et où l'on assume d'avance que toute conversation qui implique des échanges d'argent sera prolixe en excès et en hyperboles, vous pouvez imaginer que le discours de Blum ne m'a pas du tout impressionnée. Mais ces avocats étaient allemands et protestants de souche, un peuple qui, d'avoir vécu sous la constante surveillance scrutatrice d'un dieu muet et incorruptible, tend à croire que si un adulte déclame devant un aréopage d'avocaillons, surtout s'il le fait à tue-tête, il doit par définition être en train de dire la vérité. Si bien qu'ils ont pris toutes ces manœuvres de suggestion pour de rigoureuses descriptions de la réalité, ce qui a fini par faire pencher la balance en faveur de Blum, qui était sans doute l'un des pires offrants au regard de sa propre trajectoire.

Pendant que Miriam poursuivait son fervent monologue, j'en profitais pour l'observer et m'attarder un moment sur sa façon particulière de plisser la commissure des lèvres quand elle exprimait de l'indignation, ou de fixer son regard sur les objets. Bien que l'entendre ridiculiser ainsi le dénommé David Badenbauer, toujours mentionné à la troisième personne comme s'il n'était pas présent sous son nez, ébranlât mon amour-propre, le seul fait de la voir parler compensait largement ce que ses propos avaient de blessant.

– Naturellement, l'échec éditorial de votre livre de vulgarisation sur les neurones n'a incité personne à revoir la décision qu'ils avaient prise, non seulement parce qu'ils avaient déjà signé des contrats embrouillés, truffés d'obligations, et échangé un montant substantiel d'argent, mais fondamentalement parce que les humains font tout leur possible pour ne jamais remettre en question les postulats sur lesquels ils fondent leur conduite. On aurait pu montrer aux exécuteurs testamentaires de ma mère une photo de Blum surpris en flagrant délit en train d'incendier un dépôt de ses livres, ils auraient tout fait pour démontrer qu'elle était truquée, dit *M* avec un dépit remâché, né de la lassitude d'affronter des personnes incapables de la moindre autocritique. – On le sait, l'imbécillité va en général de pair avec la négligence totale à reconnaître sa propre imbécillité.

– Avant toute chose – je profitai d'une pause pour l'interrompre, car il me sembla que si sa diatribe essayait d'éclairer l'épisode, son ton crispé me visait de plus en plus directement –, je voudrais vous assurer que je n'ai pas pris la moindre part dans la décision de votre mère de me faire figurer dans son testament. Cela s'est simplement passé de cette façon. Être ici, convoqué pour jouer ce rôle particulier, me surprend autant que cela paraît vous indigner. Je ne me considère pas comme la personne idéale pour le poste, ou du moins je ne suis rien d'autre qu'un individu qui a été touché par la foudre et que personne ne qualifierait avec justice comme un superbe paratonnerre pour cela. Qu'il m'ait été donné de me trouver aujourd'hui dans ce salon n'est qu'un accident éditorial imprévu.

M me regardait avec l'air résigné de quelqu'un qui a dû supporter pendant des années des personnes débitant devant elle de longues tirades pour ensuite ignorer complètement son avis. Des gens qui lui parlaient pour se plier à de minimales règles de civilité, mais qui en réalité pensaient ce faisant à toute autre chose. Des avocats, des commerçants, des agents et autres oiseaux de proie. J'aurais adoré pouvoir lui dire que je n'appartenais pas à cette engeance, mais tandis que je cherchais la manière de lui prouver la pureté de mes intentions et ma sincère disposition à collaborer au sauvetage de l'œuvre de sa mère, dans un recoin lointain et caché de l'édifice de mon intellect, très distant du frontispice doré que je voulais exhiber devant *M*, d'autres David Badenbauer, obscurs et lascifs, échangeaient des images de l'aspect probable de Mlle Kaplan quand elle était nue, et l'insistance de ces visions, produites à rebrousse-poil de ma volonté d'affirmer le caractère immaculé de mes intentions, m'empêchait de lui présenter un cadre de conduite compatible avec cette droiture.

– Blum m'a tendu un piège, poursuivis-je. Comme vous pouvez l'imaginer, je n'avais pas la moindre intention d'accepter cette commande.

Le ton de victime que je pris à la fin de ma phrase me fit paraître encore plus pusillanime. Si je ne voulais pas accepter, que diable faisais-je ici ? Miriam me regardait d'un air impatient, rendant de plus en plus inaccessibles mes velléitaires ambitions romantiques.

– Bon, je peux vous dire que Blum a changé de refrain sur vous. Nous avons eu un échange téléphonique hier, où il s'est déclaré "abandonné et déçu". Il m'a dit que vous n'aviez posé aucune question sur la conception du livre ni présenté une ébauche, que vous ne répondiez pas à ses appels et qu'il avait dû obtenir vos coordonnées, qu'il m'a ensuite transmises, grâce à un petit réseau d'informateurs. Il a dit que vous viviez dans un entrepôt industriel, ce que j'ai vérifié hier par mes propres moyens. Il a ajouté que votre travail de laboratoire s'était étiolé et que vous n'aviez, au-delà de cette commande sur les notes de ma mère, aucun autre projet éditorial. Il a cherché à s'attirer mes bonnes grâces en vous critiquant pendant vingt minutes, en voulant me faire croire qu'il était lui aussi une victime des clauses arbitraires qui vous citaient dans le testament. Après avoir chanté les louanges de votre indiscutable génie, il est passé à la délation complotiste en m'avouant qu'en général vous ne rendiez pas votre travail à temps et que les rares fois où vous le faisiez c'était sous la pression constante d'une figure d'autorité. Et même dans ce cas, vous vous conduisez de manière erratique. Il m'a suggéré de vous suivre de près. Imaginez un peu. Me demander ça, à moi ! Après que lui et sa bande de charognards ont tout fait pour m'exclure du processus en invoquant une ligne du testament de ma mère. Elle avait voulu, dans un accès maniaque bien intentionné, choisir pour mettre en ordre ses notes un écrivain résidant dans le même pays que moi, afin que je puisse plus facilement contrôler son travail. Juste pour ça. Et maintenant ce satrape qui a mis toute la machine en route tente de reculer de quelques pas alors qu'il a tout fait pour me déloger de l'œuvre de ma mère, seulement parce que tout à coup cette camarilla me voit comme la personne qui vit dans le *même* pays que vous et pas l'inverse.

– Virez-moi, dis-je alors.

– Que voulez-vous dire ? fit-elle, surprise, car elle ne s'attendait pas à ce que je m'exprime à l'impératif.

– Ne tournons pas autour du pot. Virez-moi une fois pour toutes et finissons-en avec cette sinistre affaire. Appelez Blum et dites-lui qu'il avait raison et qu'il est temps de m'écarter définitivement de ce projet. Je n'ai pas de temps à perdre dans ces petits jeux. La semaine prochaine j'affronte une procédure pour la garde de mon fils, dans laquelle les principaux arguments de l'accusation sont exactement les mêmes que ceux dont vous venez de parler, et qui semblent maintenant repris par tout le monde. On dirait que pas un seul passant dans la rue n'ignore que je ne suis pas une personne fiable. Des adversaires acharnés sont capables de décréter une trêve dans leurs conflits éternels juste pour s'accorder sur un point incontestable : que David Badenbauer n'est pas ce qu'il prétend être. Eh bien, ils ont raison. Je ne suis pas ce que je prétends être. J'ai consacré toute ma vie d'adulte à comprendre les raisons pour lesquelles personne ne l'est. Nous entrevoyons à peine ce que nous sommes. Il n'y a pas un être humain qui puisse se permettre un véritable contact avec l'étendue entière de sa vie mentale, s'asseoir sur une chaise, procéder à une introspection profonde et simplement se connaître. Et la raison pour laquelle c'est impossible ne tient pas à notre lâcheté, à notre incohérence ou à notre fausseté, même si nous participons de ces trois catégories, mais parce que nous manquons de l'organe pour cela. Le cerveau, ce nœud impénétrable, n'est pas un système qui a évolué selon l'impératif de se comprendre soi-même ou de permettre à son propriétaire de se rendre intelligible aux autres. Quelle que soit la volonté que l'on y mette. Il y a des personnes qui sont simplement plus habiles à paraître cohérentes, et même à se convaincre qu'elles le sont. Mais quand on a passé une vie entière à essayer de comprendre le labyrinthe que constitue un seul neurone, même pris isolément, en faisant abstraction de ses dix mille connexions possibles, on sait qu'il n'est pas possible de saisir la mélodie que génèrent quatre-vingt-six millions de ces citadelles qui chantent à l'unisson. Vous croyez qu'un type comme Blum, juste parce qu'il est capable de mobiliser son énergie pour satisfaire un appétit aveugle avec plus de précision logistique que la moyenne, connaît mieux que les autres ses objectifs et ses aspirations ? Eh bien, non. Il ne les connaît pas. Ce postulat fondamental du droit, l'idée que nous savons ce qui nous motive, est tout simplement illusoire. Le malheureux qui se rend tous les matins à son travail, paie ses factures, dort, mange et finalement meurt, vit dans l'illusion qu'il est responsable de ses actes et qu'il comprend dans une certaine mesure le processus mental qui lui permet de rester vivant. Et pour garder la foi dans ce mirage, il a besoin d'ignorer quels leviers, quelles poulies il a dû actionner dans la machinerie de son théâtre intérieur pour que ce décor en carton-pâte qu'il a monté à son insu paraisse réel et convienne le mieux à la réplique de ses gènes. Personne n'a la moindre idée de ses mobiles profonds ni n'entrevoit l'origine lointaine de ce qu'il pense. Vous voulez vous joindre au chœur des hypocrites qui s'offusquent de ce que David Badenbauer n'est pas ce qu'il prétend être ? Faites-le. Je leur dis d'avance qu'ils ont absolument raison. Je ne suis pas l'écrivain fantôme dont leur livre a besoin. Je n'ai jamais demandé à écrire un livre, ni le mien ni celui d'un autre. Je me sentirais peut-être mieux si je n'avais pas consacré une ligne à comprendre cette foutue synapse. Mais ma condition de raté ne vous donne pas le droit de me juger et de me sonder d'un œil soupçonneux. Alors virez-moi une fois pour toutes et qu'on n'en parle plus ! – À la fin de cette tirade frénétique j'avais atteint un degré de tremblement colérique qui m'était jusque-là inconnu. Je sentais palpiter les veines de mon cou et des tempes comme si elles allaient se détacher de ma tête, tandis que je soulignais de mes poings fermés les derniers mots par des coups aveugles frappés en l'air.

Miriam, qui avait fait de son indifférence devant les stimuli une profession de foi, paraissait soudain inquiète. L'une de mes phrases avait réussi à percer cette croûte inamovible et l'alarmait sur un plan intime.

– Calmez-vous, commença-t-elle. – Je ne vous accuse pas d'être ou de ne pas être ceci ou cela. Vous n'avez pas à m'expliquer pourquoi aucun être humain n'est ce qu'il dit ou croit être. Je connais sur le bout des doigts l'œuvre des auteurs que vous citez sans leur accorder le moindre crédit. Je me suis plongée dans ces livres que vous mentionnez. Au fil des années je me suis posé cent questions sur cette problématique. Sur le bénéfice évolutif de posséder une conscience de soi, celle structurée d'une personne définie, spécifique, au lieu d'une conscience générique, ou dans quelle mesure l'introspection est illusoire. Quand je vous dis que votre comportement est erratique, il est vrai que je m'en remets au témoignage de Blum. Mais moi aussi je vous ai trouvé très opaque. Vous avez agi comme s'il n'y avait aucune donnée susceptible de compléter un tant soit peu l'idée que vous vous êtes faite de la vie et de l'œuvre d'Iris Kaplan. Je ne sais pas à quel point vous vous êtes préparé, mais le fait que vous vous soyez abstenu de me poser quelque question que ce soit avant de commencer le travail a été pour moi un très mauvais signe. Ou vous êtes un érudit qui sait tout sur l'œuvre de ma mère et vous pensez que le tableau est si complet qu'il ne requiert aucune touche supplémentaire, ou bien l'affaire ne vous intéresse simplement pas du tout.

– On est en train de s'égarer. Vous n'avez pas considéré la proposition de me virer. Vous cédez de nouveau à la tentation de continuer à décrire mon incompétence, un sujet qui semble passionner tout le monde… Et dans votre cas… Je comprends que vous estimiez que je ne suis pas à la hauteur de vos capacités. Écoutez, je vais le dire sans détour : je vous admire. Lire vos interventions a donné à ma vie un profond et authentique plaisir intellectuel et m'a aussi permis, pendant quelques heures, de me sentir moins seul au monde, dis-je, exalté, et je sortis de la poche extérieure de ma veste l'exemplaire des *Choses ne sont pas ainsi*. – Vous allez voir, j'ai indiqué au crayon dans la marge tous les passages qui sont clairement de vous. Regardez et dites-moi si je me trompe.

Je lui tendis le livre et elle le prit après une brève hésitation, probablement pour éviter une seconde de plus le tremblement de mon bras. Elle le posa sur sa jupe, l'ouvrit et commença à lire attentivement.

Au début elle paraissait nerveuse, mais après avoir cherché et examiné les passages marqués, elle commença à se détendre et même à sourire par moments.

– Ça, ce n'est pas de moi, dit-elle en tournant le livre vers moi pour indiquer un paragraphe où était cité Xénophon. – C'est clairement de ma mère.

Elle fit une longue pause.

– Pour tout le reste, c'est exact, dit-elle enfin. – Les dernières années de sa vie elle craignait que quelqu'un ne s'en rende compte. Mais non. Personne n'était suffisamment intéressé. Vous êtes le seul à l'avoir remarqué.

Il y avait dans son ton un léger accent de reconnaissance. Il semblait que mon travail de détective m'avait fait gravir un ou deux barreaux sur l'échelle de son estime, car le climat de tension qui régnait jusque-là s'était adouci depuis que je lui avais tendu le livre.

– Je n'en parlerai à personne, promis-je. Son sourire dissipa ce qui restait de mon accès de colère.

– Il vaut mieux que vous ne le fassiez pas. Iris Kaplan était une auteure de grande valeur, mais aussi une industrie dont dépendent de nombreuses familles. Moi y compris. Ne croyez pas que cela fasse de moi une bourgeoise oisive, habituée à vivre dans l'opulence sans avoir à bouger le petit doigt. Bien au contraire, jusqu'à la lecture de ce testament, contribuer à l'œuvre de ma mère me demandait quotidiennement une journée de travail aussi longue que celle d'un employé de bureau, mais avec un engagement intellectuel beaucoup plus grand…

– Ne nous trompons pas par des phrases elliptiques, l'interrompis-je. – Vous ne faisiez pas que *contribuer* au travail de votre mère. Souvent vous le conceviez et le rédigiez intégralement. C'est palpable.

– Parfois. Pas souvent. Quand ma mère n'avait pas la force de se mettre à écrire. Mais j'ai toujours fait mon possible pour être fidèle à sa manière d'appréhender les idées, dit-elle sur un ton défensif.

– Excusez-moi de vous le dire, mais cela ne fait aucune différence. La révélation de ce *pas souvent* ferait un tort considérable à la célèbre sagesse septuagénaire de votre mère. Imaginez un lecteur moyen apprenant que son livre de chevet a été écrit par une adolescente, dis-je de façon purement hypothétique, mais Miriam se raidit aussitôt sur son siège.

– Vous me menacez de le divulguer ? réagit-elle, la voix crispée.

– Pas du tout. Je vous l'ai dit. Le révéler ne me vaudrait aucun bénéfice. Bien au contraire. Cela ne ferait que détruire l'illusion qu'Iris Kaplan a composé intégralement son dernier livre et mettrait en doute la valeur même de son authenticité, le silence de l'écrivain fantôme est essentiel pour qu'il puisse travailler et être rémunéré. Sauf que dans ce cas, et à l'insu des éditeurs, il s'agit d'un écrivain fantôme qui se substitue ni plus ni moins à un autre écrivain fantôme beaucoup plus qualifié pour le rôle et possédant en outre une connaissance plus approfondie de l'œuvre qu'il imite. Et qui a beaucoup plus à dire. Ce que je ne comprends pas du tout, c'est pourquoi votre mère a toléré ou encouragé que vous écriviez une partie de ses livres pour ensuite vous priver de cette prérogative dans son testament.

– Contrairement à l'image de harpie exploiteuse qu'on pourrait se faire d'elle au regard de ma participation à son travail, ma mère s'est vouée corps et âme à mon bonheur. J'ai été adoptée à l'âge de huit ans, alors que j'avais déjà été socialisée de force, jusqu'au ras-le-bol, avec d'autres enfants, et le jour même de mon arrivée ma mère a tenu à m'élever à domicile, avec des professeurs particuliers qui ont fait tout leur possible pour me mettre au diapason du niveau intellectuel qui régnait à la maison. À douze ans j'ai commencé à discuter les arguments de ma mère en termes précis, et à quatorze je contribuais déjà activement à la recherche d'auteurs et d'articles de référence. Je n'ai participé directement qu'à l'écriture de trois livres, avec un degré croissant de responsabilité à mesure que la santé de ma mère déclinait. Le titre *Les choses ne sont pas ainsi*, c'est moi qui l'ai choisi. Mais en arrivant à la période de préparation de celui qui devait être son dernier livre, ma mère a pris un ton d'outre-tombe, funèbre. Elle voulait montrer que les années de plaisirs mondains sacrifiés en faveur de son travail d'écriture avaient produit une sorte de sens, d'où le titre, auquel je n'ai pas voulu m'opposer car elle n'était plus en état de lutter, mais que j'ai toujours trouvé trop commercial. *Une vie pleine de sens* paraissait une concession inutile aux éditeurs potentiels et plaçait le livre encore plus résolument dans le rayon du développement personnel, catégorie qu'elle avait toujours refusée, non parce que cela lui paraissait injuste, mais plutôt vide. Car, selon ses propres mots, “tous les livres sont de développement personnel”. Elle a aussi décidé, plus ou moins à cette époque, que j'avais fait assez d'efforts pour assurer la continuité de son œuvre et que désormais elle allait m'encourager à écrire mes propres livres. Elle voulait que je puisse trouver *ma propre voix*. Vous vous rendez compte ? Comme si quelqu'un en avait quelque chose à faire de ce qu'a à dire une fille de mon âge ! Elle m'a dit qu'elle prendrait des dispositions pour que son dernier livre, qui resterait évidemment inachevé, ne soit pas une lourde charge pour moi. Qu'elle allait me libérer d'obligations inutiles pour que je puisse me souvenir d'elle comme d'une mère et pas comme d'une machine à produire des idées à la chaîne. Si bien que je n'ai jamais imaginé qu'après ces paroles, prononcées au cours d'une promenade dans le jardin, elle allait finir par m'écarter complètement du processus de publication. Encore moins par le biais d'avocats. Elle m'a évincée non seulement du choix de l'éditeur, mais aussi du travail d'écriture. Comme elle m'avait lu à voix haute des passages de *Portes ouvertes au monde*, un livre qu'elle m'avait exhortée plusieurs fois à lire et que, je vous l'ai dit, je trouvais un peu bâclé, j'ai pensé que son engouement n'était que passager. Imaginez ma surprise en apprenant que l'auteur de ce traité scientifico-autobiographique raté était justement celui qu'elle avait choisi pour me remplacer. Après quoi Blum m'a annoncé que l'accord était scellé et que vous alliez venir me voir, mais le jour où vous avez fini par accepter vous n'êtes resté qu'une demi-heure et au lieu de me poser des questions sur ma mère, vous m'avez parlé de la relation entre les supernovas et la production d'éléments lourds, un domaine que, à en juger par le vague de vos propos, je maîtrise mieux que vous. Alors j'ai senti que ce livre, qui avait constitué pour moi le sujet d'innombrables petits-déjeuners, déjeuners et dîners avec ma mère, non seulement s'éloignait inexorablement de moi mais en plus tombait entre les mains d'un individu opaque, dont je ne savais à peu près rien. Un quidam qui ne montrait pas la moindre gratitude pour la mission dont on l'avait chargé. Dans aucun de nos deux échanges je n'ai perçu chez vous le moindre signe d'enthousiasme.

Elle me dit cela comme un reproche. Mais moi, dans mon délire, j'y vis une invitation passionnée à lui exprimer enfin mes sentiments.

– Vous savez ce qui m'enthousiasme dans le fait d'être ici ? Vous. Vous voir m'enthousiasme. Vous écouter parler. Imaginer comment vous faites pour incuber votre pensée. Me représenter votre enfance, tellement plus riche et plus complexe que la mienne. Observer votre façon d'incliner la tête en parlant. Comment vous remuez les mains. Voilà. C'est sur cela que se concentrent mon attention et mon espoir. Suis-je enthousiaste à l'idée de mettre en ordre les notes de votre mère et de faire un effort surhumain pour honorer sa pensée ? Par moments, oui. – J'avais la nette sensation que ma tirade venait d'entrer dans le terrain de l'inacceptable, mais j'avais ouvert mon long bec et il ne me restait plus qu'à croasser jusqu'à ce que faiblisse ce nouvel accès de sincérité. – Quand je lis un des livres de votre mère sur une place, entouré d'arbres bercés par le vent, et accompagné du rire d'enfants et de la rumeur d'une fontaine, j'en arrive à considérer ce projet comme une espèce de bénédiction, alors qu'au début j'en avais détesté chaque aspect et combattu l'entrée dans ma vie comme une cruelle invasion étrangère. Mais ma perception n'a réellement changé que lorsque j'ai commencé à entrevoir que vous faisiez partie du texte. Ce qui s'y déployait n'était pas seulement l'univers de votre mère, mais le vôtre. Lire vos paragraphes m'incitait à mieux réfléchir. Et me faisait simultanément prendre conscience que je ne serais jamais à votre hauteur. Regardez-vous. C'est formidable. Vous êtes le résultat d'une expérimentation vertueuse. Pas moi. Jamais, pas même en m'immergeant pendant trente ans dans les détails embrouillés de la biochimie, je n'ai réussi à me libérer de l'idée que tout ce que je faisais serait finalement inutile. Après avoir perdu d'abord la foi puis ma famille, dans cet ordre, je n'ai rien fait d'autre que de surnager dans une mer imprévisible. J'ai cru que la maturité consistait à accepter que le monde est aléatoire. Même devant un microscope je ne me suis jamais rendu compte que la conduite des êtres vivants ne l'est pas. Lire ces livres m'a permis de saisir que le désordre ne règne pas de la même manière dans toutes les parcelles de l'univers. L'entropie s'arrête aux portes d'un être vivant comme devant une citadelle fortifiée, qu'elle assiège à feu et à sang jusqu'à obtenir la reddition. Mais tant que dure cette défense, chaque cellule vivante constitue une exception prodigieuse aux lois qui dominent le reste du cosmos. Les choses tendent à un désordre croissant, mais pas nous, du moins un moment. J'ai passé ma vie sans célébrer cette extrême rareté, occupé que j'étais à des broutilles et des disputes insignifiantes, où l'enjeu était ma petite place dans la vie familiale ou professionnelle, ma capacité à produire des idées et éventuellement à avoir le courage de les partager. Je n'ai jamais réussi à lever la tête de ces bagatelles et à me reconnaître comme une colonie d'eucaryotes, une chose vivante, un détachement conscient de l'énorme épithélium collectif qui protège l'anomalie réduite dans laquelle nous vivons. Mais au lieu de lever les bras au ciel et de nous satisfaire de ce miracle, nous réclamons…

Brusquement je me tus. J'avais du mal à garder la tête droite. J'étais sur le point de fondre en larmes. Miriam me regardait avec un mélange de consternation et d'effarement. Je ne sus pas si elle était alarmée par mes tremblements bien visibles ou à cause du retard avec lequel je commençais à comprendre les pensées qu'elle abritait très naturellement depuis son enfance.

J'avais trop parlé, comme toujours, ce qui était manifeste en voyant comment Miriam évitait maintenant mon regard. Cette pauvre fille s'était préparée à mener une espèce d'entretien professionnel, ou dans le meilleur des cas une conversation entre collègues, et elle venait d'endurer la logorrhée d'un quinquagénaire grisonnant qui s'était imposé le silence quelques secondes avant de fondre en larmes ou de lui proposer le mariage.

– Désolé pour cette diatribe. Je viens au moins de vous prouver catégoriquement que je ne suis pas laconique, dis-je en tentant une plaisanterie tout aussi déplacée que ma tirade.

Malgré son trouble, ou peut-être justement à cause de lui, *M* resplendissait. Elle leva alors les yeux sur moi, ces deux profondeurs océaniques au milieu de son visage, et me regarda avec une tristesse impénétrable, si lointaine, si grande, qu'elle serait toujours hors de portée. Elle ouvrit alors le dossier que j'avais posé sur la table et ce geste désabusé me confirma que jamais je ne me marierais avec elle. Ni même ne l'embrasserais ni ne toucherais sa main. C'était trop tard. Des décennies trop tard, pour être plus précis.

– Quelque chose dans tout ce que vous me dites a un lien avec votre travail sur le livre ? demanda-t-elle avec la plus grande distance que l'on puisse observer entre deux êtres humains.

– Non. Excusez-moi. Comme vous avez évoqué vos sentiments, j'ai simplement commis l'imprudence de parler des miens, dis-je, conscient que ce genre de simagrées n'allait pas raccourcir d'un pouce la lieue qui nous séparait.

De fait, elle écouta ces derniers mots sans lever les yeux des papiers. Car à cet instant précis elle découvrit sous la pile l'immense feuille pliée en quatre que j'y avais glissée. Ce que j'avais complètement oublié, occupé comme je l'étais à résumer à *M* l'histoire de ma vie. Dès que je vis cette feuille sortir de son abri, je fus sur le point de bondir, de la lui arracher des mains, de la fourrer dans ma veste et de fuir en courant le tourbillon de honte qui allait s'ouvrir entre nous. Mais elle avait déjà déplié l'horreur sur la table. Cet entrelacs de phrases ne paraissait pas provenir de l'individu qui venait de lui chanter des odes à notre capacité d'échapper au désordre, car un tel fouillis de signes et de traits était l'exemple même de l'entropie la plus brute et éloquente que l'on puisse imaginer.

M releva la tête. Elle avait abandonné tout espoir, comme les âmes devant les portes de l'enfer.

– Cette page ne représente pas la totalité de mon travail. Ce ne sont que de pauvres notes que j'ai prises rapidement, et qui se retrouvent je ne sais pas pourquoi dans le dossier, dis-je, agité, transpirant comme du porc mariné tournant lentement sur les braises.

– Et où est le reste ? demanda-t-elle sur le ton le plus démoralisé émis par une femme dans l'histoire du monde.

De ma réponse dépendaient mon destin et celui de ma famille.

– Tout est là, dis-je en indiquant ma tempe d'un geste décidément maniaque. J'avais conscience du niveau de délire que je montrais par ce geste de suffisance qui contredisait le manque total de confiance que j'avais en mes propres capacités.

Découragée, *M* soupira et remit en ordre les documents. Elle referma lentement le dossier, mais en écartant mon diagramme honteux, qu'elle regarda une dernière fois et posa pieusement de côté comme on le fait des pelures d'un fruit au bord d'une assiette.

Je pris cette attitude comme le signe d'un profond rejet, mais son visage paraissait moins indigné qu'immergé dans une transe religieuse.

– Vous voulez un café ? me demanda-t-elle d'un ton le plus neutre possible. Je ne m'attendais pas à cette invitation et je tardai un instant à répondre par un maladroit hochement de tête.

Elle se leva et sortit du salon. Cette minute où elle abandonna son fauteuil et disparut de ma vue me fit présager combien allaient désormais me peser les heures qu'il me faudrait passer sans l'avoir en face de moi. Bien sûr, j'étais un homme mûr et je n'oubliais pas un seul instant que mon sentiment était saugrenu et en grande partie ridicule, mais de toute façon cet étrange îlot d'extase amoureuse au milieu d'un océan de grisaille était le sentiment le plus réel de tout mon répertoire. C'était une amplification aiguë de l'illusion avec laquelle, bien des années auparavant, je mémorisais, seul dans ma chambre, le nom de compositeurs européens avec l'espoir d'accéder par cet artifice à l'univers de Deborah. Sauf que dans le cas présent se greffait à cet espoir la certitude que le contact que je désirais tant serait pour toujours impossible. De toute façon, découvrir que je pouvais de nouveau éprouver un tel bouleversement m'émouvait. Les années d'humiliation, d'acceptation coupable de ma condition de paria, de constante méfiance et d'ironie sur moi-même, n'avaient pas réussi à ronger l'écorce protectrice de ce dernier réduit d'innocence.

J'entendis un bruit de vaisselle provenant d'une cuisine éloignée à laquelle on pouvait accéder depuis le salon. J'imaginai les mains de Miriam touchant les tasses, les assiettes, les cuillers. Puis plus rien pendant une longue minute. Soudain la maison sembla déserte. J'en arrivai à craindre que Miriam ne se soit enfuie par une porte latérale pour partir se réfugier dans une de ses demeures en Europe, où l'anonymat lui permettrait de disparaître finalement à la vue du monde. Du moins à la mienne. Mais lorsque je tendis le cou pour jeter un coup d'œil sur le couloir, je la vis revenir avec un plateau. Elle le posa sur la table et je découvris alors qu'en plus de deux tasses, il y avait une grande enveloppe en papier kraft.

– Voilà, me dit-elle. – Ça fait un peu plus que les quinze pages qu'on vous a réclamées, mais personne ne va pousser de hauts cris pour cela. Je l'ai écrit il y a des mois, bien sûr. Je n'ai pas voulu le joindre au dossier car je tenais à respecter la décision de ma mère de vous donner l'occasion de montrer ce dont vous êtes capable. Mais je viens de conclure que je ne peux pas laisser le livre entre vos mains. Si je n'interviens pas tout de suite, on court à la catastrophe. Je dois donc ignorer, en comptant sur votre discrétion, la clause du testament.

Je la regardai avec incrédulité. Son expression restait neutre, mais au lieu de me congédier elle paraissait décidée à établir entre nous une sorte d'accord.

– Ce sera notre secret, dit-elle, et tout à coup le son du mot *notre* m'enflamma la poitrine. – Le mois prochain on annoncera publiquement la mort de ma mère et à partir de là se mettra en marche autour du titre posthume une machinerie promotionnelle aussi indépendante de notre volonté que la production de riz en Chine ou de fromages en France. Cela ne doit pas vous inquiéter. Personne n'apprendra votre existence, ainsi que le stipule votre contrat, et personne ne saura que je participe à votre travail, parce que ni vous ni personne n'a intérêt à ce que cela se sache.

J'étais de plus en plus perplexe.

– Mais ce que vous me proposez maintenant n'est pas seulement de *participer au travail*, mais que je le laisse intégralement entre vos mains et qu'ensuite je le fasse passer pour le mien. Un rôle qui n'est pas du tout celui pour lequel j'ai été engagé. Aucun écrivain fantôme n'accepterait sans protester qu'on change son statut pour celui de prête-nom, dis-je comme si je devais afficher devant elle un reste de dignité.

– Mais vous si, répliqua-t-elle en me regardant droit dans les yeux.

– Vous pensez que je suis totalement dépourvu d'amour-propre, que je ne suis pas capable de réaliser ce travail ou d'apporter fût-ce une virgule à ce que vous écrivez ?

Son ton de certitude absolue sur ma disposition à accepter un pacte de corruption m'obligeait moralement à surjouer un peu mon indignation.

– Bien sûr que vous pouvez suggérer ici et là une virgule, si vous estimez que c'est utile. Et même des phrases entières, à condition que nous soyons d'accord, vous et moi, qu'elles contribuent à améliorer le texte. Mais dans tous les cas c'est moi qui aurai le dernier mot. Si cette sorte de collaboration vous semble plus compatible avec le rôle que vous croyez être le vôtre, nous pouvons nous réunir régulièrement pour discuter de vos éventuelles idées. Je n'ai jamais été fermée aux suggestions. Mais le livre, à partir d'aujourd'hui, est de mon seul ressort.

Elle prononça ces derniers mots en souriant presque. Elle était sûre de s'être emparée de l'échiquier par cette manœuvre soudaine, mais je restais dubitatif. Je suppose qu'elle n'imaginait pas que la seule raison de ma perplexité tenait à ce que je ne voulais pas me montrer devant elle comme une vile canaille corruptible. Car dans tous les autres aspects de l'arrangement qu'elle me proposait, en plus d'un pénible rappel de mes limitations, c'était une authentique merveille. Sans compter la possibilité d'accéder à une fortune sans autre obligation que celle de prendre des notes sur des chapitres rédigés par mon écrivaine préférée et de la rencontrer régulièrement, perspective qui promettait une dose de honte non négligeable et de souffrance amoureuse, mais aussi de plaisir platonique et sublime.

– À moins que vous ne souhaitiez que je dise à Blum, qui va m'appeler dans une heure exactement, que vous n'avez pas écrit un seul paragraphe. N'oubliez pas que votre contrat est révocable. – Je ne sais pourquoi elle se sentait obligée de ternir l'éclat doré de sa proposition avec cette menace inutile. Je me souvins alors, comme si une muse me l'avait soufflé à l'oreille, que Miriam, malgré les airs adultes qu'elle se donnait, était une gamine. Je restai silencieux, non tant parce que son offre comportait encore quelque aspect inacceptable, mais parce que je sentais que les mots que j'allais choisir pour lui concéder cette victoire, qui était beaucoup plus la mienne que la sienne, scelleraient le type d'échanges que nous aurions pendant des mois ou des années. J'avais encore l'espoir d'être considéré par elle comme une personne fiable.

Loin d'esquiver ce regard irrésolu, elle le soutint pendant une longue minute, d'un air concentré et inquisitorial. Elle voulait s'assurer de ma capitulation sans conditions. Mais malgré son expression sévère, elle paraissait inquiète de mon silence et finit par céder à la tentation d'ajouter :

– J'ai déjà ébauché sept chapitres. Je pense que si nous en produisons à temps neuf ou dix de plus, nous pourrons publier le livre dans les délais prévus. – Et elle haussa les sourcils.

Elle avait de nouveau employé ce pluriel encourageant. Mais je ne savais pas si je devais ou non m'en réjouir. Ma vie, selon le point de vue, venait de se résoudre ou de basculer de manière définitive, car pour accepter sa proposition je devais me déclarer irrémissiblement brisé. Dire à Miriam, et à moi-même, que je ratifiais mon état de vermine sans scrupules. Assumer que je voulais gagner de l'argent avec un travail pour lequel je n'avais ni la disposition ni les capacités nécessaires.

Je me rendis compte que, tout occupé à m'affliger de ma propre disgrâce, je n'avais pas encore fait mine d'ouvrir l'enveloppe. Mais j'étais maintenant en droit de le faire. M'assurer de la qualité de son contenu, et même l'espérer, était naturel, car je ne pouvais donner simplement pour acquis qu'il s'agissait exactement de ce premier chapitre dont on m'avait chargé. Aussi, sans demander la permission, je l'ouvris, glissai ma main à l'intérieur et en sortis des feuillets imprimés dans la plus harmonieuse typographie.

Je ne sais si ce fut l'effet de voir le titre si parfaitement centré, ou la conséquence de la dévastation morale des dernières minutes, mais quand je lus sur la première page, "Une vie pleine de sens", une vieille voix intérieure usée me souffla à l'oreille : "C'est ça. C'est ce que je veux."

16

Je passai des jours à relire ce merveilleux chapitre. En plus d'en apprécier la lecture, j'aspirais à sauver mon honneur en proposant des améliorations, des suggestions susceptibles d'enrichir cette syntaxe limpide comme une rivière. Mais chaque nouvelle idée, dès que je voulais l'introduire dans la page, paraissait une maladroite manifestation de jalousie ou de dépit, comme ces propos qu'intercale un employé médiocre dans une réunion pour se faire bien voir d'un chef indifférent à son existence. Chaque mot que j'essayais d'ajouter introduisait un coin dans un discours parfait qui ne souffrait pas le moindre changement.

Après les premiers paragraphes que j'avais lus dans le dossier, le texte amorçait un virage en même temps technique et amène, lisse et érudit, car Miriam s'engageait dans la nature probabiliste de la cognition, passant avec un total naturel du théorème de Bayes à la théorie de l'information de Shannon, et ce faisant expliquait avec une précision d'orfèvre des concepts comme la marche aléatoire ou l'exformation, animée non seulement par le strict objectif de vulgariser des idées mais aussi par l'évidente intention d'offrir au lecteur des outils indispensables.

Ces jours-là, relire maintes fois ce premier chapitre devint un rituel de purification, auquel je me livrais en passant de la fin au début sans suivre aucun ordre, car de cette manière je pouvais m'arrêter sur n'importe quel paragraphe comme s'il s'agissait d'une œuvre précieuse que l'on voudrait voir tous les matins en entrant dans son salon, encadrée et placée à côté de photographies d'aïeux ou de portraits de nobles dont le nom s'est perdu dans le temps.

De fait je recopiai sur un papier que j'affichai sur le mur près de mon lit l'idée élémentaire suivante :

> le seul modèle d'information dépourvu de toute redondance, et qu'il est donc impossible de résumer, est le hasard pur. Une succession de zéros et de uns qui ne dit absolument rien, parce que justement elle est dépourvue d'ordre et ne peut être synthétisée, c'est-à-dire produire un quelconque apprentissage. Et à l'autre extrémité de ce spectre, une série absolument ordonnée et prévisible n'offre pas non plus une information suffisante, car toutes les réitérations de son contenu pourraient être ignorées, comprimées, considérées comme connues. Notre système perceptif cherche des exceptions, des bords, des interruptions, des discontinuités. Nous définissons les choses par leur contour et nous faisons abstraction de tout ce qui en elles nous paraît uniforme et réitéré. Mais devant une image qui ne nous présente qu'une infinie succession de bords, comme le bruit sur l'écran d'un téléviseur, nous ne pouvons rien voir. Il y a une brève frange équidistante d'un extrême à l'autre, un juste milieu entre l'informatif et le familier, où prend place toute la perception qui rend notre existence possible.

Chaque jour, à mon réveil, la tête encore sur l'oreiller, j'avais les yeux rivés sur ce passage comme si l'analyser continûment allait produire une transmutation alchimique, dégageant des mots une nouvelle synthèse unissant en un couple sublime le familier et l'aléatoire.

Un matin, trois jours avant l'audience, je me réveillai avec la sensation agaçante d'avoir oublié quelque chose. Pendant que je survolais une fois de plus ce passage affiché au mur, je passai mentalement en revue mes obligations de la journée pour m'assurer que je n'avais rien négligé. Je devais demander à Adler de m'accompagner lors de la comparution devant le juge. Je devais appeler le lycée d'Aarón, obtenir l'adresse de son camp et partir à sa recherche. Mais il y avait autre chose. On était le 29 du mois et j'avais la nette impression d'avoir un engagement particulier à tenir à cette date, mais je n'arrivais pas à l'identifier.

Ce n'est qu'après un long petit-déjeuner que je me souvins qu'à huit heures pile se terminait mon congé au laboratoire. J'avais passé tellement de temps à l'écart de mes obligations que j'avais complètement oublié la date où je devais reprendre mon travail. Ce n'était pas seulement le jour et l'heure où on m'avait demandé de revenir que j'avais oubliés mais ce moment redouté où la direction m'attendait, repenti et présentant la perspective de ce que j'allais faire de mon poste, du moins si l'institution m'accordait la possibilité de le conserver.

Mais je m'étais réveillé tard et j'avais déjeuné posément, et ce ne fut qu'au bout de deux heures que je me rappelai cet engagement. Je me considérai alors comme perdu, car le directeur m'avait prévenu que tout manquement à cette obligation entraînerait de sa part une attitude intransigeante. Je pris ma veste et je sortis en courant pour trouver un taxi. En accord avec Ellenberg, Adler m'avait offert un petit pécule hebdomadaire, avec l'espoir que je relève la tête ou par pure pitié, je ne sais pas, en tout cas je dépensai cet argent, destiné à manger ce jour-là, pour régler la course. Je m'étais promis, longtemps auparavant, de ne plus me livrer à ce genre de gaspillage, mais je me convainquis que la situation le méritait, et c'est ainsi que je m'engouffrai dans le premier taxi que je hélai en chemin.

Pendant le trajet jusqu'au laboratoire je me demandai, maintenant que la plume magique de *M* m'avait pourvu du chapitre qui devait me garantir un confortable à-valoir, s'il y avait un sens à me plier à la routine d'une institution qui jamais ne m'ouvrirait ses portes. Pendant que défilait à la fenêtre l'avenue où circulait le taxi et que se succédaient les commerces, les auvents colorés et les vendeurs de rue, je me demandai également si ma tentative d'explorer l'esprit sur une échelle microscopique relevait de la recherche scientifique ou d'une espèce de message codé envoyé à moi-même et à mes congénères, un simple *je fais ce que je peux* structuré par beaucoup plus d'actes symboliques, d'habitudes et de mots que ceux strictement nécessaires pour produire de la connaissance. Je me rendis compte, peut-être à la lumière du texte de Miriam, que l'essentiel de mon interaction avec le laboratoire était redondant, tautologique, circulaire. À peine un *je suis quelqu'un qui travaille dans un laboratoire*, dit de mille manières aussi itératives que superflues. Sur l'échelle de *M* ma routine de travail occupait l'espace du familier, du récursif, dépourvu d'information saillante. Toutes les heures passées sur place, toutes les minutes de regard dans le vague, les silences prolongés et la répétition des dix ou douze procédures jour après jour pouvaient se résumer par une longue phrase. Ou un paragraphe consistant. Une page en étant très généreux. Mille ou deux mille lettres ordonnées pouvaient constituer un parfait sommaire des années passées rituellement dans ce labyrinthe de salles et de couloirs.

Pourtant c'était justement là que je me rendais une fois de plus, en traversant la ville à toute vitesse. Pourquoi ? Pour ne pas perdre *ça*. Ça dont je ne savais s'il conservait quelque valeur, mais dont je m'étais permis de dire mille et une fois pendant des années "je fais ce que je peux".

Lorsque le taxi s'arrêta devant l'institution, je remarquai deux jeunes étudiants – de ceux qui aimaient plaisanter avec moi et qui se moquaient en général des ragots des chercheurs plus âgés –, ils étaient sortis fumer sur le perron, où je les voyais rire d'une blague que je ne pouvais entendre de l'intérieur du véhicule. Assis sur deux marches, accoudés avec l'insouciance typique des personnes qui croient qu'elles vont vivre éternellement, ils me virent sortir du taxi, me sifflèrent vivement et se mirent à me haranguer pendant que je gravissais le perron au pas de course.

– Dépêchez-vous, Badenbauer, avec dynamisme ! Ne laissez pas les années vous courber l'échine comme les professeurs titulaires ! Le dernier laborantin de l'institution doit prouver qu'il a encore du caractère ! me lança l'un d'eux d'une voix stridente.

– Il y a une assemblée, tout le personnel est réuni dans le hall d'entrée. Quarante vieux au moins vont vous foudroyer du regard ! dit l'autre qui éclata de rire.

Vu le ton jovial avec lequel ils m'avaient accueilli, je pensai qu'en mentionnant l'assemblée en question ils voulaient se montrer ironiques. De sorte qu'en découvrant effectivement des dizaines de personnes assises autour du directeur, je restai un instant paralysé. Cinq ou six participants se tournèrent alors vers moi et esquissèrent un geste de réprobation pompeux et un rien lyrique, comme pour signifier aux anciens qu'ils maîtrisaient l'art de s'indigner et qu'ils étaient donc en mesure de gravir une marche sur l'échelon professionnel. Ces mimiques eurent pour effet de prévenir tout le monde qu'à la porte avait lieu un événement beaucoup plus important que le discours du directeur, connu pour se lancer dans des laïus répétitifs et interminables sur des sujets sans intérêt.

Ce brusque mouvement de têtes fut accompagné par quelques toux et un grincement de chaise si strident que le directeur se sentit obligé de se taire subitement. Alors, tous profitèrent de cette brève interruption pour changer de position, s'étirer, s'éclaircir la gorge, consulter des papiers ou exprimer une certaine impatience, histoire de faire comprendre au directeur que le moment était propice pour conclure son discours. Il était plus de dix heures et donc probable que son intervention avait déjà duré plus d'une heure.

Mais celui-ci préféra attribuer cette agitation à mon arrivée plutôt qu'au désir général d'échapper à son verbiage. Il pensa sûrement que l'occasion se présentait d'offrir au public le spectacle d'une sanction exemplaire. Je sentis ses yeux se clouer sur moi comme ceux d'un faucon qui vient de repérer un lapin. Il se força à sourire et lança sur le ton condescendant qui caractérisait toutes ses prises de parole :

– À ce que je vois, Badenbauer vient de se joindre à nous. – Il posa ses deux mains sur la taille, comme un douanier qui demande "Vous avez quelque chose à déclarer ?". Puis, gardant cette pose, il me regarda cinq ou six secondes.

– Bonjour, dis-je lorsque son silence théâtral devint intolérable.

– Bien que vous arriviez en retard, répondit-il sur un ton mielleux, votre arrivée justement à cet instant est opportune. Nous étions, avec les collègues, en train d'évaluer les projets pour l'année. Hier, je disais à la réunion du conseil que vous aviez promis de présenter à votre retour un panorama des engagements que vous prétendez assumer avec le laboratoire. Et cette réunion d'aujourd'hui, où tous vos collègues sont présents et attentifs, est peut-être le contexte idéal pour que vous nous expliquiez les projets que vous aimeriez porter à la connaissance de la communauté des chercheurs.

– Quand ? demandai-je tandis que mes genoux commençaient à flancher et que la fréquence de mes battements de cœur oscillait comme un sismographe sur le flanc d'un volcan.

– Tout de suite, naturellement. Quelle meilleure occasion que celle-là ? Tous vos collègues sont là, et il s'agit d'un échange informel, pas d'une dissertation. Vous avez pris trois semaines pour réfléchir et je crois me faire l'écho de tous en disant qu'il y a ici une authentique curiosité pour ce dont vous allez nous faire part. Peut-être qu'il serait bon de commencer par les sujets qui ont le plus requis votre attention.

À ces mots, il se produisit une migration de regards et une rotation simultanée de têtes qui me fit penser à une partie de tennis. Exultant et triomphal, le directeur venait de frapper sur mon terrain une balle diabolique et le public voulait ratifier mon impossibilité de riposter à ce service.

J'avais observé des années durant ma routine quotidienne d'entrée et de sortie du laboratoire ni vu ni connu, et de me voir ainsi soumis sans prévenir à un lynchage public me laissait complètement désarmé. Je ne me serais pas senti plus déplacé si j'avais été en pyjama avec un dry Martini à la main. Je me souvins que la dernière fois où j'avais été regardé par quarante ou cinquante personnes c'était le jour de mon mariage, lorsque les invités m'avaient vu casser le verre par terre et être l'instant d'après humilié par mon beau-père. Mais rien de comparable à aujourd'hui.

Je tentai de repérer deux ou trois visages et préférai aussitôt détourner mon regard. Puis, libéré de ce contact visuel, j'embrassai d'un seul coup d'œil cet ensemble d'yeux, de nez et de bouches, comme s'il s'agissait d'une trame serrée de points. J'eus alors une espèce d'illumination. Je vis d'abord des taches déployées dans la salle comme un énoncé de signes disposés exprès, puis ce fut seulement un bruit, et un agrégat de traits en désordre. Quelle différence y avait-il entre une perception et la suivante ? Quand je concevais les visages comme des signes, la présomption qu'ils formaient ensemble une sorte de message suggérait implicitement une intention et faisait de leur distribution un ensemble cohérent, tandis que l'accumulation de points dispersés figurait à peine un sillage fortuit, une traînée sans ordre ni principe directeur. Ce qui distinguait ces deux lectures tenait à l'illusion de finalité. La différence entre le hasard et l'ordre était l'hypothèse d'une intention. Et cette intention ne pouvait être simplement considérée comme présente ou absente, allumée ou éteinte, blanche ou noire. Il y avait entre l'aléatoire et l'ordonné une vaste gamme de gris. Pour regarder ces figures comme des personnes, il fallait les situer sur un point médian de ce gradient sur lequel elles ne se liraient pas comme des signes intentionnels ni n'apparaîtraient comme un simple bruit. Je pensai à la phrase d'Iris Kaplan au début de son ébauche de chapitre : "La prémisse autour de laquelle se structure tout système vivant est d'éviter les surprises." Moindre était le degré d'aléatoire d'un ensemble, moindre était le degré de surprise. Mais s'il était tout aussi vrai que la seule information impossible à comprimer était l'aléatoire pur, moindre était la surprise, moindre était le volume d'information. De sorte que…

Je me rendis compte que je ne pouvais pas rester une seconde de plus en silence. Qu'il s'agisse de signes ou de taches aléatoires, le fait était que ces personnes jugeaient ma conduite inacceptable. Si je n'ouvrais pas immédiatement la bouche, quelqu'un allait se charger de mettre une fois pour toutes un point final à ma honteuse présence dans l'institution.

– J'ai pensé à… la question du sens… – J'avais du mal à trouver mes mots et la légère montée de murmures dans la salle ne me facilitait pas la tâche.

– Le sens de votre recherche, vous voulez dire ? intervint le directeur sur un ton humoristique, jouissant de voir que la scène sapait ma paix mentale.

– Non… je veux parler du sens en soi, comme objet d'étude et de son influence sur la configuration d'un système… Je… Dans le travail de laboratoire on sous-entend que la question directrice de la science n'est pas pourquoi, ni pour quoi, mais simplement comment. Comment se produisent des processus déterminés, quelles relations causales les rendent possibles en dehors de tout dessein ou finalité. De sorte que le sens est par définition hors de notre objet d'étude…

– Comme vous ne parveniez pas à pénétrer la complexité d'un neurone, vous voulez maintenant étudier comment les personnes, prises comme un tout, définissent leurs intentions ? Et vous êtes-vous demandé de quelle façon cette recherche philosophique pourrait devenir un matériel de laboratoire ? demanda le directeur, goguenard, s'acharnant à m'infliger une punition publique.

Mais les sarcasmes de ce crétin éveillèrent en moi une ancestrale réaction de férocité face à l'attaque d'un prédateur. Le moment était venu de montrer que j'avais encore, cachés dans ma bouche, une bonne paire de crocs. Je n'allais pas changer de sujet parce qu'un hiérarque me harcelait.

– Je suis un neurophysiologiste. J'ai consacré des années à l'étude de la synapse et concentré mon attention sur les relations qu'un neurone entretient avec le milieu ambiant à travers les canaux ioniques. J'ai toujours pensé que regarder ces processus dans la stricte perspective de ce qui se passe dans la membrane était un abord réductionniste, mais inévitable dans l'étude des processus mécaniques. Il ne m'est jamais venu à l'esprit que dans une certaine mesure j'étudiais un symbiote, une partie d'une colonie. Qui comme tel poursuit certains buts et ajuste son comportement à partir de ce qu'il perçoit et interprète.

À cet instant le murmure se fit plus aigu, comme si quelques collègues ne pouvaient se retenir de rire. En disant que le neurone *interprète*, j'avais proféré aux yeux du directeur une telle énormité qu'il se sentit obligé d'intervenir :

– Je crois que vous vous laissez entraîner par votre veine romantique et que vous confondez les attributs d'un neurone avec ceux d'une personne. Il semblerait que pour donner à votre physiologie de meilleures possibilités dramatiques, vous essayez de l'humaniser et de la doter de personnalité, comme Walt Disney le faisait avec une souris ou un chien pour qu'ils puissent jouer un rôle dans le scénario de ses films…

Les professeurs les plus âgés, qui n'attendaient qu'un signal hiérarchique pour juger et condamner l'inculpé, éclatèrent alors de rire. Je n'étais pas habitué à parler en public, mais je n'allais pas me laisser ridiculiser.

– C'est là justement l'objet de mon intérêt, dis-je en m'imposant à l'hilarité générale. – Je me suis rendu compte que l'agentivité, la capacité d'exercer des actions qui excèdent le pur déterminisme, place toute entité vivante dans une catégorie distincte du milieu qui la contient, dis-je avec quelque impatience. – Les visages ne me renvoyaient pas le moindre signe de compréhension mais je ne me laissai pas décourager pour autant. – Toute la question est que notre libre arbitre ne nous est pas venu d'un coup. Chaque entité qui perçoit le monde environnant et prend des décisions en fonction de ce qu'elle parvient à discerner a derrière elle une longue histoire naturelle, peuplée d'ancêtres moins perceptifs, mais capables de faire quelque chose de plus que de se soumettre aux lois de la physique. Dès qu'un être est doté d'un minimum d'agentivité, il opère d'un mode très distinct de celui d'un nuage ou d'une éruption volcanique. Une mouche a beaucoup plus de libre arbitre qu'un astéroïde, que la Lune et même que le Soleil, parce qu'elle peut prendre des décisions sur son vol ou sa destination, si brefs soient-ils, alors qu'un corps céleste ne peut que suivre sa trajectoire à la merci de l'inertie, de la force de gravité, du frôlement de particules et d'autres variables déterministes à l'extrême. Une rivière ne décide pas de son cours, mais une loutre qui la traverse si. J'ai toujours pensé que cette différence exerçait sur nous une fascination purement subjective et anthropocentrique, dérivée de ce que nous appartenons à une espèce qui a fait de la capacité de décision une profession de foi. Mais maintenant je me rends compte qu'il existe là une frontière plus profonde, plus déterminante et indépendante de notre simple évaluation affective. Car lorsqu'un grumeau d'atome accède à la décision de choses, si minimes soient-elles, il se rend aussi capable de produire une exception temporelle dans les lois de la thermodynamique. Dans ce bref conciliabule qui se tient dans son épithélium, une petite parcelle de l'univers conspire contre l'inexorable marche des choses vers l'indifférenciation et le néant. Et par cette déclaration d'indépendance il produit, au moins pour un temps, plus d'ordre que de désordre, et il défie par ses actes, fût-ce occasionnellement, la force de gravité, l'inertie, la décomposition. Les choses vivantes sont plus qu'un simple amas rare et complexe. Elles sont un état particulier de la matière.

Cette attitude exaltée, malgré mon incursion de plus en plus résolue dans l'art oratoire poétique, ne paraissait pas gagner des adeptes ni enflammer les volontés. Un parterre de vieillards avaient même cessé de me regarder, car le spectacle que je leur présentais leur paraissait trop honteux, ils préféraient consulter leurs papiers ou rajuster leur blouse, plutôt que d'accorder la moindre attention à mon délire.

– Et est-ce que l'une ou l'autre de ces épiphanies garde un lien avec le travail qui se fait dans cette institution ? demanda le directeur. Mais c'était trop tard, mon discours s'était inspiré du ton élégiaque des Kaplan et je ne pouvais plus quitter le sommet pour la plaine. Si cela n'avait tenu qu'à moi, j'aurais envoyé cette bande de bureaucrates planter des choux. Ils ne m'avaient demandé ce que je pensais que pour m'humilier, mais ils allaient devoir ravaler leur ironie. S'ils voulaient faire de cet interrogatoire une exécution sommaire, alors j'étais prêt à leur offrir un véritable carnage. Ces vingt années à me taire devant des scribouillards vaniteux allaient devenir une irréfrénable explosion de sang, de couleurs et de feux d'artifice.

– Une entité vivante ne peut, juste pour éviter les menaces du milieu ambiant dans lequel elle doit subsister, s'isoler complètement. Et elle ne peut pas justement parce qu'elle a besoin, en plus d'échapper aux déséquilibres qui risquent de mettre en danger la poursuite de son existence, d'obtenir de cette source de risques l'information et l'énergie nécessaires à sa survie. Elle doit se maintenir protégée et constante, mais pas à un degré qui l'empêche d'accéder aux moyens qui lui permettent de garder son précaire équilibre. Et cet équilibre, dans la perspective du milieu ambiant, est un déséquilibre. C'est comme si une parcelle de l'univers n'adhérait pas aux principes qui dominent dans son quartier mais devait y faire ses courses, envoyer ses enfants à l'école, accepter ses lois et sa monnaie…

À ce moment de mon exposé la rumeur de la salle était sur le point d'engloutir complètement mon discours. Malgré mon souffle messianique, j'avais les mains moites, les genoux supportaient à peine mon poids, et la veste que je portais ressemblait de plus en plus à une écharpe suspendue à un porte-manteau. Mais je n'étais pas prêt à baisser les bras.

– J'ai été élevé par deux Juifs orthodoxes. Je sais ce que c'est d'habiter dans un foyer où on ne partage pas les normes du quartier environnant. J'ai appris à vivre dans un système qui, par son caractère strict et immuable, était incapable d'accueillir et d'assimiler de l'information. Un système qui empêche aussi d'obtenir de l'énergie, c'est-à-dire de subsister. C'est pourquoi j'ai toujours eu une certaine obsession pour la façon dont la membrane du neurone accepte des ingérences étrangères, parce qu'elles lui permettent de participer d'un cycle, mais qui en dernière instance la modifie. Je sais que mon livre sur le sujet vous a paru erratique et dépourvu de rigueur. Et je pense, à la lumière de mes plus récentes conclusions, que vous aviez raison.

Personne ne s'attendait à ce que mon panégyrique comporte une incursion autobiographique, encore moins l'expiation publique de mes péchés académiques. Les popes se préparaient à être témoins de ma chute finale, mais certains des plus jeunes semblaient subitement intéressés et même légèrement attendris.

– La seule tactique fonctionnelle pour atteindre une forme de continuité est, paradoxalement, de toujours changer un peu. Suffisamment pour qu'il y ait une entrée d'information et d'énergie. Mais pour assurer à cet échange un degré optimal, il est impératif de *faire quelque chose*. Des actions qui, au moins à une échelle minuscule, impliquent un certain niveau de décision, d'agentivité. Je n'avais même pas conçu ce processus comme une prise de décision. Peut-être parce que chacune de ces manifestations de souveraineté, prise isolément, est infime. Mais c'est leur somme qui permet à l'entité de continuer à fonctionner en marge de la grande coercition qu'elle affronte pour se plier à l'ordre dominant, c'est-à-dire au désordre croissant. À l'entropie. Quand on regarde en termes thermodynamiques ce qui définit la vie, beaucoup plus que la survie ou la réplication des gènes, c'est la capacité à prendre des décisions. Ce n'est pas seulement une vie qui tourne aveuglément autour de l'idée de se reproduire, mais une vie pleine de sens. – En prononçant cette dernière phrase, hors d'haleine, je fus sur le point de vomir, ou de me mettre à courir dans la salle, à chanter et à prendre dans mes bras les vieillards en blouse blanche. – Toute ma vie j'ai cru que tourner autour de décisions était une tentative désespérée d'éluder l'idée de la mort. Je n'ai jamais pensé que c'est ce que fait exactement chaque cellule, chaque bactérie, chaque champignon, chaque invertébré. Après-demain je dois affronter, je ne vois pas pourquoi ne pas le partager avec des collègues aussi avides d'un regard personnel, une audience dans une procédure de divorce. Il s'y décidera de la garde de mon fils adolescent, à qui j'ai toujours essayé de présenter une vision sincère, sans fioritures, du fonctionnement de la vie. J'ai toujours voulu qu'il comprenne l'existence des choses comme un flux d'événements aléatoires dans un univers aveugle. Peut-être que ce genre d'explication présentée à un enfant pourrait être considérée dans cette audience comme une cause de divorce en soi. – Cette blague lancée avec amertume ne récolta aucun éclat de rire. – Mais je me suis trompé sur un aspect essentiel. Tout l'univers n'est pas aléatoire. L'existence de chacun de vous, l'exacte combinaison de gènes qui fait de vous une personne et pas une autre, peut être authentiquement considérée comme aléatoire, mais votre présence dans ce hall ne l'est pas. Vous ne vous êtes pas réunis ici par hasard. Chacun de vous s'est fixé un horaire, un trajet à emprunter, est monté dans un véhicule, a tourné à gauche ou à droite une douzaine de fois avant d'arriver sur place. Vous avez suivi des itinéraires parfaitement définis et intentionnels, beaucoup plus intentionnels qu'aucun objet dépourvu de libre arbitre. Dans un univers où l'aléatoire régnerait sans partage, cette réunion serait impossible. C'est pourquoi je me suis trompé : en parlant à mon fils j'aurais dû beaucoup plus insister sur cette dimension de l'existence que j'ai en général négligée pour l'avoir estimée tout simplement inabordable. Il est peu probable que je gagne ce procès, justement parce que notre petit monde humain n'est pas aléatoire, et que ma difficulté à œuvrer dans un sens clair est connue de mes proches, des avocats et du juge, comme de la plupart d'entre vous. J'ai toujours su, bien que de manière intuitive, que la vie est meilleure si on prend certaines décisions. Mais je n'avais pas encore compris que c'est justement cette prise de décisions, y compris à l'échelle microscopique, qui est la définition même de vivre. Nous sommes les choses qui font des choses. Celles qui décident de leur trajectoire, celles qui produisent de l'ordre. Aucune pierre ne se comporte ainsi. Les pierres n'affrontent pas de procédures de divorce, ni de disputes pour la garde…

– Excusez-moi de vous interrompre. Il n'y a aucun doute que votre situation familiale vous absorbe complètement, comme tout un chacun, mais ce n'est en aucune façon le type de sujet qui a cours dans une assemblée comme la nôtre. Avez-vous une idée concrète qui puisse se traduire un jour par un projet de recherche ? dit le directeur exaspéré. Quelques rires étouffés ponctuèrent sa question, mais son ton était tellement tendu que l'hilarité ne put gagner la salle entière.

– L'épithélium… balbutiai-je avant même d'avoir une phrase en tête. Je veux comprendre le neurone comme une entité… L'ordre…

– Vous voulez que l'ordre règne ? Je crois qu'un peu d'ordre nous ferait à tous du bien ici ! Vous nous avez promenés de l'entropie jusqu'à l'agentivité, aller-retour, et nous ne savons pas encore exactement ce que vous voulez chercher, dit le directeur, jouant de nouveau la maîtresse d'école qui réprimande un élève dissipé.

– Vous voulez que je vous dise comment je vais aborder le problème de la relation entre l'agentivité et l'entropie ? Je vais vous répondre en quatre mots : je ne sais pas. Mais ce *je ne sais pas* s'annonce maintenant comme un puits plus grand et plus profond que tout ce que j'ai su dans ma vie. C'est un *je ne sais pas* qui vaut réellement la peine. De sorte que tout ce que j'ai cherché avant, faute de cette nécessaire incursion dans ce qu'on ne sait pas vraiment, peut se voir davantage comme une timide tentative d'appartenir à une communauté scientifique qu'un véritable effort pour comprendre ou vivre la vie. J'ai consacré trop d'énergie pour faire reconnaître mes idées, et très peu à questionner ma propre pensée, car le chemin qu'on doit suivre pour poser les bonnes questions est aride et tortueux. Nous nous contentons de raccourcis et souvent dans ces détours nous trahissons nos aspirations juvéniles, piégés dans des rituels académiques vides, qui nous font esquiver l'affrontement avec l'authentique ignorance centrale. Nous oublions que notre travail ne consiste pas à savoir mais à décrire avec la plus grande précision ce que nous ne savons pas et à formuler des questions qui servent à être un peu moins ignorants. C'est pourquoi maintenant, si vous me le permettez, j'ajouterai seulement que ces réunions sommaires, où les collègues se regardent avec méfiance, exhibent leur plumage et se disputent les dépouilles de l'entreprise scientifique, ne conviennent pas à l'état d'interrogation dans lequel je suis immergé. Aussi, avec votre permission, je vais abandonner sans plus attendre cette assemblée pour me rendre dans le petit bureau des laborantins, où tous ceux qui sont intéressés par la conception d'expériences liées au sujet que je viens de décrire et souhaitent formuler des questions, des objections et des suggestions, seront plus que bienvenus.

Puis, sans la moindre expression de mépris, mais sans m'attarder non plus à regarder personne, je contournai en vingt pas l'amphithéâtre improvisé de chaises pour gagner la porte des laboratoires. Je l'ouvris en grand et disparus simplement dans le couloir.

17

Inutile de dire que cette opérette ne fut pas du goût de la hiérarchie. Le directeur tarda moins d'une demi-heure à clore l'assemblée, à réunir quelques membres du conseil et à proposer mon licenciement immédiat. Contrairement à ce qu'il avait prévu, trois étudiants en doctorat avaient dit quelques minutes avant à leurs directeurs de thèse qu'ils étaient intéressés à échanger des idées avec moi, aussi, pour éviter la brutalité de me jeter simplement à la rue, il fut décidé de supprimer mes heures d'enseignement et de les déduire proportionnellement de mon salaire, de sorte que mes revenus devenaient trop maigres pour que je puisse en vivre et qu'il me fallait renoncer à mon poste d'assistant de laboratoire. Ils voulaient simplement rendre impossible ma présence dans l'institution et ainsi m'exclure sans se salir les mains.

Mais comme ils ignoraient mon entrée récente dans la carrière d'écrivain fantôme, ils ne pouvaient pas imaginer que le règlement de mes factures cesserait sous peu d'être un problème. C'est pourquoi le directeur me regarda avec tant de perplexité lorsque en venant m'informer dans mon bureau de ma rétrogradation à la catégorie de serf féodal de la noblesse scientifique, je lui serrai fermement la main et lui dis :

– Je vous remercie de votre appui dans ce nouveau tournant de mes recherches. Cette réduction d'heures d'enseignement obligatoires va m'offrir plus de temps de lecture et de méditation. Je n'écarte pas non plus l'idée que cela me permettra aussi de concevoir quelque expérimentation. – Et sur ces mots, je lui montrai la porte pour qu'il déguerpisse au plus vite de mon bureau, comme suggérant, par un sourire radieux, "votre heure hebdomadaire de harcèlement stupide vient d'expirer, prenez vos misérables petits papiers et évacuez sur-le-champ mon domaine". Bien sûr je n'ai rien dit de tel. Je me suis contenté de rester quelques secondes en silence, le bras tendu, et un air de détermination maniaque dans le regard. Le directeur tituba. Rien ne me parut plus beau que de voir sa machinerie habituelle d'assaut de l'interlocuteur se déglinguer complètement. Il semblait convaincu d'être devant un psychopathe, car son expression classique de supériorité morale fut envahie par un trait visible de terreur. Je me dis que dorénavant cet animalcule effrayé allait se montrer beaucoup plus docile. Je le vis filer dans le couloir et s'éloigner à grands pas sans regarder derrière lui.

Lorsque je me retrouvai seul dans mon petit réduit, je soupirai profondément, comme libérant un nuage entier de gaz rances que j'avais gardés dans mes poumons pendant des décennies. C'était comme si cette voix intérieure qui m'avait murmuré chez Kaplan "c'est ce que je veux" était maintenant en charge de mes actes.

Je me souvins alors comment avait culminé la rencontre avec *M* quelques jours plus tôt, ce soir-là dans sa villa. Après avoir surmonté les premières tensions, quand je lui avais dit être prêt à seconder son petit coup d'État, Miriam appela Blum devant moi et lui annonça : "Le chapitre que vient de m'apporter Badenbauer est une véritable merveille." Elle mentait avec l'aisance d'une professionnelle. Elle poursuivit par un éloge minutieux de sa propre prose, insistant sur le fait que l'auteur avait remarquablement réussi à saisir non seulement les idées de sa mère mais aussi ses tournures, son rythme, sa prosodie. Après avoir répondu sur un ton quasi maternel à plusieurs questions de Blum sur les délais de remise et réaffirmé ma capacité à les respecter, elle raccrocha le combiné et déclara :

– C'est fait. À partir de ce moment, vous êtes officiellement ma mère. Et moi, officieusement, je suis vous.

Après avoir conclu cet accord, je ne l'avais pas revue, bien qu'elle m'eût assuré avant de nous séparer que nous discuterions prochainement de deux ou trois chapitres pendant une soirée. J'attendais encore ce moment.

Pendant que je pensais à cette perspective, réfugié dans mon bureau et encore sous le coup de ma comparution devant l'assemblée, je me souvins que j'avais été sauvé de ma condition d'indésirable par l'intercession de quelques jeunes que je connaissais peu, mais qui méritaient que je les reçoive, leur prépare un café et prête une oreille attentive à leurs interrogations et à leurs impressions. Mais j'eus beau attendre presque trois heures, personne ne vint.

Je commençai alors à entrevoir qu'en réalité ce désir d'entamer un dialogue avec de jeunes chercheurs faisait écho à un autre besoin plus profond et pressant, celui de profiter des jours avant l'audience pour aller voir Aarón dans ce fichu camp pour adolescents à problèmes. Je voulais lui faire savoir par ma présence que pour moi il ne constituait pas un problème mais un grand privilège, celui d'être un gamin magnifique dont j'étais tous les jours reconnaissant de l'existence, lui dire que je comprenais sa distance et même sa méfiance envers moi, car nous avions fait de sa prise de parti pour le monde maternel ou paternel l'enjeu d'une espèce de médaille, et m'assurer alors qu'il comprenne que je n'avais jamais eu la moindre intention…

Je me rendis compte que, une fois de plus, au lieu d'imaginer des questions à lui poser j'étais en train de dresser une longue liste de ce que je voulais lui dire. Dans cette anticipation imaginaire de notre rencontre, j'étais celui qui monopolisait la parole, l'abreuvait d'arguments et vérifiait qu'il les avait compris. Dans toutes ces scènes que je me représentais, j'étais le seul à parler.

Reconnaître cela me causa une véritable douleur à la poitrine et m'obligeait à admettre mon peu d'intérêt pour ce qu'Aarón, ou n'importe lequel de mes êtres chers, avait à dire. Peut-être que cet abandon que me reprochait Deborah tenait moins à mon voyage à Berlin qu'à ma sempiternelle absence quotidienne. Un *n'être jamais complètement là* que je devais assumer comme insupportable pour la personne que j'avais près de moi. J'éprouvai à cet instant l'envie irrépressible de serrer mon fils dans mes bras. De lui permettre d'entrer en moi comme chez lui, et d'espérer avec patience et disposition à écouter qu'un jour il m'ouvre lui aussi sa porte. Il fallait que je le voie aujourd'hui même, avant qu'un juge ne décrète les termes qui allaient régir notre lien à partir de demain.

J'enfilai ma veste et sortis sans lever une seule fois la tête, et je me précipitai dans un café voisin pour téléphoner. L'annuaire était sur le comptoir et je cherchai le numéro du lycée d'Aarón.

Nerveux, je dus composer trois fois le numéro avant que se produise une sonnerie. La secrétaire qui m'avait accueilli sèchement lorsque j'étais venu me dit que la directrice était en rendez-vous avec un enseignant et qu'elle me rappellerait sous peu. Je répondis que c'était urgent et que je restais en ligne.

Je patientai ainsi plus de dix minutes. Enfin, son altesse daigna interrompre son entretien crucial avec son royal ministre de l'éducation pour écouter un plébéien, contrariété qu'elle ne chercha pas à dissimuler.

– Badenbauer… dit-elle en guise de salutation, comme si ce mot lui avait déjà causé trop de migraines et qu'elle ne voulait pas lui accoler une quelconque marque de courtoisie.

– Bonjour. Excusez-moi de vous déranger. Je sais que vous avez une réunion importante. Je voulais simplement que vous me confirmiez le nom et l'adresse de ce camp où mon fils Aarón passe la semaine, dis-je avec empressement.

– Bon, répondit-elle, mais son ton suggérait exactement le contraire de *bon.* – Je me demande pourquoi vous n'avez pas reçu la circulaire de… Ce n'est pas un centre conçu pour recevoir des appels ni des visites de parents. Les garçons y suivent un programme intensif…

Je soupirai et décidai de laisser le silence exprimer la pléthore d'exaspérations qui tourbillonnaient dans ma gorge et que je parvins heureusement à garder pour moi. Peut-être qu'en percevant un tremblement dans ma façon d'expulser l'air par les narines, la directrice se rendit compte que c'était le moment de déposer les armes.

– Je croyais vous l'avoir dit, il s'agit du Camp Ariel, c'est une…

À cet instant la communication fut coupée. Je ne pus savoir si c'était fortuit, provoqué par sa recherche d'un papier près du combiné, ou intentionnel. Je fus sur le point de la rappeler, mais je compris qu'en réalité je n'avais rien de plus à lui dire.

Je cherchai dans l'annuaire le numéro et l'adresse du camp. Il se trouvait dans une station balnéaire proche. En prenant deux bus je pouvais y arriver en moins de deux heures. Je comptai mon argent. J'en avais assez pour faire ce trajet, peut-être même pour inviter mon fils à prendre un café près du camp. Puis je me dis que le café n'était pas indispensable. C'était moi qui aimais le café, pas lui. Je devais me concentrer sur lui, ne pas lui tomber dessus avec mes griffes et le traîner jusqu'à ma tanière pour lui imposer mes habitudes et mes opinions.

Il était trois heures de l'après-midi. Si j'arrivais avant le crépuscule nous pourrions nous voir quand il ferait encore jour. Je voulais lui insuffler de l'espoir, pas lui présenter un père abattu. Mais en chemin je me rendis compte que le deuxième bus allait me déposer à plus de trois kilomètres du camp, car pour gagner le bâtiment principal il fallait parcourir un long sentier non goudronné qui montait en spirale à flanc de colline, je devais donc ajouter une heure de marche à mon trajet.

J'atteignis le camp alors que les dernières lueurs du jour s'évanouissaient dans un ciel chargé de nuages, dont les longues ombres annonçaient l'orage. Le comptoir à l'accueil du bâtiment était désert et je dus attendre quelques minutes avant d'être découvert par une femme de ménage.

– Vous venez livrer les raquettes ? me dit-elle.

– Non. Excusez-moi. Je suis le père d'un des garçons, Aarón Badenbauer. Je voudrais le voir. Vous pouvez l'appeler ?

– Les visites, c'est le samedi matin, répondit-elle sans conviction, en se rendant compte que, quelles que soient les règles, j'étais là et bien là. – Attendez un moment, je vais voir avec la responsable. Quel nom vous avez dit ?

– Aarón Badenbauer, répondis-je, empressé.

À côté du comptoir il y avait un petit fauteuil, d'aspect inconfortable et délabré, mais il valait mieux s'y asseoir que de déambuler nerveusement dans la pièce comme un animal en cage. J'attendis une demi-heure. J'étais sur le point de penser qu'on m'avait oublié lorsque je vis Aarón déboucher d'un couloir. En short, les cheveux humides et un tee-shirt auréolé de sueur.

– Qu'est-ce que tu fais ici ? – Ce n'était pas l'accueil auquel je m'attendais, mais je tendis la main vers son épaule et tentai très maladroitement une espèce de caresse. Il regarda ma main comme si une tarentule venait tout à coup de grimper sur sa clavicule et s'apprêtait à lui sauter au cou. Je baissai aussitôt le bras.

– Je suis venu te voir. Peut-être que je t'interromps… Tu es en nage. Tu étais en plein match ? demandai-je sur le ton le plus naturel dont je fus capable.

– Tu es venu me voir ? Maintenant ? Après des semaines d'absence, tu es soudain pressé de me voir justement dans ce camp ? – Aarón paraissait en proie à une indignation corporelle circulant dans son flux sanguin avec la même saturation que l'hémoglobine.

– J'avais besoin de te voir quand tu serais seul, dis-je sans réfléchir une seconde.

– "Tu avais besoin" ? Pendant toutes ces semaines il n'y a pas eu un seul moment où tu t'es demandé si moi j'avais besoin de voir mon père ? – Il avait manifestement du mal à me regarder en face, il me parlait la tête tournée vers une porte du couloir.

– Si j'avais tenté de te voir, on m'aurait menacé de me faire passer aux yeux du juge pour un homme violent, incapable de respecter les prérogatives de ta mère avant une audience. On m'a affirmé que ce détail serait pris en compte et que je pourrais perdre ta garde, dis-je précipitamment.

– Et c'est ça qui t'inquiète ? Perdre la "garde" de quelqu'un de dix-sept ans ? Quelle sorte de marionnette tu crois que je suis ? Que j'ai l'âge d'être "gardé" ? Tu t'imagines que si mon père tentait avec insistance d'exercer un tant soit peu son autorité, je préférerais obéir aux ordres de ma mère sans vouloir échanger quelques mots avec toi ? Tu pensais que j'allais être aussi bête, aussi malléable, aussi coincé ? – Je n'avais jamais vu Aarón à ce point hors de lui.

Je voulus lui dire qu'il y avait des tas d'informations qu'il ignorait. Que s'il avait vécu dans sa chair toutes les manœuvres dégradantes que j'avais subies, peut-être qu'il serait moins réticent à me serrer dans ses bras. Que si je lui avais raconté la colère de mes propres parents il verrait probablement ma maladresse à parler avec lui de sa vie avec plus de compassion. Mais tout cela se bloquait dans ma gorge et je ne parvins qu'à poser de nouveau ma main sur son épaule.

– Je veux seulement être plus proche. Je regrette d'avoir raté ça. Jamais je n'ai eu un sentiment aussi clair et bon que l'amour que j'ai pour toi.

Aarón se mit à rire. Je n'avais jamais imaginé qu'il réagirait ainsi. C'était un rire sinistre, rabougri. Cet adolescent tendre que je me rappelai avec tant d'affection paraissait irrémédiablement brisé. De la candeur printanière que je voyais avant en lui, il ne restait qu'un regard aigri et une amère propension au sarcasme.

– Tu voudrais être plus proche ? Mais de qui ? Tu n'as pas la moindre idée de ce que je suis en train de vivre. Tu n'as pas eu un minimum de confiance pour me le dire avant, en personne, et je ne crois pas que je puisse discuter avec toi de ce qui m'arrive, ni compter sur ton silence si j'arrivais à te le dire, marmonna-t-il entre les dents.

Je ne compris pas à quoi il faisait allusion en parlant de garder le silence, car en réalité notre crise familiale était loin d'être secrète. Y avait-il un aspect inavouable que j'ignorais et qui m'était réservé pour l'audience du lendemain ? Je me demandai si sa mère l'avait menacé, si le climat familial était devenu irrespirable ou même s'il ne projetait pas de s'enfuir du foyer. Cette dernière éventualité me fit nourrir un moment l'espoir qu'il accepterait de vivre avec moi. Mais la seconde d'après je pensai qu'emménager dans mon taudis aurait été pour lui la pire des perspectives. La dernière chose dont ce gamin avait besoin était de voir comment vivait un type de mon âge après avoir passé sa vie à poursuivre des chimères. Lui faire partager mon existence n'aurait été bon que pour moi. Une fois de plus, je priorisais mes sentiments au lieu des siens.

– Je serai toujours de ton côté. Et je te promets que tout ce que tu me diras restera entre nous.

Aarón me regarda avec méfiance mais abandonna un peu son attitude hostile. Il paraissait plus adulte que trois semaines avant. Je me demandai si c'était déjà le cas sans que j'y aie fait attention. J'étais intrigué de remarquer de nouveau qu'il tournait la tête sur le côté, qu'il évitait de me regarder dans les yeux, comme dans son enfance lorsqu'il était confronté aux conséquences de quelque bêtise. Par exemple le jour où il avait cassé un vase.

– On va dehors, me dit-il en m'indiquant le champ qui s'étendait devant le bâtiment.

– Il fait très froid.

– On y va, répéta-t-il et il se dirigea vers la sortie. Je le suivis jusqu'à un perron latéral donnant sur une petite prairie en fleurs. Il marchait devant moi et finit par s'arrêter devant des buissons. Il passa une main sur une fougère.

Puis il se retourna et posa ses yeux sur moi, il me scruta de longues secondes et enfin sourit. Un sourire dionysiaque, un peu bizarre. Une expression que je ne lui avais jamais vue auparavant. Une fixité exaltée, comme un prisonnier surveillant de sa cachette la clôture barbelée qu'il compte sauter pour s'enfuir.

– D'après toi, pour quelle raison je suis ici ? me demanda-t-il sans se départir de son air malicieux.

Une fois de plus, j'ouvris la bouche dès qu'il se tut. Je ne lui accordais jamais le privilège d'affronter ses propres questions ou ses affirmations avec un minimum de réflexion. Je lui faisais sentir, même involontairement, que parler avec lui ne m'apportait rien de nouveau.

– Eh bien, parce que tu as eu une altercation avec un camarade, où tu as pris ma défense… Je me sens partiellement responsable du fait que tu aies risqué, à cause de moi, d'être exclu du lycée, parce que je comprends que l'angoisse que tu as vécue a joué dans…

– Non, m'interrompit-il. – Tu réponds sur le motif officiel de ma présence ici. Ma question est différente. Je t'ai demandé pourquoi, d'après toi, je suis venu ici.

Son regard était d'une fixité impénétrable, que l'on s'attend à trouver chez un tigre, pas chez un adolescent.

Je n'arrivais pas à comprendre, justement à cause du vertige que cela me provoquait, où il voulait en venir.

– Je ne sais pas.

C'était la deuxième fois au cours des dernières heures que je devais me servir de ces quatre mots, mais là ils ne produisirent aucun écho héroïque. Je ne savais tout simplement pas comment répondre à sa question.

Aarón, ce jeune garçon aimé et inconnu qui avait pris les rênes de la conversation, me dit alors :

– La vie est bien meilleure que je l'imaginais.

Ce n'était pas l'amorce de la confidence de quelque chose de terrible que j'avais pressentie. D'une part je me réjouissais que, dans la veine d'une Miriam Kaplan, mon fils se rende compte aussi vite que vivre était une rareté probabiliste dans un univers majoritairement mort, et apprécie cette circonstance au point de la mettre en mots, fût-ce dans une conversation qui avait commencé par un chapelet de reproches. De nouveau mon monologue intérieur divaguait.

– Tu me donnes ta parole d'honneur ? me demanda-t-il.

– À propos de quoi ? répondis-je, désorienté.

– De ce que je vais te dire maintenant. Je veux que tu gardes le secret absolu. Sinon, je ne te parlerai plus jamais. Jamais.

C'était une déclaration à la fois terrible et infantile, comme les serments solennels entre Tom Sawyer et sa bande.

– Je le jure. – J'allais ajouter *solennellement*, mais je compris à temps que prononcer ce mot, de façon paradoxale, allait se retourner contre mon serment de loyauté justement beaucoup moins solennel.

Aarón m'observa en silence quelques secondes. Il voulait être sûr et certain que je prenais au sérieux ce qu'il venait de dire. Puis, de nouveau, il regarda de côté.

– Le jour où tu nous as dit que tu partais en Allemagne, il y a eu une discussion très violente à la maison. D'après toi, qu'est-ce qui inquiétait maman ? me demanda-t-il, en continuant dans son style dialogique d'affrontement, surtout maintenant qu'il avait découvert que j'avais plusieurs flancs sans protection, de pauvres capacités de prévision et une inédite propension à dire “je ne sais pas”.

– Je ne sais pas. – Je commençais à trouver commode d'avouer sans réticence mon ignorance. Aarón sembla encouragé de constater ma docilité à être éclairé par l'autre.

– Tu crois que ce qui l'inquiétait était ton absence à cette maudite exposition d'aquarelles ? me demanda-t-il sans se départir un seul instant de son sourire machiavélique, les sourcils haussés et l'expression avec laquelle on démontre un théorème.

– Je crois qu'elle a associé mon absence à ton exposition avec un problème plus grave, qui résumait en quelque sorte tout ce qui allait mal dans notre couple… aventurai-je.

– Ah ! Elle a raison, maman, quand elle marmonne partout dans la maison que les hommes sont des balourds qui ne se rendent compte de rien… – Et Aarón éclata d'un rire amer et sombre.

– Je n'en doute pas, dis-je un peu vexé. – Mais je ne vois pas le lien entre cette vérité universelle et ce cas particulier.

Aarón me regarda avec pitié, comme si je venais de lui apprendre que j'étais sourd. Alors il tendit le bras et, après un instant d'hésitation, ce fut lui qui me posa une main sur l'épaule.

– Tu avais raison pour les aquarelles. Aucune n'était vraiment bonne. Et c'était ça qui inquiétait réellement maman.

Je n'arrivais pas à comprendre comment, au moment où notre famille partait à vau-l'eau, mon fils concentrait son attention sur ce qui s'apparentait à un jugement esthétique. Je pensai que le mieux, pour le moment, était de garder le silence et de laisser Aarón démêler cet embrouillamini.

– Maman est une femme. Les femmes se rendent compte de choses, là où les hommes ne voient rien, elles reconnaissent des comportements aussi clairement qu'un arbre ou un cheval. C'est pour ça qu'elle savait que dans cette exposition il y avait anguille sous roche.

Je restai un instant perplexe.

– Qui avait proposé d'organiser cette exposition ? me demanda-t-il en me regardant dans les yeux.

– Ta professeure d'arts plastiques. Et j'ai dit alors que j'étais tout prêt à y assister, mais que…

– J'aimerais bien que tu te taises ! s'exclama-t-il. – Que tu arrêtes de parler de David Badenbauer ! Il n'est pas question de lui ici. On est en train de parler de moi.

Il soupira comme s'il avait perdu l'espoir qu'un adulte puisse le comprendre. Il se frotta le visage avec sa main droite et me regarda de nouveau.

– Et qui m'a amené à ce camp ? demanda-t-il du ton avec lequel on apprend l'addition à un cancre.

– Ta professeure d'arts plastiques, répondis-je, encore plongé dans une grande confusion.

– Exact. Tu l'as déjà rencontrée ?

– Ce semestre je n'ai pas pu assister aux réunions de parents à cause de mes cours, avouai-je, honteux, tout en sentant pointer une situation intrigante.

– Bien sûr, je vois. Eh bien, maman la connaît. Elle a parlé deux ou trois fois avec elle. Et maman est une femme. Elle peut flairer un relent de phéromone à une lieue de distance, dit un Aarón inconnu, une espèce d'adulte ayant pris possession d'un corps d'adolescent.

– Je ne comprends pas, dis-je, définitivement abonné à l'idée que les hommes sont des imbéciles.

– Si tu l'avais vue une seule fois, tu comprendrais. Elle est sublime. Un être céleste. Anna Horovitz. Vingt-neuf ans. Le regard le plus beau et le plus profond de l'univers. C'est la présence la plus bénéfique que j'aie eue dans ma vie… récita-t-il en pleine rêverie, en pressant ses doigts sur mon épaule.

– Tu es tombé amoureux de ta professeure ? C'est ça que ta mère craignait tant ? – L'angoisse de Deborah me sembla un instant risible. Un gamin impressionné par une adulte. Ce genre d'exaltation était courant chez les adolescents. Il n'y avait pas de quoi s'alarmer.

Mais Aarón n'accueillit pas ma réaction avec la même légèreté. Il me regarda avec un authentique mépris.

– Bien sûr qu'il ne s'agit pas de ça. N'importe quel imbécile de douze ans tombe amoureux de sa prof. Ce qui a inquiété maman, c'est qu'elle a perçu qu'Anna ressentait la même chose. Elle l'a vu dans ses yeux, dans sa proximité physique en parlant de mes dessins, dans sa façon de me regarder, dit-il avec une fierté évidente.

– Comment ça elle ressent la même chose ? Quels indices elle t'a donnés ? N'oublie pas que quand on est amoureux, l'illusion que c'est réciproque nous fait imaginer chaque petit geste comme un signal…

Aarón m'interrompit :

– Je voudrais que, au moins dans ta tête, tu arrêtes de t'adresser à un môme, m'ordonna-t-il. – Il n'y en a aucun ici. Tu serais le dernier à qui je demanderais de m'apprendre ce qu'est et comment fonctionne l'amour. Je te raconte ce qui m'arrive parce que tu as promis de garder le secret. Et cette promesse de silence a déjà commencé, me dit-il, presque menaçant, à quelques centimètres de mon visage.

Il y eut entre nous la pause la plus longue et embarrassée de toute notre vie commune. Il me regarda pendant trente secondes pour s'assurer que je n'allais pas troubler la pureté de l'air par mon verbiage. Après cet instant de tension et de vigilance, il reprit la parole.

– Depuis des mois on s'embrasse en cachette dans les placards du lycée, dans le cellier du réfectoire quand il n'y a personne, dans la salle des machines de l'air conditionné, dans les toilettes des handicapés où personne ne va. On s'embrasse à la moindre occasion qui se présente, collés l'un contre l'autre comme si on voulait former un seul magnifique monstre avec deux corps et une seule tête. On s'embrasse avec un amour que le monde n'a jamais connu et qu'aucun film, roman ou poème n'a jamais pu décrire…

Je dus l'interrompre car je me rendais compte que ce qu'il racontait dépassait complètement son entendement.

– Aarón, ce que tu es en train de me dire est très grave. Je ne cherche pas du tout à nier tes sentiments, qui ont l'air véritablement sincères. Mais le type de lien dont tu parles est condamné dans toutes les législations du monde. Il s'agit d'une enseignante qui a une relation avec un mineur… – Je commençais juste à édifier le soubassement d'une solide pyramide de réserve et de jurisprudence, dans les galeries de laquelle mon fils ne pénétrerait jamais, lorsque Aarón me posa une autre main sur l'épaule.

– C'est moi qui l'ai séduite, papa. Je la suivais dans les couloirs. Je lui lançais des compliments, d'abord indirects, puis très explicites. Je parlais d'art avec elle. J'ai lu dix, vingt livres entiers pour être à la hauteur de sa merveilleuse conversation. J'ai appris à parler comme Rimbaud, son poète préféré. Je l'écoutais attentivement, en classe je cherchais son regard, pendant des mois je me tenais si près d'elle que je pouvais sentir le parfum de ses cheveux. Je m'habillais bien, impeccablement, tous les jours. Je riais à toutes ses plaisanteries, pas en me forçant, mais avec une véritable envie d'entrer dans son sens de l'humour comme dans une maison. Je lui ai donné des pistes de ma folie, des notes qui se voulaient savantes, que n'importe qui aurait trouvées triviales, mais qui dévoilaient à ses yeux un amour clair comme de l'eau de roche. Je n'ai jamais pu, parce qu'on n'est pas doué pour tout, renforcer tous ces signes par un véritable talent pour sa matière, ces fichus arts plastiques. À la maison je peignais les aquarelles à contrecœur, pour ne pas éveiller les soupçons de maman. Encore qu'avec elle c'était difficile, parce que aucun détail sur son fils n'échappe à son radar. En revanche j'escomptais que tu ne te rendrais compte de rien, même si tous ces indices t'avaient été clamés au mégaphone par un arlequin monté sur un éléphant blanc, car tu étais toujours tellement absorbé dans tes petits drames imaginaires que tu étais incapable de remarquer ce qui se passait sous ton nez, que ce soit minuscule ou énorme. Bien sûr, je comprends que pour sept petits mois avant ma majorité, j'expose Anna à être accusée d'un crime puni par la loi. Personne ne doit le savoir, alors je te préviens de nouveau que si tu ne respectes pas la parole que tu m'as donnée, tu ne me verras jamais plus. J'espère que tu gardes un peu de l'honneur que tu as dilapidé dans des années de bêtises et de ressentiments inutiles et qu'au moins tu te comporteras comme un homme devant ton fils. Ma situation n'est pas facile. Je sais qu'il y a des règles en la matière. Pour la loi, mon consentement ne peut être que le fruit de l'aveuglement, de l'inexpérience, du manque de choix et de la négation de ma condition de mineur. Tu n'as pas besoin de m'expliquer tout ça. Je ne suis pas un imbécile. Je sais aussi que lorsque j'aurai cinquante ans, Anna en aura soixante-deux et que cette différence d'âge pourrait avoir pour moi à ce moment-là des effets qu'elle n'a pas maintenant. Ça arrivera peut-être. Aujourd'hui je ne le sais pas. Je sais seulement que c'est le sentiment le plus profond que j'aie connu et que toute tentative de m'écarter de cette relation ne fera que faire dérailler ma vie et saper pour toujours ma confiance dans les autres, surtout ceux qui devraient défendre mon bonheur.

Pendant la dernière minute j'avais cessé d'écouter son plaidoyer, car sous le choc de cette nouvelle je ne parvenais qu'à me représenter l'une après l'autre les scènes amoureuses auxquelles mon fils se livrait avec une femme de douze ans son aînée et dont l'obligation morale était de préserver le caractère strictement professionnel de son lien avec ses élèves. Il ne s'agissait pas d'un simple examen des faits, de leur décence ou de leur dignité. Car en même temps que mon système d'indignation morale tentait de faire ses premiers pas, dans mon imagination une improbable et multiforme professeure Anna Horovitz apparaissait de façon intermittente dans diverses scènes de la frénésie amoureuse. Ces visions qui la présentaient avec une grande variété de visages et de corps, que j'essayais d'effacer à tout prix, commencèrent à envahir mon espace mental.

De plus en plus alarmé, je me demandai si, en plus de ces baisers fougueux qu'Aarón m'avait décrits, il avait eu avec cette enseignante une relation plus résolument charnelle. Je sentis avec une force croissante que mon indignation morale et toutes ces scènes se mettaient à fonctionner à l'unisson et à toute vitesse, générant d'un côté un irrépressible flux de sentences sur la gravité de la faute, et de l'autre une succession d'images de cette femme à différents stades de nudité et de passion amoureuse. Ce flux tout à la fois intolérable et fascinant finit par devenir un véritable cri dans ma tête. Je devais me concentrer sur mon fils, ses désirs, ses aspirations. Je ne pouvais pas commencer par combattre et contrôler ses sentiments. Je devais l'écouter. Et par ailleurs rester conscient de la catastrophe émotionnelle que sa relation allait, tôt ou tard, produire chez lui.

– Vous en êtes restés à quelques baisers ? demandai-je. Aarón me regarda comme un entomologiste scrutant le comportement d'une fourmi. Il écarquilla les yeux, sur le point d'éclater de rire.

– Ah ! C'est donc ça le plus important ! Savoir si la victime et l'accusée ont eu un commerce charnel. David Badenbauer, le plus grand athée de la famille, veut d'abord savoir si on a péché et dans quelle mesure ? Peu importe la place que cette relation occupe dans ma vie, mon avenir, mon espace mental. La première chose à faire est de définir la faute et d'installer un périmètre de sécurité autour de la scène de crime…

– Alors ? Vous l'avez fait ou non ? Ce n'est pas une question captieuse, destinée à te prendre en flagrant délit. Je veux juste comprendre en détail ce que tu as vécu, lui dis-je, car je commençais à me lasser de son irréfutable supériorité morale. Après tout, je lui demandais directement, ni plus ni moins, s'il avait couché avec sa professeure, circonstance qui l'autorisait difficilement à donner au monde entier des leçons de comportement.

– À quoi tu crois que sert ce camp ? Tu pensais vraiment que j'étais ici pour m'amender et apprendre d'une bande de brutes l'art du vivre ensemble ? me dit-il l'air franchement halluciné.

– Eh bien, c'est la solution qu'a trouvée la directrice pour t'éviter l'exclusion, répondis-je, troublé.

– Non, la solution qu'Anna a suggérée à la directrice, rétorqua-t-il sur un ton triomphal.

– Mais je ne comprends pas, avouai-je, perplexe. Tu as frappé un camarade juste pour venir ici ? Tu avais cette idée en tête au moment de la bagarre ?

– Quelle sorte de monstre sournois tu crois que je suis ? Bien sûr que non ! J'ai cogné ce crétin simplement parce qu'il le méritait. Il n'avait pas arrêté un seul jour de me dire des conneries depuis qu'il avait appris qu'on avait déménagé avec maman chez grand-père. Il a commencé à insinuer qu'on fuyait un père violent, qui avait sûrement une autre famille ailleurs, et tout un tas de bêtises. Au début, j'ai réagi comme tu l'aurais fait : j'ai laissé courir. Vu ce que je vivais avec Anna, je ne voulais pas qu'une riposte violente attire trop l'attention sur moi dans le lycée. J'espérais qu'avec le temps il finirait par se fatiguer de déblatérer. Mais mon silence n'a fait que renforcer son idée que quelque chose ne tournait pas rond. Dans son imagination, mon absence de réaction confirmait ses soupçons, ou du moins lui permettait de penser qu'il y avait là de quoi continuer les ragots, alors il a profité de la moindre occasion pour répandre ses fadaises chez les autres. Un jour, j'ai dû simplement l'arrêter. Je n'avais pas, bien sûr, l'intention de lui casser une dent. Mais quand il est devenu évident que j'allais être exclu, Anna a eu l'idée de ce camp, car depuis des années elle y passait une semaine pendant les vacances d'hiver, à initier des lourdauds comme moi à la pratique de l'art. Elle voulait empêcher à tout prix que je sois exclu car, même si se voir au lycée comme on le faisait était risqué, c'était malgré tout l'endroit de notre relation. Cette semaine a été, par bien des côtés, la meilleure de ma vie. Ici, au deuxième étage, derrière les terrasses, il y a un endroit isolé avec des pièces sans chauffage où personne ne vient jamais. Tous les soirs, quand tout le monde va dormir dans sa chambre, elle et moi on file en catimini dans une de ces pièces froides dont Anna a obtenu la clé et on se couche ensemble sous un tas de couvertures. Ce n'est pas elle qui l'a planifié exactement comme ça. À chaque étape des possibilités nouvelles se sont présentées et on en a profité. Mais c'est sûr qu'être dans ce camp nous a vraiment aidés. Et le proposer pour moi le jour où elle l'a fait a été un coup de génie. Ce n'est pas un vrai centre de rééducation comme elle l'a décrit, mais une sorte de colonie de vacances pour des jeunes que leurs parents détestent voir traîner chez eux pendant quinze jours. Elle a pensé qu'insister sur le côté rééducation pouvait créer l'illusion qu'on m'imposait une sorte de sanction et elle a réussi à empêcher ainsi qu'on m'applique toute la sévérité du règlement. Ce qui a aussi joué, c'est que

Tate a appelé trois fois la directrice pour la menacer de conséquences terribles si j'étais exclu, et qu'il a trouvé à chaque fois les mots pour rappeler l'argent qu'il avait donné pour changer le plancher de la salle de gymnastique et agrandir la bibliothèque.

Je me demandai ce que dirait Tate s'il apprenait un jour que dans son long répertoire des comportements il avait laissé passer, en contrebande et sans le qualifier, l'inattendu glissement sentimental de son petit-fils avec une enseignante. Ce qu'il dirait s'il prenait conscience de l'imprécis et inclassable agissement de ses êtres les plus proches. S'il découvrait dans quelle mesure ses complexes d'Œdipe, envies de pénis, totems et tabous l'avaient privé de toute clairvoyance en apprenant que son propre petit-fils, malgré tant de conversations sur les comportements vertueux, avait abandonné son enseignement en rase campagne pour séduire une enseignante jusqu'à l'emmener dans la chambre glacée d'une colonie de vacances, pour satisfaire ses appétits les plus primitifs sans aucune considération pour le Talmud, la Torah ou les probes conseils de Maïmonide.

– Que sait exactement ta mère ? demandai-je. Apparemment le petit animal logistique qui est en chacun de nous venait de pointer le bout de son nez hors de son terrier et tentait de prendre part à l'affaire. Pour entrer dans le vif de ce nouveau sujet, j'avais franchi l'abîme qui séparait la dénonciation de l'inacceptable de la simple analyse de l'inconvenant, c'est pourquoi au lieu de discuter de ce qu'il *fallait* faire, nous nous limiterions dorénavant à ce qu'on *pouvait* faire.

– Rien. Elle n'a eu aucune confirmation de ses soupçons. Elle m'observe, me surveille. À la maison je ne fais jamais allusion aux cours d'arts plastiques pour éviter qu'une inflexion de la voix ou un geste ne puisse me trahir. Mais le jour où on s'est tous retrouvés dans le bureau de la directrice, j'ai remarqué que la seule mention de la “professeure d’arts plastiques” la mettait sur ses gardes, puis je l’ai vue résister bec et ongles à la proposition de m’envoyer dans ce camp, alors que deux ou trois jours avant elle avait suggéré, pour m’aider à échapper aux tensions familiales, la possibilité d’aller passer quelques jours chez un ami pendant ces vacances. D’une certaine manière, c’était ce camp en particulier, et pas le simple fait de m’éloigner, qui la dérangeait viscéralement, alors que la sanction que préconisait la directrice était un authentique gilet de sauvetage, surtout comparée à une exclusion. Je crois que sa résistance tenait à la mention du nom d’Anna. En tout cas, depuis que je suis ici, elle m’a appelé deux fois par jour. Et aujourd’hui justement elle ne m’a pas appelé. Alors quand je t’ai vu dans le couloir, j’ai pensé que c’était lié. Qu’est-ce qui s’est passé, vous vous êtes disputés ?

J’imaginai parfaitement Deborah appelant notre fils deux fois par jour, mue par l’intuition aiguë qu’il se passait quelque chose, sans savoir exactement quoi. Je comparai cette surveillance quotidienne avec l’image d’Aarón sous un tas de couvertures, dans une pièce glacée, au lit avec sa professeure. Je le regardai dans les yeux. Il avait l’air étrangement heureux, malgré le poids qui pesait sur ses épaules.

Une voix intérieure, celle qui nous dit à tout moment ce qu’il faudrait faire, me répétait que je devais parler à Deborah, la mettre au courant, réfléchir ensemble à la façon d’affronter une situation qui pouvait être qualifiée d’abus, dans laquelle le garçon était visiblement incapable d’entrevoir en quoi ce qu’il vivait était inacceptable. Mais tandis que cette voix énumérait une liste détaillée de raisons, se frayait un chemin dans mon esprit l’image que j’avais simplement devant moi : un jeune homme sagace, intense, beaucoup plus prêt à affronter la vie que je ne l’étais en me mariant avec sa mère, capable de concevoir une stratégie et de déplacer ses pièces sur l'échiquier avec une détermination et une assurance que je n'avais jamais eues dans ma vie. Car celui que je voyais jusqu'à hier comme un enfant avait pris ces dernières semaines des centaines de décisions complètement étrangères à ce qu'on attendait de lui. Dans un monde régi par des normes spécifiques, il avait créé son propre ordre. Je pensai à la fameuse agentivité des choses vivantes, ce cheval de bataille improvisé avec lequel j'avais gagné en même temps la décision du conseil de me licencier du laboratoire et le vague intérêt d'une poignée d'étudiants. Je me demandai si j'avais réfléchi à l'affaire avec assez de profondeur, car si je pensais réellement que ce qui caractérisait les choses vivantes était la prise de décision, j'avais sauté une étape préalable et fondamentale. Car pour décider d'actions, de trajectoires, de stratégies et de mesures, il fallait d'abord sentir dans les entrailles la morsure d'un besoin, une pulsion, un tropisme. Pour prendre des décisions, les êtres vivants devaient préalablement être des sujets de désir. Ce qui nous caractérisait, bien avant d'être capables de suivre un chemin, était la récompense et la condamnation d'obéir à nos appétits, la sensation lancinante d'exiger du monde quelque chose de particulier. Nourriture, abri, chaleur, compagnie, sens. Et ce désir, qui en bonne mesure nous définissait et nous séparait des choses inanimées, avait paradoxalement un substrat essentiellement matériel. Nous sommes des choses qui veulent des choses.

C'était difficile de se résigner, devant l'image de ce fils plein d'illusions, presque iridescent dans son espérance amoureuse, à l'idée qu'Aarón était à peine une chose, ou dans le meilleur des cas un énorme ensemble de choses, organisé autour de l'idée de subtiliser au monde des interstices de désordre pour y construire un ordre instable singulier. C'est pourtant ce qu'il était.

Mais j'avais beau m'efforcer de concevoir son exaltation actuelle dans la perspective du désir, de l'agentivité ou de la thermodynamique, je me rendais compte que je ne pouvais pas la voir simplement comme une chose isolée enclose dans un épithélium. Car l'être qui était en face de moi était à la fois une entité indépendante et une partie de moi. C'était mon très cher enfant, dont le sourire pouvait illuminer ma vie autant que sa tristesse me plonger dans la plus noire obscurité, et en même temps un agent libre qui cherchait à qui appartenir, avec qui établir une précaire et provisoire symbiose. Les choses vivantes ont besoin d'autres choses vivantes.

Pour le moment, tout à la joie maniaque de l'explosion de son monde amoureux, il paraissait invincible. Mais, peut-être parce que j'avais fait du report constant de mes appétits ma façon d'agir dans le monde, j'avais du mal à prendre contact avec son bonheur éclatant. Qu'allait-il se passer la semaine prochaine quand il découvrirait les complexités de la vie en couple, quand retomberaient le premier élan passionnel et le ravissement de l'adolescent qu'il était, et que la différence d'âge et l'incompatibilité de leurs univers provoqueraient une fracture sentimentale ? Ne pourrais-je pas le protéger d'avance de cette chute ? Je pensai que dans une certaine mesure le sort en était jeté. Cette souffrance était déjà inévitable. Car l'illusion amoureuse paraissait installée en lui de façon ineffaçable, et si j'essayais de l'écarter du chemin qu'il s'était lui-même tracé, j'allais le priver non seulement de la liberté de sonder la profondeur de son désir dans ses propres termes, mais en plus de la réconfortante sensation d'être compris par ses aînés.

Le mot *aînés* me fit venir à l'esprit la disproportion du sentiment que j'avais moi-même abrité pendant des semaines pour *M*, dont ce n'était pas seulement douze ans mais trente qui me séparaient. Quelle sorte d'hypocrite pouvait penser à l'urgence de dénoncer l'amourette furtive de son fils alors qu'il fantasmait sur une relation inversement symétrique, qui avait pour objet une jeune femme qui n'était plus mineure depuis deux ans, sauf que dans ce cas l'adulte du binôme n'avait pas eu le courage, les moyens ou la joie indispensables pour mettre sa passion en pratique ?

Je me rendis compte que depuis qu'Aarón m'avait avoué son amourette, j'avais tout fait pour empêcher que l'image de Miriam ne me vienne à l'esprit, bien que sa seule différence entre moi et la professeure Horovitz était qu'elle avait fait un pas que je n'oserais jamais faire. Mais Aarón était mineur, je ne devais pas l'oublier ! Oui, pendant sept mois il serait encore mineur. Cette limite était-elle réellement rédhibitoire ? Oui. Réellement ? On ne pouvait fixer des limites au cas par cas. Les règles doivent avoir un caractère inamovible, si rigide soit-il, faute de quoi les critères légaux seraient inapplicables. Il est vrai que tous les mineurs ne se ressemblent pas, me dis-je, mais la seule façon de légiférer sur ce fait est d'établir une limite fixe et arbitraire, sinon l'argument selon lequel quelqu'un "paraît plus âgé" serait utilisé de manière fallacieuse. Aarón avait-il donc raison en disant que l'énormité de la situation dans laquelle il était serait acceptable dans sept mois ? Passé ce délai, nous pourrions accueillir la professeure Horovitz à notre table, converser aimablement avec elle et la prier, s'il vous plaît, de nous passer le plat d'asperges, tout en nous demandant en silence si elle était en train ou non de bousiller la vie de notre fils, sauf qu'il serait désormais incorrect de le formuler à voix haute ? Et si mon fils apprenait maintenant qu'une jeune fille avait occupé platoniquement jour et nuit une place dans ma tête, allait-il me juger comme un vieux beau, un décadent qui a perdu le nord, un…

J'étais complètement absorbé dans ces divagations lorsque j'entendis un craquement dans mon dos. Je me retournai brusquement. À quelques pas, une femme aux cheveux frisés et lâchés s'approchait de nous.

– Aarón, dit-elle. – Je t'ai cherché partout. Le directeur te cherche lui aussi.

Je la regardai. Il y avait un léger éclat de désespoir dans ses yeux. Elle semblait angoissée. Dans sa façon de prononcer "Aarón", je compris que c'était Anna Horovitz.

Je voulus me montrer le plus cordial possible, mais je suppose que mon visage n'exprimait pas autre chose que de l'inquiétude. Il était visible que mon fils ne savait pas comment se comporter avec elle en ma présence, car ses mains se balançaient d'un côté à l'autre comme s'il ne se décidait pas à la prendre dans ses bras. Cela me faisait de la peine de le voir se résigner à cette inutile retenue juste pour éviter un regard réprobateur de ma part, alors qu'il m'avait informé en détail de leurs aventures et qu'il était maintenant un peu absurde de faire semblant. Mais j'étais en même temps soulagé de ne pas devoir être témoin d'une effusion amoureuse qui m'aurait déclenché des brûlures d'estomac.

Elle aussi me regardait. Aarón avait raison : cette femme était l'incarnation d'un esprit angélique. C'est seulement lorsque j'inclinai légèrement la tête, comme pour faire allégeance à cette image, qu'elle poursuivit :

– Ta mère a appelé pour dire qu'elle était en route. Je vois que ton père l'a devancée. J'imagine qu'il t'a déjà annoncé la nouvelle, dit-elle avec une tristesse dépourvue de toute solennité.

– Quelle nouvelle ? demanda Aarón, étonné.

La professeure me jeta un coup d'œil, comme voulant s'assurer que j'ignorais ce qu'elle venait dire à Aarón. Je la regardai avec la même perplexité que mon fils.

– Tu préfères attendre l'arrivée de ta mère ? demanda-t-elle, regrettant d'avoir fait allusion à une nouvelle qu'elle n'était pas chargée de révéler.

– Qu'est-ce qui se passe ? Je veux savoir tout de suite... dit Aarón.

Elle hésita un instant. Elle semblait me consulter du regard. Je fis un léger geste d'assentiment, sans savoir de quoi il s'agissait. Alors elle lui posa une main sur la poitrine et dit :

– Ton grand-père vient de mourir.

18

Devant la gravité de l'événement, l'audience de divorce fut repoussée d'une semaine. Pendant cette attente je tentai de trouver des moments pour être avec Aarón, mais Deborah mit tous les obstacles possibles pour m'en empêcher. Son avocat, un certain Minsky, après m'avoir adressé une série de courriers menaçants comportant des conditions absurdes en vue de l'audience, m'appela pour exiger de manière explicite que je m'abstienne d'assister aux obsèques de Herzfeld, sous peine que ma présence soit interprétée comme un manque de respect pour le deuil de la famille. Je voulus lui faire comprendre que je faisais partie de cette famille, mais il n'y eut pas moyen de le faire revenir sur cette exigence.

Trois jours après l'enterrement, j'appelai Deborah pour lui demander qu'on puisse parler au moins cinq minutes pour la première fois depuis mon expulsion du foyer. Je voulais, avant l'audience, lui communiquer de vive voix que je prévoyais de céder à ses demandes et de renoncer à tout droit sur l'héritage. Cette déclaration ne lui fit pas la moindre impression.

– Si tu penses profiter du vide laissé par mon père pour te rapprocher sur la pointe des pieds de la famille, je te préviens que personne ne va t'aider à retoucher l'histoire familiale à ta convenance, me dit-elle sans hésitation. – Tu voudrais peut-être prétendre maintenant que tu as été un mari plus ou moins normal et que seule l'opposition de mon père t'a empêché d'accomplir tes devoirs. Mais on te connaît bien, dit-elle sur le point de siffler comme une bouilloire.

Une seconde avant qu'elle coupe la communication je tentai, comme toujours, d'avoir le dernier mot :

– Je regrette de ne pas t'avoir mieux aidée dans tes études…

Mais à l'instant même où cette espèce d'excuse hautaine sortit de ma bouche, je me demandai si c'était la vraie raison pour laquelle Deborah me vouait une telle haine. Au fil des derniers mois, à mesure qu'elle devenait de plus en plus véhémente, elle s'en était tenue à une explication : j'avais été un mari indifférent, qui n'avait pas su construire avec elle un univers commun. Mais il était aussi vrai que tout conjoint traverse des moments où il sent que son couple diffère de ce qu'il espérait, sans pour autant verser dans des épisodes de haine viscérale ou de procédures juridiques exorbitantes.

Dans le tremblement de sa colère qui résonnait dans l'écouteur collé à mon oreille, je perçus que jamais, pas même à l'époque de nos séances à la Fondation Melzer où nous disséquions des sonates, je n'avais entendu de sa bouche une idée qu'elle n'avait pas reçue préalablement de son père. Il est vrai que, *stricto sensu*, personne n'a jamais eu une idée entièrement originale, aspiration illusoire et vaine. Mais là était peut-être le nœud du problème. J'avais l'habitude de mettre nos conflits conjugaux sur le compte de la pression que Herzfeld exerçait sur moi, mais celle à laquelle il soumettait sa fille était sans doute beaucoup plus déterminante. Cette manière mielleuse, cérémonieuse, avec laquelle il la poussait à réaliser de Grandes Choses. Si Deborah, pour des raisons que Herzeld interprétait sûrement comme narcissiques, avait tenu à s'offrir le luxe de faire des études de lettres au lieu de suivre ses pas sur la voie royale de la psychanalyse, alors le moins que Tate pouvait espérer en compensation était qu'elle atteigne, fût-ce dans cette misérable orientation, les hautes cimes de la production intellectuelle.

Mais elle ne partageait pas l'ambition grandiose ni la soif de conquête de son père. Elle n'avait pas les armes nécessaires pour s'engager dans ces guerres puériles. Son espoir en me rencontrant était peut-être de partager ses idées avec un proche sensible qui ne fût pas une simple succursale de l'entreprise paternelle. Elle n'imaginait pas que je me révélerais rapidement un interlocuteur pauvre, dépourvu lui aussi d'idées propres. Mon silence à la maison, le regard absorbé qui m'avait caractérisé dès les premières années et le fait que je n'aie, moi non plus, atteint aucune cime alors que l'occasion m'avait été donnée d'apparaître sur la place publique, avaient fini par la convaincre que j'étais un raté. Mais en plus cela avait entériné l'idée, tacite mais toujours présente, qu'elle aussi, à sa façon, était une ratée. Notre échec lui fit comprendre qu'elle ne réussirait jamais à impressionner son père, obtenir de lui un témoignage de sa fierté qui ne soit pas purement compensatoire. Ma présence maladroite à la maison constituait pour elle un rappel quotidien qu'en obéissant à son instinct plutôt qu'aux directives paternelles elle avait échoué. Ou du moins que dans son désir d'indépendance elle n'avait réussi à conquérir rien qui s'apparente à la célébrité ni au bonheur. C'est pourquoi j'avais été pour elle une très mauvaise affaire.

Cependant, je ne cherchais pas à nier l'idée que j'avais été un mari médiocre. C'était pour moi un diagnostic sûr et certain. Il est vrai qu'à un certain moment j'avais été désillusionné et n'avais plus pensé qu'à survivre au climat irrespirable de la maison. Ce qui sans doute fut un renoncement impardonnable. Je cessai de voir la côte et de nager. Je me limitai à éviter de couler et pour cela je ménageai soigneusement mes forces en évitant tout effort excessif. Je ne désirais même rien, ce que je considérais maintenant comme une caractéristique des êtres vivants. Ce n'était assurément pas une attitude recommandable, car personne n'avait jamais atteint un nouveau continent en se laissant flotter à la dérive. Mais comprendre que le seul fait d'avoir succombé à cette espèce d'incapacité ne suffisait pas à expliquer le degré de haine que je subissais m'offrait au moins une consolation tardive.

Car moi aussi j'avais essayé de construire un monde plus cohérent que celui de mes parents, sans succès éclatants. J'avais réussi à concocter une conception du monde moins oppressive et abjecte. Mais si on s'écartait une seconde de la poignée de préceptes de mon petit décalogue personnel et considérait strictement ma vie réelle, autrement dit si on comparait ma routine quotidienne dans l'entrepôt d'Adler avec la monotone séquence journalière de mes parents dans leur atelier de chemises, on ne pouvait pas dire que j'étais parvenu au pinacle de la vie vertueuse. J'étais devenu un individu habitant dans un gourbi, qui se lavait dans une cuvette d'eau froide, debout devant un robinet, et auquel on contestait jusqu'à la possibilité de voir régulièrement son propre fils. Je n'étais pas en état de donner à mes parents des leçons sur la manière de mener une vie qui en vaille la peine.

Mais malgré toutes ces privations, j'avais éprouvé récemment d'indéniables moments de joie. J'avais pu trouver tant dans le plaisir éprouvé à la lecture des pages d'un livre que dans celui d'une bouchée de pain, l'idée qu'on pouvait prendre contact avec le monde et y entrevoir sa place, bien que cette illumination ne se produisît que de façon fragmentaire. Il est vrai, me dis-je, que nos membranes sont perméables, qu'elles permettent l'entrée, fût-ce au niveau moléculaire, d'infimes doses de chaos pour les loger dans nos petites cathédrales d'ordre, et bien que ces échanges finissent à la longue par nous tuer, il y a dans ces brefs accouplements entre le parfait et l'imparfait une beauté intrinsèque qui un jour pourrait définir l'univers même. Peut-être que freiner l'entropie n'était pas une simple condition transitoire pour pouvoir survivre mais un aperçu de notre but, et que nous ne sommes pas ici-bas pour tenter seulement de survivre, mais pour empêcher par notre tentative obstinée d'ordre que l'univers entier ne meure. Car chaque fois qu'une de nos citadelles ouvre ses portes le monde meurt un peu, en effet, mais reçoit aussi, caché dans nos dépouilles, un témoignage de notre rébellion thermodynamique, qui disperse ses restes d'ordre dans l'environnement comme on lance sur une place des tracts pour propager la révolution.

Devant le refus de Deborah de me rencontrer, je décidai de ne pas l'informer de l'aventure sentimentale d'Aarón. Je savais que, légalement, en gardant pour moi les révélations de mon fils, je couvrais un délit et qu'à la longue cette omission pouvait avoir des conséquences qui me feraient regretter mon silence. En tout cas, nous allions savoir si ma décision que les choix du garçon suivent leur cours était ou non une nouvelle preuve de mon indolence. Quoi qu'il en soit, j'avais promis à mon fils de garder le silence et cela me suffisait pour honorer ma parole.

L'accord sur la garde de l'enfant que m'envoya Minsky à l'entrepôt disait que je pourrais accueillir Aarón un seul jour par mois si je démontrais de manière irréfutable disposer d'un domicile fixe et un contrat de location en bonne et due forme, mais pas un mot sur le nombre de fois où je pourrais le retrouver en d'autres circonstances, promenades, cafés, qui étaient les contextes où, en toute sécurité, le garçon voudrait me voir, car bien que sa mère l'ignorât, il avait déjà des plans plus ambitieux pour décider avec qui et comment passer la nuit.

Le jour de l'audience, où je me rendis accompagné d'Adler, je présentai à l'avocat de Deborah un écrit par lequel je renonçais officiellement à la possession commune de nos biens matrimoniaux, et à toute revendication sur les propriétés, la collection d'œuvres d'art, la bibliothèque et tout ce qui appartenait à Herzfeld. Sur la suggestion du rabbin Ellenberg, Adler avait inclus un amendement selon lequel cette clause serait réciproque. En acceptant mes conditions, Deborah renonçait aussi à tout ce que je possédais au moment de l'audience.

Minsky, en trouvant dans cet écrit un point qui requérait l'assentiment exprès des deux parties, se retira un instant avec Adler, puis revint à la table où l'attendait sa cliente. Une fois consultée, Deborah esquissa un sourire et murmura, mais suffisamment fort pour être entendue aux quatre coins de la salle :

– Je trouve amusante cette exigence destinée à affirmer que ce prétentieux cède ses droits sur les biens de mon père en échange de ma renonciation à la fortune des Badenbauer, qui est bien sûr inexistante. David est un pouilleux qui n'a aucun endroit où aller, tout le monde le sait, mais il veut malgré tout souligner qu'il m'a forcée légalement à conclure un accord réciproque. Je vais lui concéder sa minute de gloire pour ne plus avoir à supporter ses idioties. Passez-moi le stylo, s'il vous plaît, que je signe ce caprice pour en finir avec cette farce et poursuivre ma vie.

Et ainsi, dans cette ultime insolence d'un herzefeldisme le plus typique, elle renonça solennellement à la fortune que les Kaplan allaient m'offrir goutte à goutte. Je n'avais pas la moindre intention de fuir mes responsabilités financières comme père, aussi allais-je de toute façon investir une partie substantielle de cet argent dans l'avenir d'Aarón. Mais il me fut agréable de savoir que pour la première fois de ma vie ma présumée condition de pouilleux était devenue rentable.

Après l'audience, Ellenberg vint me voir à l'entrepôt. Il avait l'air content, sans toutefois se départir de son côté brumeux.

– Menachem m'a dit que vous aviez suivi mon conseil. Je dois vous avouer que je ne croyais pas, lors de ma visite, que vous le feriez, me dit-il en me tapotant l'avant-bras.

– Pourquoi ? Vous pensiez que j'allais tenter de réclamer l'argent de mon beau-père ? lui demandais-je avec une réelle curiosité.

– Ce n'était pas une question d'argent. Je pensais simplement que vous auriez du mal à céder. À vous avouer vaincu. Une part de mon travail consiste à percevoir le caractère des gens. À savoir ce qui les motive, où se trouve leur nœud personnel et à déchiffrer jusqu'où ils sont prêts à aller. Le jour où j'ai fait votre connaissance, vous m'avez semblé plus faible que vous ne l'êtes. J'étais prévenu. On m'avait demandé expressément de vous aider, mais il me paraissait peu probable que vous puissiez vous en sortir.

– Je pensais que c'était une offre gratuite. Qui vous a demandé de m'aider ? – Je me disais déjà que l'intérêt d'Ellenberg à ma paix spirituelle était trop insistant pour être spontané.

– Un vieil ami. De ces amis qui sont si vieux qu'ils ont déjà eu l'occasion d'être plusieurs fois amis, ennemis et de nouveau amis. Le monde ne peut pas être peuplé de personnes qui pensent toujours comme nous. Il y a des amitiés fondées sur les affinités que l'on a avec quelqu'un. Et d'autres qui se construisent sur un continuel désaccord. Cet ami dont je vous parle est une personne impitoyable mais qui a bon cœur. Parfois prime chez lui la partie prête à bondir sur sa proie et à lui sucer le sang. D'autres fois, celle qui veut aider la victime qu'il a spoliée. Nous avons grandi dans le même quartier, dans un autre pays, on dirait presque dans un autre siècle. Nous sommes unis par une même histoire de disputes et de patience mutuelle. Parfois il essaie de me recruter pour que je sois son bras armé. D'autres fois, il veut simplement se souvenir que nous sommes amis. Cette fois, il me semble qu'il voulait les deux choses.

Ellenberg se tut et prit dans la poche intérieure de sa veste une enveloppe épaisse comme une tabatière et longue comme une main. Il me la tendit.

– Excusez-moi, mais on m'avait demandé de commencer à donner de petites sommes à Menachem. Et que lui vous les remette jour après jour en fonction des dépenses quotidiennes que vous auriez à faire. Je suppose que mon ami n'était pas du tout convaincu que vous pourriez respecter ses attentes. Mais avant-hier soir, après l'audience, j'ai reçu finalement l'instruction de vous donner la totalité. Et je m'en réjouis. Blum m'a dit que vous aviez fait un travail impeccable, conclut-il avec un éclat de fierté dans le regard, tandis que je gardais un silence total. La dernière chose à laquelle j'aurais pensé était que ces deux hommes, à mes yeux aussi différents qu'une mouche et un papillon, puissent même se connaître. Et encore moins être amis.

J'ouvris alors l'enveloppe. Elle contenait suffisamment de billets pour tapisser ma pièce du sol au plafond. Étrange cette sensation de cesser subitement d'être pauvre. Je me sentais mal à l'aise. Il s'agissait, je le savais, d'un argent mal acquis. Et la culpabilité me tenaillait encore plus vivement lorsque le vieillard me souriait. Pour la première fois depuis tant d'années j'avais dans les mains une somme qui allait me permettre de vivre comme un prince pendant plusieurs mois, mais au lieu de m'alléger, cette enveloppe me pesait comme si tout cet argent s'était fractionné en milliers de pièces d'un centime.

– Vous semblez dubitatif, dit Ellenberg. Menachem m'avait prévenu que vous étiez un homme difficile à comprendre. Ne vous inquiétez pas, c'est quelque chose qui me plaît.

Je tenais l'enveloppe à la main. J'avais le sentiment que la glisser dans la poche de ma veste reviendrait à cacher pour toujours la preuve d'un délit. Il était vrai que j'avais passé des années immergé dans une vie de travail vide et que toucher mon modeste salaire du laboratoire m'inspirait toujours une certaine honte. Mais au moins c'était la rémunération, certes maigre, d'un travail que j'avais effectivement réalisé. En revanche, dans ce cas, je la recevais pour dissimuler que le livre de Kaplan était en train d'être écrit par une jeune fille qui avait été exclue de cette mission par une clause de testament.

Je disposais maintenant d'assez d'argent pour louer un appartement où accueillir Aarón, m'acheter des vêtements décents, ranger mes affaires, trouver un emploi modeste dans un laboratoire privé qui compléterait les quelques heures que l'on me payait dans l'actuel, et enfin avoir une vie plus digne. Sans compter les droits que je recevrais pour le livre de Kaplan quand il serait publié. Maintenant que je n'étais plus dépendant de personne et que je n'avais plus à résister aux assauts constants d'un ennemi, je pouvais imaginer une existence sereine, où primeraient mes intérêts et mes désirs.

Mais j'avais beau avoir cette perspective radieuse à portée de main, elle ne m'éblouissait pas. Il était vrai que cet argent me soulageait, mais il ne me procurait aucune satisfaction intime. De fait, c'était pire, car maintenant non seulement j'étais considéré comme un imposteur par ma famille, mais aussi par moi-même.

– Je constate que cet argent ne vous réjouit pas. Je connais ce sentiment. C'est la marque d'un homme probe, dit alors Ellenberg avec les meilleures intentions.

Mais j'avais déjà donné d'abondantes preuves que je n'étais probe dans aucun sens du terme. Ni même rationnel la plupart du temps. J'avais laissé sombrer mon couple. J'avais tenté de livrer une guerre contre mon beau-père, le genre de guerre par définition impossible à gagner. J'avais perdu de vue mon fils au moment où il avait besoin d'une grande attention. Gâché ma brève ouverture éditoriale en refusant d'écrire une seule ligne après avoir mélangé dans un massacre public ma biographie avec la biochimie neuronale. Inventé un amour platonique pour une femme de trente-cinq ans ma cadette, sous la prémisse fragile qu'elle comprenait les écrits de Hamilton et qu'elle était tout aussi magnifique en maillot de bain qu'habillée. Prononcé devant des dizaines de scientifiques un dithyrambe poétique sur la lutte pour la vie contre la progression inexorable de l'entropie, en incluant dans ce prêche les tares de ma prime éducation et les souffrances du divorce, confirmant par ce simple glissement déclamatoire que j'étais un lunatique irrécupérable. Et j'avais moi-même produit toutes ces brillantes réussites, je ne les avais pas simplement laissé venir. J'avais consacré à toutes ces entreprises ma fameuse capacité d'agentivité, qui est censée nous caractériser. Et même avant cela je leur avais dédié le nœud central de mon désir qui, lui aussi, selon ma plus récente apologie, est censé nous caractériser.

Et voilà que j'étais récompensé de ces vertueuses pratiques par une grosse enveloppe d'argent, qu'un homme réellement probe me remettait avec l'illusion que je l'étais moi aussi, une disproportion qui effaçait mes privations tout autant qu'elle me tordait les tripes.

Ce soir-là, j'allai au café. Si je devais porter le poids moral d'une fortune que je n'avais pas gagnée, au moins pouvais-je savourer ses avantages. Je marchai accablé le long de quelques pâtés de maisons. J'avais emporté un carnet, car j'avais décidé dorénavant d'en avoir un sur moi, dans l'hypothèse improbable que j'aurais un jour quelque chose à dire.

À mesure que je réglais son compte à un petit gâteau, puis à un deuxième et enfin à un troisième, je me demandais que faire de mes réflexions toutes fraîches, si on pouvait en trouver une valable, ou du moins la prendre au sérieux. Je devais accepter que, fût-ce ou non dans la direction indiquée, la lecture des livres de Kaplan d'abord et le chapitre de Miriam ensuite avaient fait davantage progresser ma compréhension de ma propre discipline que mes vingt dernières années de pratique professionnelle. Je voulais réfléchir à l'avenir, surtout maintenant que mes problèmes d'argent étaient résolus et que je ne pouvais plus mettre mon inefficacité sur le compte de la pauvreté.

J'avais emporté, plié comme la lettre d'une fiancée, le premier chapitre du livre qu'on m'avait payé pour ne pas l'écrire. Je lus, bercé par la musicalité des paragraphes et la paisible saveur des gâteaux, ce texte inaugural.

Pourquoi ces pages étaient-elles aussi émouvantes? La clarté des idées? Après avoir soupesé un instant la réponse, je conclus que non. Certes, c'étaient des idées cristallines, qui incitaient le lecteur à revoir ses présupposés et à ouvrir son esprit à de nouveaux éclairages. Mais cette clarté pouvait se voir dans les colonnes d'un temple ou dans un microscope sans bouleverser notre conception du monde. Il y avait quelque chose dans ces paroles qui émouvait au-delà de leur strict contenu.

Je compris alors ce qui me liait à l'auteure du chapitre, comme avant à sa mère. En lisant, on assistait à son processus personnel d'illumination. Ce n'était pas seulement que ces pages illustraient par de nouvelles informations et conclusions ce que nous étions, pauvres ignorants. La lecture témoignait des chemins par lesquels elles *se rendaient compte.* Tout comme les aventures d'Amundsen atteignant le pôle Nord, puis le pôle Sud, nous inspiraient, être témoins de la question, de la recherche et de la tentative d'une conclusion nous exposait à l'aventure risquée et improbable de *se rendre compte.*

J'eus subitement une nouvelle intuition. Si forte qu'avant même d'y réfléchir, je dus appeler la serveuse et commander un quatrième gâteau.

Je savais très bien que ces intuitions pouvaient me valoir un mal de tête, et donc que je devais m'imposer la prudence et ne pas tenter d'arriver à des conclusions définitives, mais je ne pouvais m'empêcher de questionner le chemin de définitions catégoriques que j'avais suivi la semaine dernière, car ces idées, qui me venaient successivement, l'une réfutant l'autre, étaient en réalité les étapes d'un même parcours.

À l'instant où l'assiette du quatrième gâteau fut posée sur la table, je me rendis compte que pour le désirer, puis prendre l'initiative de le commander, je devais d'abord savoir que ce gâteau existait. La séquence ne se décrivait pas simplement en mettant l'accent sur l'agentivité, car l'acte de commander un gâteau paraissait en soi totalement immotivé. Elle ne se décrivait pas non plus avec précision en se centrant sur le désir, parce qu'il ne s'agissait pas d'un désir sans cause. Il était indéniable, mais oui, que les choses vivantes, quelle que soit leur échelle, possèdent un plus grand libre arbitre qu'une pierre, un lac ou une étoile. Oui, il s'agissait de *choses qui décident des choses.* Il était aussi vrai que ces décisions devaient être précédées d'une motivation intrinsèque, un désir, indispensable à toute action. On ne pouvait pas dire que ces précisions soient erronées. Mais elles étaient incomplètes.

Car les actions sont précédées de désirs, mais les désirs sont aussi précédés par une perception, si ténue soit-elle. Il faut d'abord se rendre compte qu'il existe une chose désirable, la connaître ou du moins entrevoir son existence. Il faut être dans le monde d'une manière un tant soit peu sensible pour en désirer ou en demander des choses.

J'ouvris alors le carnet. J'avais l'occasion, vu que j'avais noté pour le mardi suivant ma première réunion avec *M*, de produire au moins quelques lignes qui pourraient entrer dans le deuxième chapitre et ainsi récupérer un peu de mon honneur.

Pendant les deux heures suivantes, cette intention de racheter ma dignité meurtrie s'évapora peu à peu et il n'en resta plus que la simple envie d'écrire, d'arriver quelque part, de m'arrêter mille fois en chemin pour évaluer mon propre processus et contempler le paysage. Je commençai et biffai de nombreux passages. Cent fois une phrase que j'avais trouvée éclairante finissait par se révéler banale ou vide de sens. Chacune de ces tentatives avortées me laissait un petit sédiment de nausée à l'entrée de l'œsophage, une sensation d'étouffement et de vertige que l'on éprouve au bord d'une corniche. Plusieurs fois résonna dans ma tête la voix de mon père, et je me demandai, selon sa vieille sentence, si dans tel paragraphe le fameux âne bavard n'avait pas pris les rênes du texte. Mais à aucun moment je ne cédai à l'auto-apitoiement. Peut-être parce que ces dernières années j'avais plus que dépassé le nombre acceptable de renoncements et que je ne pourrais plus me regarder en face si j'en acceptais un de plus. Peut-être aussi parce que avant je me sentais comme un petit animal acculé, obligé de lutter pour sa survie, et que maintenant j'étais mû par une cause qui paraissait en même temps moins urgente et plus précieuse.

Au fil des heures le jour déclina et bientôt la nuit étendit dans la rue ses ombres blafardes. Je réglai ma consommation effrénée de gâteaux, une somme qui une semaine plus tôt m'aurait paru prohibitive et que je trouvai maintenant ridicule. Je rangeai mes papiers, fermai mon carnet et sortis.

En chemin, le décor industriel du quartier me parut plus suggestif que jamais. Les rideaux métalliques me semblaient de fines œuvres d'ingénierie, les cheminées un prodige d'habileté architecturale et les interminables trottoirs un témoignage de la monumentale générosité de nos urbanistes.

Les trois jours suivants je continuai d'écrire comme un possédé. Cela ne veut pas dire que les phrases coulaient de mon stylo comme une cascade. Au contraire, j'étais plus souvent irrité qu'enchanté de mes propos, et je biffais beaucoup plus de phrases que je n'en gardais. Mais si ardue que soit la tâche, j'appris à faire de ce goût métallique dans la bouche et de cette palpitation près des arcades sourcilières une expérience qui tenait de l'agonie mais aussi du plaisir. Je sortis à peine de mon logement. Parfois je me rendais à deux rues de là dans une échoppe minable où les ouvriers de l'entrepôt achetaient leur casse-croûte et j'en rapportais du pain et du jambon que je mangeais chez moi. D'autres fois je regardais un point fixe dans la pièce pendant de longues minutes, comme si la seule manière de reprendre le fil d'une pensée était de rester dans la position où elle avait surgi à l'esprit. Au cours d'une de ces pauses mon regard se fixa sur la pile de livres d'Iris Kaplan dont la date de retour à la bibliothèque était largement passée.

De façon imprévue il me revint en mémoire le visage de la bibliothécaire à l'instant où elle m'avait fait un clin d'œil et je réalisai que c'était le geste le plus résolument galant qu'on m'avait adressé depuis des mois, voire des années. Ce bref signe de confiance, d'affection inexplicable ou peut-être de désir, qui me déconcerta sur le moment mais que je laissai passer, témoignait du peu de cas que j'avais fait de ces marques de bonté et de ma difficulté à apprécier le privilège de les recevoir.

Je me lavai alors avec ma pathétique cuvette devant le robinet et m'efforçai de concevoir l'acte de verser sur ma peau de l'eau glacée comme une sorte de rite. Frissonnant comme une oie déplumée, je me séchai, me parfumai et m'habillai avec soin. J'allais faire de la restitution de ces livres l'occasion d'une mise au point.

J'appelai, comme un vrai monsieur, un taxi à domicile, qui m'emmena rapidement à la bibliothèque, car il y avait déjà un moment que les bureaux étaient fermés et que les rues vides s'ouvraient devant nous comme de longs défilés déserts. La salle de lecture restait encore ouverte pendant une heure et demie.

Je rendis les livres et montai à l'hémérothèque. L'employée n'était pas derrière le comptoir, mais au moment où j'allais faire demi-tour vers l'ascenseur, je la vis sortir d'un couloir en poussant un chariot avec des centaines de revues.

Elle me regarda d'abord d'un air interrogatif mais neutre. Puis elle me reconnut et sourit.

– Comment allez-vous ? me demanda-t-elle avec cette amabilité à toute épreuve qu'elle avait montrée à chacune de mes visites. – Ça s'est bien terminé avec l'histoire de cette Suissesse ? Vous avez pu écrire sa biographie ?

Ce n'était pas une biographie, pensai-je préciser, mais je me tus. Rectifier aurait été inutile, avant tout parce que c'était encourageant qu'elle se souvienne de moi. Et puis, bien que de manière approximative, elle avait un peu raison puisque, en effet, j'étais en train d'écrire tardivement une biographie, même si ce n'était pas celle d'Iris Kaplan.

– Mais oui. Ça m'a pris du temps et du travail, mais j'arrive peu à peu à bon port.

Je restai silencieux. Je n'avais pas beaucoup plus à dire.

– Alors c'est parfait. Qu'est-ce que je peux faire pour vous maintenant ?

Je n'avais pas préparé de réponse à la seule question qu'elle allait nécessairement me poser. Après un instant d'hésitation muette, je répondis :

– Je fais des recherches… sur des histoires de Juifs hassidiques séparés de leur communauté dans la Diaspora. Vous pensez que nous pourrions trouver des éléments ?

J'employai ce pluriel avec un grand sentiment d'insécurité, mais elle sourit et regarda l'horloge murale.

– Nous avons encore un peu de temps, dit-elle en recourant à la même conjugaison auspicieuse.

Comme j'avais invoqué un prétexte et que je ne pouvais pas me rétracter, je passai le temps restant avant la fermeture à lire des articles que je n'aurais jamais eu avant la candeur nécessaire de solliciter. Je lus donc des histoires sur la Diaspora : Hirsch et l'achat de champs pour fonder des colonies à la fin du XIXe siècle, les Juifs rassemblés dans de petites communautés rurales et séparés du monde, la progressive dispersion de leurs membres, la disparition des synagogues. Le rigide mais compréhensible attachement de ces colons au peu qu'il leur restait du russe et du yiddish. J'imaginai la génération de mes arrière-grands-parents mobilisant tous leurs efforts pour s'installer au milieu de rien, puis leur frustration en voyant leurs enfants et petits-enfants renoncer peu à peu à leur désir d'enracinement et céder à la fascination des villes, et le ressentiment envers les rabbins qui se mettaient eux aussi à préférer les synagogues urbaines. Je ne réussis pas à percevoir quelle sorte d'affront ou de querelle avait fini par reléguer mes parents dans un lieu isolé de ces arborescentes ramifications, ni pourquoi ils s'étaient un jour résignés à déménager en ville, où ils connaissaient encore moins de gens que dans leur terroir natal, et dans quel obscur atelier de chemise, enclavé dans un quartier, ils avaient vivoté beaucoup plus mal que pendant les hivers dans la campagne. Mais j'eus au moins un aperçu du monde où ils étaient nés, s'étaient mariés en toute discrétion et m'avaient conçu, et en découvrant les privations qu'ils avaient endurées et la vie austère qui avait été leur lot comme le mien, je pus un moment transformer mes sempiternelles récriminations contre eux en un véritable sentiment de pitié. On ne demande pas à un lac de se comporter comme un fleuve, ni aux gens d'oublier complètement leur origine. Je pensai alors que l'on ne peut aimer quelqu'un sans tenir compte des conditions de sa venue au monde. J'avais déjà commis cette erreur impardonnable avec Deborah, un manquement qui, au vu des résultats, paraissait irrattrapable. Mais j'avais encore le temps d'éviter cette faute pour moi-même. Si je voulais avoir quelque respect pour ma propre personne, je devais commencer par honorer la mémoire de mes aînés.

Fort de cette décision qui m'insufflait un peu de chaleur dans la poitrine, je rassemblai journaux et revues pour les déposer sur le comptoir. L'employée, qui était en train de mettre à jour un fichier, leva les yeux.

– Aujourd'hui vous n'avez pas pris de notes, dit-elle comme si cela méritait une explication.

– Tout est là, répondis-je en pressant l'index sur ma tempe. La dernière fois que j'avais fait ce geste, j'avais eu l'air d'un cinglé devant une fille que je tentais en même temps de séduire et de convaincre qu'elle devait me congédier. Il n'y avait pas moyen, désormais je l'acceptais, d'éviter d'être pris pour un fou dans ces circonstances.

En revanche, l'employée de l'hémérothèque, qui ignorait ce précédent, me sourit et simultanément me fit un clin d'œil comme la première fois. Je me demandai de nouveau si c'était une espèce de tic ou un trait de son comportement. Mais, à la différence de la fois passée, je lui répondis par un grand sourire.

– Vous avez l'air content. On dirait que vous avez trouvé ce que vous cherchiez.

– Je... commençai-je sans réfléchir. – Dernièrement... j'ai vécu des choses pénibles, et aussi, vu sous un angle favorable, des... enfin... des choses bonnes, aussi. Et j'ai pensé organiser un dîner... Une espèce de dîner, oui. Pour fêter ces choses bonnes. Et je me demandais si vous voudriez venir.

Elle me regarda un instant, étonnée.

– Eh bien, dit-elle avec indulgence en constatant que j'étais un paquet de nerfs. – On ne peut pas dire que vous me connaissiez, et c'est pour moi une nouveauté d'apprendre que vous me comptez parmi vos amis.

Je pensai alors qu'il n'était pas correct de lui présenter ce dîner, qui venait d'apparaître dans l'amphithéâtre de mon esprit, comme s'il s'agissait d'une sorte de fête ou de réjouissance collectives. Car qui allais-je inviter ? Ce brave Menachem Adler, mon bienfaiteur ? Le rabbin Ellenberg, pour qu'il m'aide, avec mon logeur, à lancer des échanges animés et ainsi faire croire à cette femme que j'avais de véritables amis ?

– Il n'y aurait que vous.

– Comment ?

– Pour ce dîner. Vous seriez la seule, répondis-je sur le point de m'effondrer de honte, tout en m'efforçant de feindre la bonne humeur.

Elle resta silencieuse. Je me rendis compte qu'elle gardait une expression agréable, mais surtout lorsqu'elle fronçait légèrement les sourcils, car on avait l'impression qu'elle prenait chaque pensée, si petite fût-elle, avec grand sérieux.

– Et ce serait quand, ce dîner que vous voulez organiser ? me demanda-t-elle avec une légère trace de méfiance dans le regard.

De nouveau, comme je venais d'improviser cette invitation, je n'avais pas une réponse toute prête pour la seule question encourageante qu'on pouvait me poser. Je sentis cependant ma bouche s'ouvrir toute seule et ma voix s'échapper de la glotte indépendamment de ma conscience.

– La semaine prochaine. Je dois résoudre avant quelques préparatifs, dis-je un brin énigmatique, car je voulais éviter toute question éventuelle sur la nature de ces *préparatifs* qu'exigeait un dîner, aussi m'empressai-je d'ajouter : – Jeudi. Non, plutôt mercredi, si ce jour vous convient. – Et je posai la pile de revues et de journaux sur le comptoir.

– Je vais me dire que vous êtes un gentleman, et que si ce n'est pas le cas, vous êtes au moins quelqu'un qui a des sujets d'intérêt extrêmement spécifiques. De lointains auteurs suisses, des communautés rurales de Juifs orthodoxes de la Diaspora. Vous n'avez pas le profil d'un kidnappeur moyen, dit-elle pour plaisanter, mais j'étais tellement tendu que je tardai à sourire, surtout lorsqu'elle conclut : – Mais moi, je ne dîne pas en tête-à-tête avec des personnes dont je ne sais que cela. Si vous continuez vos recherches et que naît entre nous une amitié plus substantielle, nous pourrons reparler de ce dîner. Mais pour le moment vous resterez de l'autre côté du comptoir. Le temps le dira.

Sur le chemin de retour à l'entrepôt je repensai à l'instant où j'avais eu l'idée de l'inviter à dîner, proposition que je n'avais jamais faite à personne depuis deux décennies. Une sorte de ressort perceptif me la fit apparaître faisable, comme pour une plante il est évident de déployer ses feuilles vers le soleil ou pour un singe impératif de saisir une grappe de fruits. J'avais invité à dîner une femme à qui je n'avais pas demandé son prénom, tout comme je ne l'avais pas demandé à Miriam dans notre premier entretien. Et sa réponse, positive ou négative, dépendait d'un laps de temps, court ou long. C'était, dans le pire des cas, un *non* très ténu. On ne pouvait en aucune manière désapprouver sa phrase finale : "le temps le dira". Car le temps dit toujours ce qu'il a à dire.

En arrivant chez moi je relus les notes que j'avais prises les derniers jours. Par endroits, au milieu de cette masse de phrases et de ratures, un passage émergeait comme une île baignée d'un soleil brûlant et parmi tous ces rapiéçages je trouvais çà et là un détail qui permettait de faufiler une idée.

Je passai une bonne partie de la nuit à travailler. Le lendemain était un mardi, le jour convenu pour discuter du nouveau chapitre, et je ne voulais pas vivre une autre réunion avec Miriam où je figurerais simplement comme un imposteur. Vers quatre heures du matin, après des heures à recouper, supprimer, ajouter et ordonner des fragments de texte, je réussis à composer trois pages complètes. Mot par mot, peut-être les plus déterminés et laborieux de ma vie.

Le matin je me levai quasiment à l'heure de la réunion et, de nouveau en usufruit de ma nouvelle condition d'aristocrate, je pris un taxi. Avec l'enveloppe que Miriam m'avait remise, j'emportai ma petite contribution de trois pages concises, sans rature, que j'avais passées au propre d'une calligraphie appliquée. Je voulais rendre justice à l'intention du texte en offrant aussi un décor minimal à chacune des phrases.

Cette fois, ni Samson ni Dalila ne manifestèrent véritablement d'intérêt à ma présence. Ils me flairèrent, agitèrent nonchalamment la queue et abandonnèrent le vestibule comme s'ils venaient de rencontrer dans la rue un lointain collègue de bureau, de ceux que l'on connaît mais dont l'apparition subite ne nous donne aucun motif d'allégresse.

Je restai seul avec Miriam. Cette fois je la regardai plus calmement, sans la tension de la visite précédente, peut-être parce que notre accord secret avait commencé à porter ses fruits, mais aussi parce que je sentais un substrat de désir beaucoup moins tangible. Je n'arrivais pas à déterminer si la liaison d'Aarón avec la professeure Horovitz avait mis en perspective le problème implicite de notre différence d'âge ou si ma rencontre de la veille avec la bibliothécaire, ratée ou réussie c'est selon, avait allumé une nouvelle lumière dans mon système d'incubation de chimères, mais le fait est que ma conversation avec *M* fut cette fois plus détendue.

Elle me demanda si j'avais reçu mon à-valoir et si ma situation était maintenant moins critique, bien que je ne lui aie jamais parlé de ma précarité. Elle s'enquit même de l'audience du divorce, conservant à tout moment un ton cordial et sans faire la moindre allusion à la pénible tentative de déclaration amoureuse à laquelle je m'étais livré la dernière fois.

Je compris que Miriam n'avait probablement pas beaucoup d'amis adultes et que le pauvre auteur de *Portes ouvertes au monde* était peut-être un des liens vivants le plus proche du monde de sa mère avec lequel elle pouvait compter dans le pays. En d'autres mots : j'eus l'impression qu'au-delà de nos anicroches antérieures, elle était contente de me voir.

– J'ai préparé du café, dit-elle. – Et il y a une tarte sur la table. On travaille mieux avec des douceurs dans l'estomac.

Son emploi du verbe *travailler* m'encouragea, car il suggérait que ma présence ici était un peu plus que celle d'un prête-nom dans le bureau de son patron.

Je la regardai se lever, se diriger vers la table de la salle à manger et entreprendre un lent et précis découpage de deux morceaux de tarte de la même dimension. Pendant cette charmante opération je la vis mobiliser le nombre minimal et indispensable de muscles, avec une assurance de chirurgien.

– Tenez, me dit-elle en me tendant un de ces échantillons mathématiques d'une équité à toute épreuve.

Pendant ce temps j'avais posé l'enveloppe et mes trois pages sur la table. En me donnant l'assiette, Miriam découvrit mes notes qui dépassaient de l'enveloppe. Elle les regarda avec curiosité.

– C'est quoi ? Ça ne ressemble pas à ce que vous aviez écrit la dernière fois.

Je la regardai avec une expression de complète concentration.

– Aujourd'hui j'ai voulu vous apporter quelques éléments pour évaluer leur pertinence dans le chapitre à venir, dis-je sur le point d'être avalé par la terre.

– Je vous avais déjà annoncé que ce chapitre était rédigé depuis des mois, dit-elle sur un ton circonspect, entre appréhension et curiosité. Elle s'inquiétait que je remette en question son monopole sur le texte, mais elle voulait aussi savoir si, après avoir étudié pendant des semaines son chapitre et des livres de sa mère, j'avais trouvé une manière sérieuse d'adopter sa voix. Elle craignait autant qu'elle en avait envie d'affronter mes notes.

Je la dévisageai sans répondre. Mon texte était sur la table. Elle tendit alors un bras et prit la première page. Elle survola d'un coup d'œil l'écriture appliquée et esquissa un sourire. Puis elle me regarda :

– Vous voulez que je lise à voix haute ?

Plongé dans un silence plein d'espoir je ne la quittai pas des yeux. Alors elle leva la feuille et lut :

> Qui peut prétendre connaître sa place dans le monde ? Notre regard est toujours pauvre, incomplet. Il est vrai que l'environnement nous offre une infinie diversité d'états et de configurations, mais de ce vaste spectre nous ne parvenons à assimiler, c'est-à-dire à considérer comme information, que ce que d'une certaine façon nous avons été auparavant capables d'intégrer et de filtrer. On se demande, avec des arguments raisonnables, si un être humain jouit d'un véritable libre arbitre, ou s'il est soumis à des déterminismes à peine un peu plus indirects et relâchés que ceux qui régissent la trajectoire d'une comète. Il convient de rappeler que ces termes, libre arbitre, motifs, déterminismes, ne sont pas des catégories discrètes. Le libre arbitre n'entre pas subitement en scène un mercredi soir. Il a eu une longue histoire d'accroissements minuscules, d'avancées et de reculs avant de nous octroyer, par exemple, la très improbable capacité de discerner le contenu de ce paragraphe. Le libre arbitre n'est pas non plus le même pour tous les êtres. Une mouche a un éventail de choix plus ample qu'une

larve. Un ver est doté d'une plus grande mobilité que le tronc sur lequel il se trouve. Une bactérie ciliée peut choisir une plus grande variété de trajectoires qu'une bactérie flottante. Mais chaque petite chose vivante peut influer sur son destin comportemental, avec des prérogatives interdites à un ouragan, quelles que soient les dévastations que celui-ci en arrive, passivement, à provoquer. On peut même dire que nous autres, les êtres multicellulaires, ne sommes que l'intégration de minuscules libres arbitres, qui favorisent de façon émergente l'illusion d'un gigantesque libre arbitre commun, car un tout est plus libre que les parties qui le composent.

La dispersion progressive du vivant dans l'univers étend l'ensemble des choses perceptibles, et qui ne se résignent pas à la force de gravité, à l'inertie, à la décomposition, à l'entropie. On conçoit habituellement la perception inhérente à la vie comme la façon qu'a l'univers de se penser lui-même. Qui pourrait aussi se voir comme la manière qu'a l'univers de suspendre, par des actions exceptionnelles, ses propres règles, de permettre d'en générer d'autres, de transcender le caractère inexorable de son extinction finale. La prolifération de la vie pourrait être considérée comme le seul processus matériel engendré par l'univers qui puisse réussir, du moins transitoirement, à échapper à la dureté de ses propres desseins. Et chaque aspect de cette marche à contre-courant s'origine dans le simple fait de percevoir, de "se rendre compte". Depuis la bactérie qui perçoit la proximité de la protéine précise que son métabolisme requiert, en passant par le cerf qui détecte dans le vent l'odeur d'un félin et qui s'enfuit avant que celui-ci puisse l'atteindre, jusqu'à l'être humain qui conçoit un véhicule capable par sa vitesse d'échapper à la gravité terrestre, toute manœuvre qui exerce un effet sur la trame de ce qui existe, a comme antécédent une collecte d'informations. C'est pourquoi ce "se rendre compte", cette aptitude magnifique que nous tenons absolument pour acquise, est peut-être un germe du code que l'univers fournit pour intégrer après sa première fournée de règles : les lois qui viendront dans le futur, quand l'immense majorité des choses seront capables de se rendre compte de quelque chose. Nous ne savons pas encore si la vie, cette apparition qui pourrait un jour redessiner l'univers et ses buts, est ou non ubiquitaire. Si elle a surgi au fil du temps dans d'innombrables demeures célestes ou seulement ici-bas. Il nous revient peut-être d'être les accoucheurs de règles que nous n'avons pas encore élaborées, et qui dans des millions d'années d'expansion seront capables de refonder le monde. Mais pour que cela puisse un jour se produire, il est nécessaire d'aider, depuis notre coin et à notre minuscule échelle, à faire proliférer la perception et la conscience, par de simples actes d'appropriation. De se rendre compte de plus en plus de choses. De s'exposer au plus grand spectre possible d'expériences. De collectionner les exceptions. De réfuter. D'apprendre. D'élever des enfants plus sages. D'aimer la connaissance, d'aimer ceux qui aiment la connaissance, d'aimer en général. En d'autres mots : se rendre compte. Face au manque d'évidence d'autres cas, nous devrions assumer que ce prodige ne se produit qu'ici. Notre planète est celle des choses qui se rendent compte.

Elle termina de lire et garda un instant en silence. Elle paraissait peser soigneusement chaque mot avant d'émettre un jugement. Je pensai qu'elle allait me dire que le ton était élégiaque, d'un optimisme frôlant l'hystérie, ou grossièrement orienté vers le développement personnel. Mais je me rappelai la vieille maxime de Kaplan : tous les livres sont des livres de développement personnel.

Finalement *M* jeta un dernier coup d'œil à la page d'un air pensif.

– Vous avez fait des efforts, Badenbauer, dit-elle, encore penchée sur le texte.

Puis elle leva la tête et me regarda. Je crus entrevoir une légère lueur de fierté dans ses yeux. Du moins il me semble qu'ils brillaient. Moi aussi, de façon de plus en plus paternelle, j'étais fier d'elle. Je me rendis compte de l'absurdité d'avoir imaginé que j'aurais pu l'aimer autrement, bien qu'elle fût un être adorable.

Elle relut la dernière phrase. "Notre planète est celle des choses qui se rendent compte." Alors, elle approuva de la tête, me tendit la page et ajouta :

– Un peu solennel et grandiloquent. Vous avez empilé, comme toujours, une montagne de phrases pour ébaucher une seule idée. Mais c'est un bon début.

Avril 2021

En scannant le QR code ci-dessous ou en entrant **metailie.premierchapitre.fr** dans la barre d'adresse de votre navigateur, vous accédez directement aux derniers extraits de nos nouveautés à paraître.

SUITE HISPANO-AMÉRICAINE

Des nouvelles de Cuba (N° 39)

Des nouvelles du Mexique (N° 144)

Histoires d'amour d'Amérique latine (N° 59)

Histoires étranges et fantastiques d'Amérique latine (N° 1)

Selva ALMADA
Après l'orage (N° 194)
Les Jeunes Mortes (N° 223)

Eugenia ALMEIDA
L'Autobus (N° 173)

Fernando AMPUERO
Caramel vert (N° 24)

Alfredo BRYCE-ECHENIQUE
Un monde pour Julius (N° 43)
L'Amygdalite de Tarzan (N° 185)

Horacio CASTELLANOS MOYA
La Servante et le Catcheur (N° 190)
Le Dégoût. Thomas Bernhard à San Salvador (N° 208)
Effondrement (N° 209)
L'Homme en arme (N° 211)
La Diablesse dans son miroir (N° 213)
Moronga (N° 218)

Mario DELGADO-APARAÍN
La Ballade de Johnny Sosa (N° 112)

Pablo DE SANTIS
La Traduction (N° 93)
Le Cercle des douze (N° 180)

Jesús DÍAZ
Les Paroles perdues (N° 53)
Parle-moi un peu de Cuba (N° 161)

Ramón DÍAZ-ETEROVIC
Les Sept Fils de Simenon (N° 81)
La Couleur de la peau (N° 177)

Jorge FRANCO
La Fille aux ciseaux (N° 48)
Paraíso Travel (N° 82)

Santiago GAMBOA
Perdre est une question de méthode (N° 78)
Les Captifs du Lys blanc (N° 132)
Le Siège de Bogotá (N° 152)
Nécropolis 1209 (N° 203)

Mempo GIARDINELLI
Le Dixième Cercle (N° 23)
Luna caliente (N° 61)
Les morts sont seuls (N° 109)
Fin de roman en Patagonie (N° 182)

Alejandro JODOROWSKY
L'Arbre du dieu pendu (N° 14)
L'Enfant du Jeudi noir (N° 63)
Albina et les hommes-chiens (N° 40)
Opéra Panique (théâtre) (N° 42)

Miguel LITTÍN
Le Voyageur byzantin (N° 71)

Elsa OSORIO
Luz ou le temps sauvage (N° 65)
La Capitana (N° 181)

Leonardo PADURA
Électre à La Havane (N° 27)
Mort d'un Chinois à La Havane (N° 49)
L'Automne à Cuba (N° 60)
Adios Hemingway (N° 98)
Passé parfait (N° 121)
Vents de carême (N° 122)
Le Palmier et l'Étoile (N° 143)
Les Brumes du passé (N° 151)
L'Homme qui aimait les chiens (N° 176)

Virgilio PIÑERA
Nouveaux contes froids (N° 25)

Horacio QUIROGA
Les Exilés (N° 5)
Le Désert (N° 29)
Contes d'amour de folie et de mort (N° 34)
Anaconda (N° 99)

Hernán RIVERA LETELIER
La reine Isabel chantait des chansons d'amour (N° 70)
Mirage d'amour avec fanfare (N° 94)
La Raconteuse de films (N° 168)
Les Fleurs noires de Santa María (N° 189)

Evelio ROSERO
Les Armées (N° 193)

Manuel SCORZA
Roulements de tambours pour Rancas (N° 15)

Luis SEPÚLVEDA
Journal d'un tueur sentimental (N° 8)
Yacaré, Hot Line (N° 19)
Les Roses d'Atacama (N° 75)
Histoire d'une mouette et du chat qui lui apprit à voler (N° 83)
Le Vieux qui lisait des romans d'amour (N° 90)
Le Monde du bout du monde (N° 105)
Un nom de torero (N° 106)
Histoire du chat et de la souris qui devinrent amis (N° 191)
Le Neveu d'Amérique (N° 200)
La Folie de Pinochet (N° 201)
Histoire d'un escargot qui découvrit l'importance de la lenteur (N° 204)
Histoire d'un chien mapuche (N° 210)

Karla SUÁREZ
Tropique des silences (N° 108)

Paco IgnacioTAIBO II
De passage (N° 6)
Archanges (N° 167)

Maruja TORRES
Une chaleur si proche (N° 72)

Eduardo Fernando VARELA
Patagonie route 203 (N° 217)

Cet ouvrage a été composé par
Atlant'Communication
au Bernard (Vendée)

ACHEVÉ D'IMPRIMER SUR ROTO-PAGE
PAR L'IMPRIMERIE FLOCH À MAYENNE
EN JUIN 2024

N° d'édition : 16192001 – N° d'impression : 104999
Dépôt légal : août 2024

Imprimé en France